◎ 本书为湖南省教育科学"十四五"规划2022年度课题"以哲学绘本为载体的小学生心智教育对话模式研究"（课题编号：ND228226）的研究成果。

◎ 本书为湖南省语言文字工作委员会、湖南省教育厅2021年语言文字应用研究专项一般课题"核心素养背景下的'中华经典诵写讲行动'的实践研究"（课题编号：XYJ2021ZB07）的研究成果。

◎ 本书为首届湖南省基础教育教学改革研究项目"翰墨校园文化背景下'育中华少年'的课程建设研究"（Y20230950）的研究成果。

一脉翰墨写未来

主　编／罗　玲

副主编／瞿月亚　姚智慧　孙　慧

湖南师范大学出版社

·长沙·

图书在版编目（CIP）数据

一脉翰墨写未来/罗玲主编. —长沙：湖南师范大学出版社，2023.12
ISBN 978-7-5648-4977-1

Ⅰ.①一… Ⅱ.①罗… Ⅲ.①小学—办学经验—常德 Ⅳ.①G629.286.43

中国国家版本馆 CIP 数据核字（2023）第 107827 号

一脉翰墨写未来
Yimai Hanmo Xie Weilai

罗　玲　主编

◇出 版 人：吴真文
◇组稿编辑：李　阳
◇责任编辑：李健宁　李　阳
◇责任校对：张圣仪　李　航
◇出版发行：湖南师范大学出版社
　　　　　　地址/长沙市岳麓区　邮编/410081
　　　　　　电话/0731-88873071　0731-88873070
　　　　　　网址/https://press.hunnu.edu.cn
◇经销：新华书店
◇印刷：长沙印通印刷有限公司
◇开本：710 mm×1000 mm　1/16
◇印张：17.25
◇字数：300 千字
◇版次：2023 年 12 月第 1 版
◇印次：2023 年 12 月第 1 次印刷
◇书号：ISBN 978-7-5648-4977-1
◇定价：89.00 元

凡购本书，如有缺页、倒页、脱页，由本社发行部调换。
投稿热线：0731-88872256　　微信：ly13975805626　　QQ：1349748847

序

　　我们所要培植的学校文化，其实是一种生命方式，是一种师生如何打开自我、追求美好生活的生命方式。

　　沅水之滨，笔架城畔，百年育英秉翰墨文化打开了无数的人和事，也打开了无尽的思考与反省。年复一年之中，育英已然化翰墨为生命万象。百年历史文化，育英人诚借此书记载。

　　这本书展示了一所学校校园文化的萌发、生长、成熟。这文化，致敬民族、社会、个性；这文化，伴随学校的历史、当下、未来；这文化，尽显这方水土一代代教育人"立字立人"的教育初心。

　　这文化，正是对习近平总书记反复提及的"为谁培养人""培养什么人""怎样培养人"三大教育问题的应答：

　　一是为谁培养人。相信在读这本书之前，每个人心中都有一个答案。但随着阅读的深入，可能会生成新的"阅读答案"。育英的见解、主张、研究、呈现等，相信或多或少会促进你的理解。哪怕是有幸得到了你的批评，那也说明这本书有其价值所在。这正是育英人作这本书的初心。

　　品读"一脉翰墨向未来"，让人感觉"珠玉生于字里"。从这七个字中可以读出育英"为国家、为人民、为个体"的淳厚情感与真诚意向：在育英人的眼里为国家是继往开来，一脉不绝；为人民是不舍众生，共创未来；为个体是心有清泉，身有异香。一切从翰墨文化中来，一切为中华儿女健康、阳光而生。

　　二是培养什么人。育英的三维育人目标作出了自己的回答：民族之心、社会之责、个性之美。为国家培养的人才要有中国心、时代味；为人民培养的手足要有仁爱心、济世才；为个体培养的生命要有自由心、内在美。

育英学校希望给予孩子们热忱的民族之心、宽广的社会之责、自由的个性之美。正如书中所言：育英素有共享心怀……承香礼敬，入看客之眼，动创者之心，这样"培养什么人"就能走深走实，见行见效，培养出一个个自立自强的栋梁之材！

三是怎样培养人。育英有以下方略：

从全员去读。看看育英的每一位教师都在尽己所能地做什么，当你翻到国学课程，你会发现不仅是语文老师，音乐、体育、美术、道德与法治等老师都参与其中。看着他们齐心培养孩子，你会明白"聚是一团火，散是满天星"的道理！

从全程去读。看看育英的孩子从入学到毕业，哪一个时间去了哪一个站点，三礼、四节、七风……你会明白"一寸光阴不可轻"才是全程育人。

从全面去读。看看育英的孩子习得的各种学问、游历的各种美景，丰富的发展样态源于"个体、时代、民族"的多重需要与综合考量！

"不走轻松的路，而走一条艰难的创新路。"这是育英的回答。其价值影响多大，因人而异，各有见解。本书从学校的环境、课程、活动、队伍、影响共五个篇章分别展开述说。其间打动人心的部分，特别有意义的部分，一定是育英人持续探究的部分，他们用时间、智慧与生命将苦涩酿成了蜜；其间的困惑与迷思部分，一定是育英人还没有从暗处找到光亮，还在探索与沉思的部分。期待有理想、有志趣的读者一起发声、现身，和育英结成教育共同体。心怀理想，向光前行！

一脉墨香，永存其芳！这芳香让我们与历史相遇，与先贤相遇，与中华民族古老的文字、悠久文化相遇。守护一脉墨香，其实就是守护中华文化与文明的薪火，守住我们作为中国人的初心与使命。且让我们为此合成一条心，拧成一股绳！

是为序。

刘铁芳
2023 年 3 月于湖南师范大学

（刘铁芳，湖南师范大学教育科学学院院长，教育部长江学者特聘教授）

目 录

引言 …………………………………………………………………… (1)

第一章　造翰墨之境，环境润泽身心 ………………………… (3)
第一节　史·记——翰墨百年，初心不忘 ………………… (3)
第二节　物·语——廊壁能言，潜移默化 ………………… (8)
第三节　誉·载——遐迩所闻，笃力前行 ………………… (10)

第二章　行翰墨之道，课程担当未来 ………………………… (12)
第一节　植·根——国学课程，向民族经典求文化之根 ……… (12)
第二节　修·志——公民课程，向生活万象求社会之责 ……… (46)
第三节　着·色——个性课程，向自我潜能求个性之美 ……… (71)

第三章　扬翰墨之韵，活动充实童年 ………………………… (135)
第一节　崇·礼——"三礼"见证童年圆满 ………………… (135)
第二节　尚·节——"四节"追随季节脚步 ………………… (147)
第三节　乘·风——"七风"致敬不朽文明 ………………… (160)

第四章　成翰墨之象，成长丰盈姿态 ………………………… (170)
第一节　印象·教师——书一卷风清气正 ………………… (170)
第二节　印象·家长——成千家知情达理 ………………… (210)

第五章　燃翰墨之香，大爱凝聚八方 ……………………………………（230）
　　第一节　爱·同频——公益助学一起来 ……………………………（230）
　　第二节　爱·同道——名师在线创新高 ……………………………（238）
　　第三节　爱·同行——全域培优群飞雁 ……………………………（243）

参考文献 ………………………………………………………………（267）
后记 ……………………………………………………………………（269）

引 言

朗州城西，学府故地；圣人福祉，千年育英。

翻开常德历史，悠悠沅江水、巍巍笔架城见证了古城千年的文化赓续，从孔子文庙、朗江书院、鼎文阁，到今天的育英小学，在云卷云舒的岁月里，在不舍昼夜的江水边，它们一脉相承，静静守候，从容不迫地迎向下一个朝阳。

守候千年、不畏世事变迁的定力是什么？拨云见日，水落石出，答案一定，也只能是文化！

是什么样的文化沉淀千年，历久弥新？我们必须找到它，正视它。是它，写就笔架城下千年不朽的历史，也必将是它，撑起育英教育的无量未来！

新世纪以来，武陵教育高举"文化立校"的大旗，积极助推学校文化建设。2012年，武陵区教育局成功立项教育部重点课题《以学校文化建设推进县域教育均衡发展的实践研究》。六年扎实的实践与研究，促使学校站在学校文化的角度更加理性、深入地思考学校的发展。在这个过程中，百年育英对自身文化进行了深刻审视。

首先是提炼学校文化。

一是从历史传承中提炼。学校的历史在很大程度上决定了学校文化的独特性。提炼一所学校的文化自然应当从学校的历史出发，解读、理解学校的文化必定依赖于学校的历史，构建、塑造学校的文化更离不开学校的独特历史。回望育英百年发展历程，翰墨元素熠熠生辉！

二是从现有成就中提炼。近年来，育英小学顺利完成省、市级书法课题研究，并被教育部批准为中华优秀文化艺术传承学校、教育部书画等级考点、"书画特色学校",被授牌"常德市书法教学示范基地""湖南省书法联盟学校""常德市兰亭书法学校创建基地"等,翰墨已然成为育英小学闪亮的名片!

可见,翰墨正是学校育人的隐形密码。育英小学学校文化定位为翰墨是历史的选择!

其次是构建学校文化体系。

从学校文化建设的角度出发,人们一般将学校文化分为理念文化、视觉文化、行为文化和环境文化。育英翰墨文化如何表达?具体的工作中,翰墨文化通过哪些途径来实现?学校文化建设团队相信,万变不离其宗。学校文化以翰墨为轴,发展的每一步都指向既定的目标。

近年来,结合学校工作实际,育英人积极创设翰墨环境氛围,构建课程体系,设计德育活动,提升队伍素养,扩大办学影响,并相应开展"造翰墨之境""行翰墨之道""扬翰墨之韵""成翰墨之象""燃翰墨之香"的文化建设实践活动。学校翰墨文化与学校发展因此相得益彰。

百年来,每一个育英人都已在翰墨文化中寻得自己成长的内在力量。翰墨滋养了育英的过去和现在。这个过程中,它自身亦汲取了时代的能量,不断丰实,积淀为一代代育英人的文化自信,凝练为学校发展的可持续力量。未来,也由它肩负起培养"具有民族文化根基的现代小公民"的神圣使命,实现百年育英"立字立人"的美好夙愿。我们为书赋名"一脉翰墨向未来",力图呈现在翰墨文化无形感召之下育英人用心用情的有形文化建设实践。以此,致敬学校文化百年,共赴未来!

"一脉翰墨向未来",意在此,情在此。

第一章
造翰墨之境，环境润泽身心

境是一种场，一种氛围，一种空间，置身其中感受到的是共鸣共振的那种心绪。而这种境的呈现表达是需要具象、需要载体的，这要以智慧去营造、去呈现。

育英的境，是翰墨之境，它从有形到无形，希望学生通过环境润泽身心。

第一节 史·记——翰墨百年，初心不忘

常德，古称"武陵""朗州"，湖南省辖地级市，位于湖南北部，武陵山下，洞庭湖西侧，史称"川黔咽喉，云贵门户"。

常德城名源自《老子》的"为天下溪，常德不离"。历史故事"刘海砍樵""孟姜女哭长城"以及陶渊明笔下的《桃花源记》等浪漫主义情结贯穿常德城两千多年的历史，形成了常德独有的"善德文化"。

常德市武陵大道的起点，雄伟的武陵阁旁，耸立着一堵笔架城垛，巍然屹立于沅水之上，与武陵阁交相辉映，形成了一道亮丽的风景线。游人登城极目眺望，滔滔沅水从脚下流过，广袤的绿野尽收眼底，令人心旷神怡，流连忘返。

笔架城因其状如笔架而得名，由五垛并列的长三角形城垛构成，皆用青砖砌就。笔架，是中国书写毛笔字架笔的文具，文房四宝的附属物。笔架城的由来有一段美丽的神话传说：相传乾隆皇帝游江南，一日来到常德

府,刚到府衙坐定,突然狂风大作,飞沙走石,沅江波涛汹涌,霎时天昏地暗,居民极度恐慌。乾隆忙遣侍从出外察看。不一会儿,侍从回来禀报说:"有四海龙王前来朝拜,向圣上请安来啦!"乾隆即刻来到城堤上,用朱笔写了六个大字:四海龙王免礼。顿时沅江风平浪静,四海龙王各自回龙宫去了。乾隆将朱笔朝城垛上一搁即打道回府。搁朱笔的城垛后来就形成了笔架。从此,笔架城的美名一传十,十传百,在全城传开了。几百年来,笔架城仍巍然屹立在沅水岸边。(信息来源:常德市委党史办)

笔架城下建有一文庙,历来为儒家施教孔孟之道的学府。学府旁边还建有文昌阁、魁星阁。相传魁星点斗后即将笔搁在笔架城上。笔架城建在学府前,除了作为学府的标志,鼓励莘莘学子勤习笔墨,攻读经书外,另有一个意义是象征常德"文运昌盛,文人辈出"。笔架城不仅仅是常德文运昌盛的地标,更是常德会战中57师师长余程万突围处。从一定意义上说,笔架城是常德"文武双全"的地标。

笔架城下的现育英小学历来是宋儒学府和元文庙所在地。千百年来,学校所在地一直是常德古城的教育文化中心,被人们传颂为"沾了笔架城的灵气",得文庙之神韵,翰墨流香。

一、历史发展

育英小学的文化血脉可以追溯到元朝时期(公元1320年)建立的孔子文庙,这里是缅怀圣人、弘扬圣学的祭拜之地。早清时期为朗江书院,延续130余年,是人才的孵化之所。辛亥革命后,改办学堂。抗战时期,爱国将领冯玉祥的部属何斗魁、陈琴石在此处东面创办学校,名为隽新小学。1949年7月常德解放后,定名为常德市第三完小。1956年按街道改称为育婴街小学。1964年更名为常德市武陵区育英小学沿用至今。2003年8月,为推进薄弱学校的改造工程,促进教育均衡发展,育英小学与区属北站小学"融合",形成"一校两址"的新育英小学。学校在经历了漫长的磨合期、过渡期、发展期以后,再次打造了自己的名校品牌,向社会展示了育英、北站合并的成功。2016年9月,育英迎来了新的发展格局,设立了德景园分校,成了武陵区第一所"一个牌子、一套班子、三个校区"的集团制学校。2018年9月,响应政府号召,打造均衡教育,育英德景园校区独立,育英小学优质回归,再次回到南、北两个校区,教学班达39个。2019年,中建育英签约育英小学,2022年9月,中建育英开学,学校派出了优秀教师支持中建育英。可以说，在武陵教育史册上，育英小学有着浓墨重彩的一笔。

二、文化脉络

20世纪80年代，全国劳模、特级教师，时任校长贺大国率先在育英小学开设了各种第二课堂兴趣小组。音乐、美术、航模、奥数等各种兴趣班创造了一系列辉煌的成就，也让育英小学成了常德市素质教育的一面旗帜。特别是学校的书法备受青睐，学校成为市、区级老年诗书画影协会实验基地。老书法家们长期莅临指导，师生的书法作品陆续出现在国家、省、市各级赛事、展演中。90年代初，学校就有六名学生举办了个人书法展。2003年，时任校长周友枝在学校始建一面"书画石刻墙"，将学生获奖作品镌刻于上以铭记弘扬。常德书画院名誉院长莫道宏亲题"书画世界"以鼓舞、激励师生勤习书画，滋养身心。2009年，时任校长谭国湘鲜明地提出"立字立人"的办学理念，将书法作为学校的特色教育。2015年，学校增设北校区书法墙，两面书法墙均在入门可见的位置，直观地展示了学校的书法特色。

2016年，校长的接力棒传到了现任校长罗玲的手中。学校也迎来了新的发展机遇——成为教育集团，这是新的起点，更是新的挑战。怎样让老校区从已有的优秀沉淀得更加深厚？怎样让新校区传承育英精神，打造自身的亮点？回望来时的路，从文庙到书院到学校，文化育人，一脉相承。

审视的目光由内向外，举目便是笔架城。一墙之外，是闻名遐迩的中国常德诗墙（此墙为世界最长的诗、书、画、刻艺术墙，集948名书法家书写的真、行、隶、篆、草体名诗1267首，获赞誉"诗国长城"。）

"书香墨香"即为翰墨。学校一直孕育在翰墨的温床中。选择翰墨，是育英人在仔细分析自身文化和其他文化的异同后，找到了学校发展的根基和流向。学校确立"翰墨育人"的发展方向，既契合中华民族的传统精髓，又暗合民族承接的宏大格局，幸甚至哉！

"翰墨育人"的精髓是什么？习字练心的目的是什么？就是"立字立人"！一直以来我们正是借翰墨为载体践行"立字立人"的使命。那么立怎样的字，立怎样的人呢？我们且行且思，思路日渐清晰——

我们的教育当教学生端正学识，更当在积年累月、日习百字之中，体味刚柔相济、海纳百川的中国文化精髓，由"立字"达成"立人"。

除此，随着社会的进步，科技的发展，学生还应具备怎样的能力，在实践中我们不停探索——

蔡元培引进德国经验改革北大，郭秉文引进美国经验创办东南大学与时俱进，取得巨大成功。我们也可以这样做！赋予翰墨文化更丰富的时代内涵。在这个信息与创造成为发展主题词的时代，翰墨应该是在坚守传统文化的基础上融入丰富时代元素的辽阔翰墨，应该是承载起育英人生命价值和无量未来的深邃翰墨。

我们如何在坚守传统文化的基础上融入丰富的时代元素？翰墨文化又以何承载起育英人的生命价值和无量未来？近年来，育英人几经思索探寻，历经混沌、阵痛、蜕变，终于厘清思路，确立了学校未来的发展目标：成为具有中华文化底蕴、融合国际教育先进理念和经验的一流学校。下面是育英发展理念的具体呈现。

翰墨文化系统

办学理念：立字立人

育人目标：培养有民族文化根基的现代小公民

校训：凝神一笔一画　静思一言一行

校风：团结守纪　勤奋向上

教风：和谐不拘　张扬有矩

学风：行之以德　学之以恒

校徽标识：笔架城下一本打开的书，书上是两棵嫩芽。寓意是育英的学子在笔架城下努力学习，茁壮成长。

翰墨文化强调宁静修身，海纳百川，超凡脱俗。因此育英将教师未来

发展目标定位为：沉静，豁达，高远。

谨以此期望——

我们的教师内外兼修，博学沉静，内在气韵"向下"沉淀；

我们的教师虚怀若谷，洞明豁达，生命气度"外张"旷达；

我们的教师优雅脱俗，志向高远，外在气质"向上"脱俗。

育英分别从"向下""外张""向上"三个立体层面确定了育英教师的发展方向。未来，育英将引领教师朝向这些目标发展。

"翰墨大道、浓淡干湿、粗细强弱、险中求稳、知白守黑"这种既对立又统一的书法哲理，给予了学生成长丰富的启示：要处理好民族与世界的关系，知识积淀与社会适应的关系，个体与群体的关系。我们的教育应该从小培养孩子的民族之心、社会之责、个性之美。民族之心、社会之责、个性之美恰好又具体诠释了学校育人目标"培养有民族文化根基的现代小公民"的深刻内涵。

铸民族之心：中华民族精神，是维系中华各民族人民生活的精神纽带，是支撑中华民族生存和发展的精神支柱，是推动中华民族走向繁荣、强大的精神动力。青少年是中华民族的未来，弘扬和培育民族精神必须从青少年抓起。未来六年，育英将以翰墨为切入点，让孩子感受到民族文化带来的自豪感、幸福感、责任感。

担社会之责：学生在校期间正是社会意识形成的重要时期，所以加强学生社会意识的培养尤为重要。从目前来看，绝大多数学生通过学校教育，社会责任感、社会适应力明显增强。但是随着社会的不断发展，在部分学生的身上出现了一些不尽如人意的现象。育英将以培养学生社会意识为己任，为学生成为合格的社会人奠基。

秀个性之美：正如颜筋柳骨、胡肥钟瘦，每个孩子都有自己独特的个性。苏霍姆林斯基提出，必须使人的多种多样的才能、天赋、意向、兴趣和爱好等个性特点得到充分发挥。我们将以关切而又深思熟虑的谨慎态度去对待每个孩子的优缺点，设法把教学和教育工作安排得使每一个学生都能展现出自身天赋，让每个孩子找到他喜爱的活动，并在这方面成为能手。

再回到翰墨文化发展本身——中国书法秦汉尚势，晋代尚韵，南北朝尚神，唐代尚法，宋代尚意，元明尚态，清代尚质。它持续的生命力在于不断吸收有益的成分，丰富自身的艺术形式，从而得到发展。

从书法特色到"民族文化根基的现代小公民"我们可以看到，滋养百年育英的"翰墨文化"实际上已经横向拓展为对优秀传统文化的吸收，并超越传统文化，纵向延伸至与现代文化接壤，汲取时代精华。在传统文化和现代文化的浸润中，我们相信，孩子们面对未来一定会更加笃定和从容。

第二节　物·语——廊壁能言，潜移默化

学校的环境文化是学校文化的基础工程，它是反映学校形象的隐性教育工程。育英竭力营造翰墨之境，促进科学、文化、艺术的有机融合。巧借自然之物作为思想教育、精神陶冶的载体，营造和谐的校园环境，达到环境育人的目的。

一、有形之境

"诗不能尽，溢而为书，变而为画。"走进育英，就如同走进了诗、书、画的殿堂。

在沿河校墙的长卷上，汉字的历史演进一览无遗。从甲骨文、金文到小篆、隶书、楷书……书法让长卷墙生动活泼。其中，不乏各个时代、各种书法形式的名家书法作品，如"石鼓文""张迁碑""颜勤礼碑""兰亭序"等。沿着围墙，欣赏长卷，可以亲近、解读"汉字的演变"；偶尔抬头，浏览廊画，可以领会、思考"孝悌忠信"的含义。

学校楼道有序悬挂着书法作品。学生每天上楼、下楼耳濡目染书法的内涵。学校还定期把体艺节上的学生优秀书法作品进行装裱，挂在学校教学楼墙壁上。

多年来，育英师生营造了自己的"书画世界"，每一幅作品都为校园添加了神采，每一笔挥毫都彰显出师生的底蕴，成为校史上铭刻的记忆。"小小书法家"挥毫的墨宝雕刻在墙上，内容或说古谈今警醒世人，或传承伦理道德教人向善，或托物言志净化心灵。天地之间只有黑白两色最为分明。黑白两色，清淡素雅，质朴率真，又值得推敲，书法文化经过千年凝练与沉淀，愈久弥香。灵动的文字间似有编钟的余音袅袅，笔尖流淌悠悠历史。

平淡、自然、气韵流转的空灵之境，在自然物象的基础上，达到了对超然之美的追求。

楼道里有若干小小书吧。书吧里除了书香，更有绿意。绿色植物、自由阅读皆是生态。此外，学校还配备了专用的"静书室""心赏室""我书我秀"园地等。校园的每一个角落、每一块墙壁，都彰显浓郁的书法艺术氛围。这些作品成了校园文化建设的一道亮丽的风景线。

在此基础上，为了凸显办学理念，学校将主要色彩确定为墨、朱、碧，将"篆刻""简牍"等书法元素融入其中，以"流水书卷""墨池涌泉""拓拓乐""我的家谱""说文解字""光影廊道"等形式呈现。

这一切是育英既有或即将有之实境。这样的境缘起墨香，由外入心，颐养性情。

二、无形之境

"小隐隐于野，中隐隐于市，大隐隐于朝"是中国古代道家的哲学思想。这一哲学思想蕴含着这样一个深刻的哲理：最高层次的隐逸是喧嚣与繁华中的宁静，而最高层次的宁静是心灵深处的独善其身。环境文化的建设有看得见的外显文化，更有这种"大隐隐于朝"的无形之境。

学校每年都会为不同年级的学生举行特定的"三礼"活动：一年级新生入学礼、四年级10岁感恩礼、六年级毕业礼。在这三礼中，我们也紧紧围绕翰墨精心设计。入学礼上，我们为学生送上新"文房四宝"——铅笔、转笔刀、橡皮擦、笔袋。学长们握着学弟学妹的手，在学校特制的书法卷轴上，写下人生第一个大写的"人"字。《旧唐书·柳公权传》中说："用笔在心，心正则笔正。"先生"心手如一"的真情表白，始终闪烁在不老的时光里，醒目在历史的永恒中。学校设感恩礼，赠星空球，意在培育学生的一颗公心、一颗热心。感恩成长、立志未来，以更健康、更完整、更昂扬的姿态生长，实现书艺与人品的同修炼、共传承。感恩礼上每个孩子都会收到一颗精致的水晶球。底座上印有校训：凝神一笔一画，静思一言一行；球中有浩瀚宇宙，寓意"脚踏实地，仰望星空"，暗合翰墨文化之悟：有扎实功底方致无限可能，璀璨创造来自坚固之基。六年级毕业了，我们会为学生送上刻有学校 logo 及校训的白玉印章。同学们会郑重地在入学的书法卷轴上落款盖章，寓意圆满完成第一段学习旅程。

学校会利用红领巾广播站，定期推送书法名家的故事，让学校微信公众号成为学生书法作品的展示平台；学校党建品牌确定为"翰墨书心"，学校少先队品牌确定为"翰墨润心"，"翰墨蕴清廉"成为学校廉政建设的文化品牌；每天设定二十分钟的硬笔书法时间，二十分钟经典诵读时间，每学期进行一次古诗词晋级活动，每年进行一次书法考级，书法课题研究从市级到省级，书法考级活动从学校到教育部。可以说，教育无时无刻不充满着翰墨的芬芳。

第三节　誉·载——遐迩所闻，笃力前行

中国五千年悠久的历史文化传统造就了中国人对荣誉的强烈追求和特殊偏好。荣誉能使人产生荣耀感，可以成为不断鞭策荣誉获得者保持和发扬成绩的力量，还可以对其他人形成感召力，激发比、学、赶、超的动力，从而产生较好的激励效果。

历年来，育英都非常重视荣誉，也因为持续不断的努力在社会上产生了良好的影响，获得众多殊荣。

学校先后被评为全国巾帼文明岗、全国教研教改先进单位、首批省现代化教育技术实验学校、省园林式学校、市名优学校、市文明学校。学校少先队大队部被团中央授予全国红旗大队、全国红领巾手拉手助残先进单位，省红领巾示范性学校称号。2017年，育英小学被教育部批准为中华优秀文化艺术传承学校，同时被授牌"常德市书法教学示范基地""湖南省书法联盟学校""湖南师范大学音乐学院少儿艺术培训基地""湖南省音协合唱专业委员会少儿合唱艺术教育基地"。2020年，被教育部书法等级考试中心授予教育部书画等级考试"书画教育特色示范校"称号。2021年，被中共湖南省委教育工作委员会授予"湖南省教育系统先进基层党组织"荣誉称号。

荣誉是鼓励，是鞭策，更是责任。它不断激励着育英师生在古今文脉的传承中寻找"初心"，在家国担当的厚植中体悟"仁心"，在精神家园的坚守上认知"恒心"，在学习研究的推敲琢磨间修炼"苦心"。

承担着"中国好老师公益行动"常德市基地校的重任，学校不辞辛苦，走遍全市所有区县，发展了20多所"中国好老师公益行动"联盟校，建立教育集群，担起育人使命，发挥辐射效能，承办教育培训、开设网络课堂、下乡送课等活动，让教师看见更多教育美景。学校积极参与全国名校联盟、叶澜老师新基础教育湖南研讨、刘铁芳教授的中国少年培育联盟、李统兴博士的国学教育联盟、"长沙泰禹大教研"，携手湖南师范大学等高校的教育活动，区内"四校联动"，等等。这些都在社会上产生了良好的影响。

肩负"中华优秀传统文化传承学校"使命，老师们坚持利用"小打卡"程序"每日诵读"打卡；坚持每日带领学生享受古诗文"精神早餐"……每日朗朗的读书声是传统文化的感召，也是优秀传统文化传承学校的使命使然。

作为"教育部书画教育特色学校"，全体师生每日提笔练字。学校自编《书法练习册》，专业书法老师手把手指导其他老师，其他老师和书法老师一起指导学生"凝神一笔一画"，提升书法技能。在市骨干教师李翔的带领下，学校美术课程在扎牢基本功的基础上，积极与电影、科学相融合，拓宽了美术视域。"书画等级特色"学校给予育英教师队伍一种熏陶，这就是育英的"翰墨之境"！

第二章
行翰墨之道，课程担当未来

如果我们把学校看作是一个生命体，那课程就好比是"传递主要生命物质的血液循环系统"，是每一所学校运行的轴心和形成良好品质的基础。

一切课程的合理开发与成功落地，都必须小心翼翼地匹配学校的核心软系统：理念、价值观等。并且还要同步联动学校所有的随同变革：学习方式、评价体系、管理机制等。所以"课程的质量决定学校的质量"。

多年来，育英小学的书法课程点燃了一批又一批育英学子的书法梦想。时至今日，我们的育人目标已经丰富成"培养具有民族文化根基的现代小公民"，我们的课程也应该不断丰富。针对学生发展目标，拥有"民族之心、社会之责、个性之美"的现代小公民，育英构建起"三个志向"的核心课程，即向民族经典求文化之根，向生活万象求社会之责，向自我潜能求个性之美。

第一节 植·根——国学课程，向民族经典求文化之根

2017年1月25日，中共中央办公厅、国务院办公厅《关于实施中华优秀传统文化传承发展工程的意见》发布（以下简称《意见》）。这是第一次以中央文件形式专题阐述中华优秀传统文化传承发展工作。《意见》指出，要深入挖掘和阐发中华优秀传统文化的时代价值，使中华优秀传统文化成为涵养社会主义核心价值观的重要源泉。教育是串起中华优秀传统文化这条美丽珍珠项链的主线，要把优秀传统文化贯穿国民教育始终。

育英小学课程研发小组从执行文件精神的角度出发，结合自身原有课程文化优势，以政治自觉、思想自觉和行动自觉，扎实深入地开始了国学课程的创改，并成功立项湖南省教育科学"十三五"规划2017年度课题《构建与实施国学教育系列活动的实践研究》。从"品鉴千古美文、博通千古技艺"两大维度，开始了构建与践行。

一、品鉴千古美文，根植民族气质

传统文化中的经典诗词、精美篇章，词句精练，意境高远，对培养学生的民族情怀、理想情操，提高文化素养，有着不可替代的作用，应该让经典伴随儿童成长，让文化供养儿童气质。因此课题组决意引领学生品鉴大量中华经典美文，奠定人生文化和修养的根基。

（一）诵经典诗文，养博雅之气

学校抓晨读、午诵，为学生营造良好环境，让其沉浸经典之中——眼睛经常看，口里经常诵，耳朵经常听。具体内容如下。

晨读，与黎明共舞——选择可读性（精练优美）、针对性（符合学情）、实践性（指导生活）均强的经典读本9册，化整为零，每天诵读（清晨10分钟）。

"国学咏流传"推荐读本

年级	读本
一、二年级	《三字经》
	《弟子规》
	《声律启蒙》
三年级	《千字文》
四年级	《小古文》
五年级	《大学》《论语》
六年级	《诗经》《诗词汇编》

周一至周四的晨读可音频领读，可教师领读，可学生领读，也可个人或小组进行展读、赛读，要求做到字字清晰，句句通畅。

周五的晨读，由教师结合当周的诵读情况进行小结，并挑选重点内容进行讲解、赏析，帮助学生更好地亲近经典，内化意蕴。

午诵，成长路上的风景——每天的放学时间，学生一边排队出校，一边齐诵经典，实现了一举三得。

一是路队规范。学生的步伐节奏与古诗文节奏相合，节奏稳定，步伐轻快。

二是及时温习。学生排队背诵的文段是当天清晨诵读的文段。温习一次，孩子们脑海中的印象就加深一次，常常温习，古诗文就被深深记在了心里、脑海里。

三是仪式满满。育英小学位于城区中心，商铺林立，车水马龙。孩子们一路诵读经典走出校门，走出了文化气势，走出了精气神，放学队伍成了喧闹街市中一道独特的文化风景线。

（二）承千年文脉，展国风之美

学校针对经典古诗文，组织各类比赛、交流、展示活动，目的是考验学生的能力，实现交流学习。学生们能通过自己的付出与努力，树立目标、锤炼意志、获得自信、实现成长。

古诗文考级。古诗文考级给予孩子最深远的影响，莫过于通过层层考级，增强了学生对中华优秀传统文化的学习兴趣，提高了他们的文化品位和文化审美能力。

为激发学生兴趣，拉近学生与传统文化的距离，育英的考级名称以古代书生博取的功名来命名：一级为古诗文书生，二级为古诗文童生，三级古诗文秀才，四级古诗文举人，五级古诗文进士，六级古诗文榜眼，七级古诗文探花，八级古诗文状元，九级古诗文学士，十级古诗文达人。

教科室将现行小学语文教材必背古诗文129首（篇）分十级进行序列安排。每学期定时对学生进行测评考级，并请家长当考官，见证孩子们从考级中收获文化自信。

榜眼、探花、状元……孩子们一步一脚印、一期一荣誉。其乐融融，诗意浓浓，实现了真正的腹有诗书气自华！

一站到底。学校借鉴益智攻擂节目"一站到底"的经验，积极探索寓教于乐的古诗词活动模式，最大程度调动学生兴趣，具体形式如下。

班赛：每学期末，学校教学管理人员分成6个考核组（1～6年级），走进每一个班级。全班同学一起，将本学期"国学咏流传"内容从第一句背诵至最后一句。背诵过程中，不熟练的、不会背的同学自觉坐下。"站"到最后的同学便是"一站到底"的班级期度总冠军。

校赛：活动每月一次，每次选定一本挑战书目（不分年段，人人可挑战经典读本9册）。赛程分为三个环节：第一环节，班级内进行挑战，1人成为最终优胜者。第二环节，6名优胜者（以6个班级参赛为例）通过抽签，选出1人。这1人可以作出两种模式抉择：第一种是英雄模式，即1人挑战5人；第二种为联盟模式，即选择2人为盟友，3人挑战3人。第三环节，如果英雄模式胜出，则胜出选手成为冠军，如果联盟模式胜出则成为冠军团队（如果参赛班级数较多，则依据上述模式分组，进行进一步PK赛）。校赛在多媒体教室进行，全校学生均可观赛，且赛制为限时赛。同时，参加过活动的孩子原则上在一学期内不再参赛，保证了其余学生有参加的机会。

"一站到底"的获胜者，学校通过智慧管理系统奖励积分。积分可以转换成育英币，并兑换印有学校 logo 的文化用品。

"一站到底"知识大比拼，激发了学生的学习热情，推动了学生由被动式学习向主动式学习转变，让古诗文在孩子心里热了起来，在校园里嗨了起来。

飞花令。"飞花令"得名于诗句"春城无处不飞花"，源自古人的诗词之趣，是古人行酒令时的一个文字游戏。《中华好诗词》《中国诗词大会》等诗词综艺栏目改良了"飞花令"——选手能在规定时间内说出含有规定关键字的诗句即可。

育英借用这一形式，跟随四季的脚步，为学生与诗词设计了一场场美好的邂逅：三月的"春·飞花令"、六月的"夏·飞花令"、九月的"秋·飞花令"、十二月的"冬·飞花令"。全校同学均要参与。先是班级选拔，各班产生1支代表队参与本年级的PK。行飞花令时，年级越高，难度越大：

请回答带有"春"字的诗句（低年级）；

请回答带有"春"字的诗句且"春"字出现在不同"字位"（中年级）；

请回答带有"春"字的诗句，并说出所在的篇目（高年级）。

最终胜出的6支队伍（6个年级）由浅入深，进行"随机飞花令"。选手现场抽取一个关键字，如花、雨、月、雪等与季节相关且在诗词中高频出现的字，各队轮流说出含有关键字的诗句，答不上来或重复为输，最终诞生"季节总冠军"。

从"樱桃落尽春归去"到"晴日暖风生麦气",育英的"四季飞花令"不仅考查了小选手们的诗词储备,也为他们创造了"诗词生香"的平台,更考验他们的临场反应和心理素质。四季来了又去,育英的孩子逐渐由一个个懵懂的稚子成了心有诗词的文化人。

学生讲坛。每天清晨的"国学咏流传"时段,除了引导孩子们有声有韵地读原著,1~3年级的老师还会抽出五分钟,和孩子们一起探讨文本传达的信息,4~6年级则会开设"学生讲坛",由孩子们轮流担任主讲人,谈谈搜索到的相关信息,以及自己的思考。

为了给孩子们提供更大的交流平台,一年一度的体艺节上,学校还设置"美声诵经典,细说传真情"主题活动。各班班主任推荐本班日常诵讲经典过程中的表现优异者参赛。"玉不琢,不成器""事虽小,勿擅为""己所不欲,勿施于人"……经典篇目中的优秀文化在每一个早晨、每一方舞台滋养着育英少年!

国学经典是我们的文化根基所在。我校开展丰富的国学课程,目的就是要让孩子在人生最关键的阶段与国学相遇,从而习得知识、培养思维、传承文化,长成具有民族文化根基的现代小公民。

(三)拜各路名家,循阶而上

育英小学国学课程意在引领孩子"向民族经典求文化之根"。当代学校的国学教育重在中华优秀传统文化的传承,同时也需结合时代具体情况进行变革和创新,才能给孩子一颗中国心、一双世界眼。因此,育英的国学教育,不仅仅局限于国学的教育,更是在深研语文教材的基础上,实现中外汇流,尽可能延伸至全人类的文化经典,力求在时代发展的环境中,对比、汲取、荟萃多元文化,走出一条全新的教育之路来。由此,以"名家经典阅读"夯实学校的国学课程顺理成章、合情合理。

名家经典以"人性,童心去感受世界"。像鲁迅、萧红等名家,他们对自然、生命的大爱,对父母的眷恋,对文化的敬畏,对国家的情怀、对理想的追寻……都和孩子的世界相通,能够帮助他们为生命奠基。代表着中华民族优秀文化的民族经典作品无疑将为孩子的成长扎下"文化之根"。

统编小学语文教材构建了由精读、略读,再到课外阅读的"三位一体"阅读体系,搭建起了提升阅读能力的支架和阶梯,力促儿童阅读能力的发展。那么我们如何在日常教学中，以教材为起点，从课堂出发，把编者意图，教读、自读、课外阅读有机统一起来，层层递进地提升学生的阅读能力、文化素养呢？

育英小学课程建设小组开展了"名家经典阅读周系列活动"。

1. 探索："循阶而上"的教学模式

朱光潜先生曾说："读书，并不在多，最重要的是选得精，读得彻底。"在小学语文教材中，我们选入了许多名家名篇作为教学内容。这些文章大多具有独特的情感背景、思想精髓、写作手法和语言风格。可以说是语言的楷模，文学的经典。阅读和学习这些名家名篇对于学生的语文能力的培养和思想境界的提升是大有益处的。如果在教好教材中名家名篇的基础上，引导孩子从一篇文章走近一个人直至走进他的整个精神世界，就构成了"循阶而上"这一新型教学模式的探索性学习。

从三年级开始我们根据学生兴趣、学情，选取一位作家及其作品，引导学生开展名家经典主题阅读。

育英小学名家经典主题阅读安排

年级	篇目	作者	书目
三年一期	《卖火柴的小女孩》	安徒生	《安徒生童话》
三年二期	《肥皂泡》	冰心	《繁星》《寄小读者》《春水》
四年一期	《蟋蟀的住宅》	法布尔	《昆虫记》
四年二期	《猫》	老舍	《骆驼祥子》《老舍散文集》
五年一期	《鸟的天堂》	巴金	《家》《小学生巴金读本》
五年二期	《刷子李》	冯骥才	《俗世奇人》
六年一期	《少年闰土》《好的故事》	鲁迅	《彷徨》《朝花夕拾》
六年二期	《匆匆》	朱自清	《背影》

名家、经典选定之后，进阶式读书三部曲（单篇阅读、群文阅读、整本书阅读）开启：

（1）寻迹课文，夯实文采印象

在实际教学中，如果不以精读单篇文本做基础，思考就没有支点，深入探讨就成了空谈。那么，如何借力文本，言之有物呢？

①体察情境"析"词句

教师要引导学生顺着文本的脉络探究词语生存的"环境",读懂作者的艺术表达。

如法布尔的《蟋蟀的住宅》,这是一篇科普文章,文章中不仅有丰富的自然知识,更有活泼精彩的文字。从文章的题目开始,作者将蟋蟀的洞穴说成"住宅"就是把蟋蟀当作人来写。文中像这样的艺术处理还有很多,比如"唱歌""弹琴""专家"等。在描写蟋蟀建造住宅时,作者通过"扒、搬、踏、推、铺""慎重""一点一点挖掘"等文字把对一只小小的蟋蟀,不肯随遇而安,而是努力、不辞辛苦地建造自己住宅的敬佩之情表达了出来。

又如老舍先生的《猫》,作者说"猫的性格实在有些古怪",既老实又贪玩,既温柔又倔强,既贪玩又尽职,"什么都怕",但又那么"勇猛"。看似矛盾,实则蕴含着辩证统一的哲学意味,学生对此也充满了好奇,学习过程充满了思辨的挑战和趣味。细读课文,还会发现,写猫的叫声,作者连用了四个词语"丰富多腔、长短不同、粗细各异、变化多端",简直把它写成歌唱家了;"出去玩玩""不回家""在你写作的时候,跳上桌来,在稿纸上踩印几朵小梅花",猫的一举一动在作者笔下被人格化,喜爱之情流露于字里行间。读完文章,我们除了感受到小猫的淘气可爱,更能体会到"语言艺术大师"老舍先生的高明之处,理解作者眼里的古怪,实则是通过"明贬暗褒"的写作手法表达心中的喜爱。

还有《刷子李》幽默传神的津味市井俚语,《匆匆》中丰富贴切的用词以及诗一般的语言等等。教学中,引领学生体察情境,品析词句,学生就能牢牢把握住语言的脉搏,学会驾驭文字。

②探究形式"悟"表达

经典名篇精妙的语言形式,是作者准确表情达意的载体,对此要深入细品。如《卖火柴的小女孩》,作者就运用了虚实结合的表达方法:小女孩非常寒冷是实写,看到大火炉则是虚写;小女孩非常饥饿,渴望食物是实写,看到烤鹅则是虚写;小女孩非常孤独,渴望快乐是实写,看到圣诞树则是虚写;小女孩非常痛苦,渴望疼爱是实写,看到奶奶则是虚写。写实与写虚交替进行,美丽的幻象和残酷的现实交替出现,使得这个凄凉的故事深深地打动人心。从中,学生也悟出了"合理想象"的意蕴。

又如《刷子李》,将曹小三的心情变化与刷子李的技艺高超建立关联,采用正面描写和侧面描写双线结合，把一个人的特点写得清楚、写得具体。

再如《蟋蟀的住宅》，作者运用了抓特点、作比较、运用拟人等方法将蟋蟀住宅的特点及修建的过程娓娓道来，将枯燥的观察日记变得趣味横生。

总之，教师要借助名篇，引导学生仔细揣摩和领悟语言表达，然后通过迁移运用内化为他们自己的言语形式。

③聚焦要素"植"素养

统编教材采取"人文主题与语文要素"双线并进的编排思路，一个单元围绕一个人文主题选编课文，聚焦一个语文要素设计学习活动。因此，即便是名家名篇，在教学的时候也应该遵循教材的编排特点开展教学。

鲁迅的文章《好的故事》就需遵循单元要素，"借助相关资料，理解课文主要内容"来设计教学。

如解答文中"谁掷下大石？"这一疑惑，可借助老舍《茶馆》中的片段。让学生找出那个"谁"原来是洋人、王大帅、李大帅、赵大帅、帝国主义、各地军阀等，让学生看清历史，读懂作者的文字和内心。

在理解"现实使人伤，先生并没有绝望"这一情感时，也可借助《友邦惊诧论》的片段。让学生看清先生以"笔"作"匕"，刺破敌人虚伪的外衣的勇气和魄力。这样一来，就将以文解文的作用发挥到了理想水平。

于永正曾经说过："文章一旦被选进语文教材，成了'课文'，它就具有了双重意义：一是内容意义，二是形式意义。学生学习它，不但要了解写的是什么，而且要知道作者是怎样写的。文字这个载体本身就是学习的对象。"

如此夯实单篇，恰如掘井涌现第一股甘泉，沁入心灵的同时，也坚定了继续寻觅的恒心。

(2) 群文共燃，解读生命姿态

学习完教材中的名家作品，应自然地引导学生将目光从"文"转向"人"。认识作者的生命价值将远远超过几篇文章本身。

①他人眼中的梁木

拿鲁迅先生来说吧，天赋、斗志、梦想等，让他获得了很多人的尊敬。在带领孩子们学习《少年闰土》《好的故事》之后，我们设计了"不同人眼中的你"群文主题阅读活动。师生共同搜集、筛选他人描写鲁迅的作品，在课堂上交流，以便全面认识这位文学家、思想家、革命家。

然而，关于先生的回忆录和印象记很多很多。这些文章不仅从不同的角度展现了鲁迅的言行举止和神采风貌，同时也触及了二十世纪以来中华民族的风雨历程。如何选择？我们只需牢牢把握一个核心：学情。以这四篇文章为例：

《我的伯父鲁迅先生》是周晔回忆伯父鲁迅的文章，自新中国成立以后一直选入小学语文课本。从中孩子们能读出一个爱憎分明，为自己想得少、为别人想得多的鲁迅。

在众多的回忆录中，著名作家萧红的《回忆鲁迅先生》堪称是杰出的篇章。从节选中，孩子们读出了先生的喜怒哀乐，读出了他的令人敬佩，甚至令人可亲。

《鲁迅评传》是著名作家曹聚仁的作品。作者曾说"我想与其把你写成为一个'神'，不如写成一个'人'的好"。他笔下的鲁迅既不仰望，也不俯视，我们看到了一个鲜活的鲁迅。我们选取了《少年时代的艺术修养》，让孩子走近这个成长阶段的鲁迅。

著名诗人臧克家为纪念鲁迅逝世十三周年时作《有的人》。诗人以高度浓缩概括的诗句，总结了两种人、两种人生选择和两种人生归宿，讴歌了鲁迅先生甘为孺子牛的一生。

在群文阅读活动中，孩子们小组合作，从文中找到事例，抓住重点语段进行分析，梳理别人眼中的鲁迅形象，借助思维导图、表格类的学习工具将提取到的信息进行整合，最后进行"我们眼中的鲁迅"研究汇报。这样，一人多面，鲜活立体，学生有了更客观的认识。

②生命历程的探察

《少年闰土》是小说《故乡》的节选，写的是鲁迅返乡处置家产的一段往事，文中多处细节可参阅其家庭背景作出注解。一是"家景也好"及"正是一个少爷"，可以查阅先生的身世背景。二是"院子里高墙上四角的天空"，可以查阅鲁迅年谱以及他的自传书，还可以参照《从百草园到三味书屋》等原文，了解其童年在私塾就读的情形。

《我的伯父鲁迅先生》中的"碰壁"，可以参阅鲁迅年谱：1927年~1936年，在上海，其中记载了他多次遭到反动政府的通缉与追捕：1930年3月2日，参加"左翼作家联盟"成立会，浙江省党部呈请通缉"反动文人鲁迅"；1933年6月20日杨铨被刺，先生出门不带钥匙，以示决绝；1934

年 8 月 23 日，先生因熟识者被逮，离寓避难……

随着对先生生命历程越来越了解，学生对文本的困惑得到了解答，情感有了共鸣，这都得益于借来的那一双双慧眼！

（3）整本阅读，走向精神画卷

从单篇走向群文，学生对作者的文字和品性有了一定的认知。如果此时，我们就将名家经典束之高阁，那么肯定也就错过了一幅宏大的文学、精神画卷。这就正如统编中小学语文教材总主编温儒敏先生反复强调的那样——没有课外阅读，语文教学就成了"半截子"。

鉴于此，名家名著的阅读必不可少。如，在六年级的孩子学完鲁迅先生的单篇课文，并从他人的作品中结识先生之后，我们精心挑选了几部适合学生的书：《呐喊》《彷徨》《野草》《朝花夕拾》《故事新编》《狂人日记》，孩子们自行选择其中一部来读。

整本书阅读一周过后，孩子们开始通过不同的方式呈现自己的阅读成果——读后感、阅读手抄报、摘录卡、思维导图等。看着那一沓沓学习成果，我知道那是孩子们沉甸甸的收获。他们对先生的精神世界不再陌生，并开始理解他独有的犀利、冷峻、幽默、热忱，深刻感受到先生的思想可跨越时空，可照亮黑暗，可唤醒心灵。

名家经典主题阅读活动以一篇文章为引子，以读为阶，拾级而上：寻迹课文，夯实文采印象；群文共燃，解读生命姿态；整本阅读，走向精神画卷。由此通向相关联的、更高深的语言文字学习场所，博识经典，提质生命。下面我们将以一个具体的主题阅读活动为例详细地说明我们"循阶而上"的教学模式。

2. 以"走进'鲁迅'主题阅读活动"为例：

鲁迅，值得每一个中国人读一辈子。

但有人说，语文有"三怕"：一怕写作文，二怕文言文，三怕周树人。没错，我们和鲁迅之间确实有些生疏：时代的距离——百年间中华民族经历了站起来、富起来到强起来的沧桑巨变，孩子们很难感同身受；思想的距离——鲁迅的思想就像一把匕首，直抵人性与社会的痛点和盲点，让人不敢直视；语言的距离——鲁迅是中国白话文学创作的开创者之一，他的白话中夹杂着文言、方言，造成了学生阅读时的理解困难。这一切的确让我们，特别是阅读经验有限的小学生害怕。

我们不禁要问，关于鲁迅，这样的"值得"和"害怕"之间有多远的距离？部编版语文教材告诉我们，也许相隔的只是一个教学单元的用心设计。

统编教材采取"人文主题与语文要素"双线并进的编排思路，一个单元围绕一个人文主题选编课文，聚焦一个语文要素设计学习活动。其中一个人物主题单元特别显眼，即六年级上册第八单元"阅读鲁迅"。这个单元选编了四篇文章：两篇鲁迅写的文章——小说节选《少年闰土》与散文《好的故事》；两篇写鲁迅的文章——周晔的《我的伯父鲁迅先生》与臧克家的《有的人》。读好这个单元，孩子们将跨越"害怕"，在中学及今后的时光中真正亲近鲁迅——这位"值得"的文学巨匠。

（1）读它：鲁迅先生的《好的故事》

《好的故事》是统编版小学语文教材六年级上册第八单元的第二篇课文。它是现代文学家鲁迅先生于1925年创作的一首散文诗，这篇课文的主题："爱"——对美好事物的热恋；"痛"——对绝望现实的悲悯；"反抗"——不屈现实，对光明的奋力追求。这样深邃的文字和情感，怎样领着学生走近读懂呢？

研读文本，我们发现有"三远"：第一，年代太远，学生无法回到过去；第二，境界太远，学生无法产生共鸣；第三，文辞太远，该文是鲁迅"把内心的意识变成诗的语言以后的艺术结晶"，学生琢磨不透。

针对以上"三远"，我们的教学首先关注的是文体，散文诗在篇章结构和言语表达上的独特之处。同时，我们更关注文本，根据单元语文要素，着眼于"借助相关资料，理解课文主要内容"来教学这篇散文诗。

最后的教学分为三个环节：入梦——沉醉不愿醒，碎梦——现实使人伤，追梦——笔斗"昏沉夜"。

环节一：入梦——沉醉不愿醒

老师营造情境："同学们，让我们坐上先生梦中的小船，低下头来凝视河水，你看到了什么？"

学生从作者的文字中寻找景物，乌桕、新禾、野花、鸡、狗、丛林和枯树……学生零零散散地读着。老师开始教学生读懂文字，表达的主题。

"同学们，这是一首散文诗，散文诗有形散神不散的特点，看似散乱的景物其实有一个共同的思想主题。还记得《天净沙·秋思》吗？九种景物的思想主题都在"断肠"两个字。你能从文中找到本文景物的思想主题吗?"

学生再次从文字中寻找那个寄托了作者情思的字眼。

有的学生找到的是"目光",因为作者有写"各家带了闪烁的目光"。

有的学生找到的是"融合",因为文中有写诸影诸物,无不解散,而且摇动、扩大、互相融合。

有的学生认为是"永恒",因为作者有写"我看不见这一篇的结束"。

一个个独立脱节的名词罗列,作者究竟想表达什么?我们要让学生看到的不仅是写了怎样的景,更重要的是琢磨品悟众多意象聚集到一起形成的画面,梦境所呈现的思想主题。至于孩子们是否找得精准不重要,重要的是这一番琢磨让学生的心灵靠近了作者的心灵。

环节二:碎梦——现实使人伤

在第二个环节,学生读碎梦的片段:我正要凝视他们时,骤然一惊,睁开眼……撕成片片了。

"谁"掷下"大石"?

为了解答这个问题,老师引导学生借助不同的文字资料寻找答案。

借助老舍《茶馆》中的片段,学生找出那个"谁"原来是洋人,王大帅、李大帅、赵大帅,帝国主义,各地军阀……学生仿佛走进了那个年代。

借助鲁迅的《故乡》中的片段,学生看清"大石"便是饥荒、战乱、抢掠、苛捐杂税……是这些让闰土的生活变得苦难。

从作者含蓄的文字中,体会"感伤时代,悲悯生命",对六年级的学生来说,真的非常困难。我们借助《茶馆》《故乡》中的文段为解说词,让学生看清历史,读懂作者的文字和内心。这种方法叫"诸因互解,以文解文"。

环节三:追梦——笔斗昏沉夜

在第三个环节,学生读出现实使人伤,但先生并没有绝望。我们再次借助《友邦惊诧论》的片段,组织学生展开思辨:"老师想给第三个环节的学习拟一个标题,即追梦——bǐ 斗昏沉夜。可是,选择哪个 bǐ(笔、匕)更合适呢?"

有的学生认为是"笔",因为作者以笔为斗争的武器,写出了敌人的丑恶时代的悲凉;有的学生认为是"匕首"的"匕",因为作者的笔就像匕首一样刺破了敌人虚伪的外衣，让他们闻风丧胆。《友邦惊诧论》的文段选用，也将以文解文的作用发挥到理想水平。

入梦、碎梦、追梦，三个教学环节，其实是跟随作者的思想在演变：追忆过去—看清现在—立志将来。从现场教学实效来看，学生觉得时代不远，作者可敬，文字能懂，我们的教学目的就达到了。我们发现：鲁迅的作品，虽然大多是"深"的，甚至是"难"的，我们却可以用最简单的方式，从文本阅读入手，在朗读、品味文章中，感受鲁迅作品的情感之美、思想之美、文字之美，获得情感的共鸣。既遇见鲁迅，又看见自己。（《好的故事》一课，我校刘会英老师参加湖南省语文学会教学比武中获一等奖。）

回过头来看这个单元的另一个好的故事：第一篇课文《少年闰土》。把这篇课文放在第一篇，编者是用心良苦的。鲁迅大部分作品的基调是"阴沉"的，《少年闰土》的基调却是"明朗"的。那个英武的少年形象，让学生怦然心动，孩子们可以看到另一个鲁迅的样子——一个自己可以亲近的样子。之前使用的各个版本的教材都有这篇课文，老师们对其内容再熟悉不过了，然而新教材应有新解读。这篇课文的教学，可以紧紧围绕本单元的语文要素"借助相关资料，理解课文主要内容"和"通过事情写一个人，表达出自己的情感"两个关键点展开。

第一个关键点，我们可以借助相关资料，丰富对鲁迅的认识了解；借助课文图片感受闰土活泼可爱、机智勇敢的农村少年形象；借助思维导图厘清文章脉络；借助小说原文《故乡》中"再见闰土"片段资料，结合创作背景的文字资料，让学生了解当时的社会背景，深刻地理解鲁迅的思想情感。这一过程对学生进入后面课文的学习帮助非常大，特别是对理解接下来的《好的故事》打下了良好的基础。

第二个关键点，教学中宜读写结合，在阅读中去体会作者是如何以对话形式，如何通过一件件事情详略得当的安排，具体生动地刻画人物的。这一要素可以充分结合课后练习及单元习作进行落实。

鲁迅的文章，都是好的故事。借助这些好的故事，引导学生品味好的文字，体悟好的思想，是语文素养落地的途径，是语文教师的职责。

(2) 读他：写下好的故事的鲁迅先生

学习了《少年闰土》《好的故事》，我们应该将目光从"文"转向"人"，帮助孩子们认识鲁迅这样一个人的意义将远远超过这几篇文章本身。

那么，怎样认识他呢？

①他人眼中的鲁迅

在学完《少年闰土》《好的故事》之后，孩子们一定对鲁迅产生了深深的好奇：这个佩服闰土的少年，这个憧憬着"好的故事"的作家，究竟何许人也？何德何能让寸土寸金的语文课本留给他整整一个单元？顺着编者意图，我们开始走近鲁迅其人。

《我的伯父鲁迅先生》是一篇略读课文，当孩子们理顺几个故事并加上小标题后，孩子们便不难感受到文章结尾说的"为自己想得少，为别人想得多"。

《有的人》中颂扬鲁迅的三句话——"给人民当牛马""情愿作野草"以及"为了多数人更好地活"，其中两句可以在鲁迅的诗文中找到出处。读了原文，你才能读懂臧克家这么写的构思与用意。其一，"给人民当牛马"出自鲁迅的《自嘲》："运交华盖欲何求，未敢翻身已碰头。破帽遮颜过闹市，漏船载酒泛中流。横眉冷对千夫指，俯首甘为孺子牛。躲进小楼成一统，管他冬夏与春秋。"其二，"情愿作野草"出自鲁迅的散文诗集《野草》，先生在《题辞》中写道："我自爱我的野草，但我憎恶这以野草作装饰的地面。地火在地下运行，奔突；熔岩一旦喷出，将烧尽一切野草，以及乔木，于是并且无可朽腐。"

通过课本中的这两篇文章，孩子们认识了一个心中有"多数人"的"大爱"鲁迅。因此，课文给我们一条重要的"识人"思路：借他人之眼了解鲁迅。上完这两篇课文，我们给孩子们布置了作业：搜集他人眼中的鲁迅，再到课堂交流。孩子们在搜集的过程中，发现了一个人气相当高的鲁迅，有太多人回忆、追思过他。

许广平（鲁迅妻子）："鲁迅是一个平凡的人，如果走到大街上，决不会引起一个人的注意。但在讲台上，在群众中，在青年们的眼里所照出来的真相却不一样。他那灰暗的面孔这时从深色的罩上面纱的一层灰暗里放出夜光杯一样的异彩。人们听到他的声音就好像饮过了葡萄美酒一般的舒畅，两眼在说话的时候又射出无量的光芒异彩，精神抖擞地，顿觉着满室生辉起来了。"

周海婴（鲁迅儿子）："很多人对父亲在家庭里究竟是一个什么样的形象感兴趣，其实我小时候并没感觉到自己的父亲跟别人家的有什么不一样……或许是由于政治需要，很长一段时间，父亲的形象都被塑造为'横眉冷对'，好像不横眉冷对就不是真正的鲁迅、社会需要的鲁迅。的确，鲁迅是爱憎分明的，但不等于说鲁迅没有普通人的情感，没有他温和、慈爱的那一面。"

毛泽东："鲁迅是中国文化革命的主将，他不但是伟大的文学家，而且是伟大的思想家和伟大的革命家。鲁迅的骨头是最硬的，他没有丝毫的奴颜和媚骨，这是殖民地半殖民地人民最宝贵的性格。鲁迅是在文化战线上，代表全民族的大多数，向着敌人冲锋陷阵的最正确、最勇敢、最坚决、最忠实、最热忱的空前的民族英雄。鲁迅的方向，就是中华民族新文化的方向。"

老舍："他的旧学问好，新知识广博，他能由旧而新，随手拾掇极精确的字与词，得到惊人的效果。你只能摘用他所用过的，而不易像他那样把新旧的工具都搬来应用，用创造的能力把古今的距离缩短，而成为他独有的东西。他以最大的力量，把感情、思想、文字，容纳在一两千字里，像块玲珑的瘦石，而有手榴弹的作用。"

郁达夫："这（鲁迅先生去世）不是寻常的丧葬，这也不是沉郁的悲哀，这正像是大地震要来，或黎明将到时充塞在天地之间的一瞬间的寂静。生死，肉体，灵魂，眼泪，悲叹，这些问题与感觉，在此地似乎太渺小了……"

茅盾："不但要从他的遗著中学习文学创作的方法，尤其重要的，是学习他的斗争精神。他的斗争精神，在疾恶如仇这一点上还是大家能够学得到的，但是他的治学的勤奋，不顾健康地努力工作，忘掉了自己为民族为被压迫者求解放，却不是我们说一声'要学'就能立刻学到。"

在这些资料的交流中，孩子们看到了一个慈祥的父亲，一个博学幽默的教师，一个笔锋犀利的战士……这样的鲁迅无疑是亲切可敬的，这无形中拉近了鲁迅和孩子们的距离。

②家庭背景、社会背景下的鲁迅

他人眼中的鲁迅仍是主观的，我们有必要追寻一个更加客观的鲁迅。

《少年闰土》是小说《故乡》的节选，写的是鲁迅返乡处置家产的一段往事，文中多处细节需要参阅鲁迅的家庭背景作出注解。一是"家景也好"及"正是一个少爷"，可以查阅鲁迅的身世背景。周家祖籍湖南，迁居绍兴后做官经商，人丁兴旺。其祖父周福清曾任内阁中书，是一个官宦人家，家境殷实。二是"院子里高墙上四角的天空"，可以查阅鲁迅年谱以及他的自传书，还可以参照《从百草园到三味书屋》等原文，了解其童年在私塾就读的情形。《藤野先生》中我们可追溯其远洋求学，历经迷茫最终"弃医从文"的历程。《我的伯父鲁迅先生》中的"碰壁"，可以参阅鲁迅年谱……参阅这些史料，可以对"碰壁"的寓意有更加深刻的理解。

了解了鲁迅先生的生平经历，孩子们又可从丈夫、父亲、老师、作家等角色的角度跳出，看到一个不断成长成熟的鲁迅先生。这样的了解为他们读他更多的作品，走进他的精神世界打下了良好的基础。

（3）读它们：鲁迅先生还有很多好的故事

学完这个单元，我们经历了一段扎实的学习过程。"鲁迅"的形象在孩子们眼中逐渐饱满。经过阅读课文里的名篇，查阅课内外的相关资料后，我们有必要对鲁迅的相关作品进行全书阅读。

结合学校的"名家经典阅读周"活动，教研组精心挑选了几部适合小学生读的鲁迅作品：《呐喊》《彷徨》《野草》《朝花夕拾》《故事新编》《狂人日记》，孩子们自行选择其中的一部来读。在这一周里，各班老师带着孩子们读鲁迅的作品。在单元学习的基础上，鲁迅的文字对学生产生了持续的深刻影响，孩子们也对鲁迅有了更加纵深的认识，鲁迅的形象在他们心中更加丰满。如《朝花夕拾》作为"回忆的记事"，多侧面地反映了作者鲁迅青少年时期的生活，形象地反映了他的性格和志趣的形成经过。有他童年时代在绍兴的家庭和私塾中的生活情景，有他从家乡到南京，又到日本留学，然后回国教书的经历。作品揭露了半封建半殖民地社会种种丑恶的不合理现象，同时反映了有抱负的青年知识分子在旧中国茫茫黑夜中，不畏艰险，寻找光明的困难历程，抒发了作者对往日亲友、师长的怀念之情。这些现实经历，情感经历接近这些十多岁、六年级孩子的理解能力，让他们在读书的同时无形中对鲁迅有了亲近感。

一周过后，各班开始通过不同的方式呈现自己的阅读成果——读后感、阅读手抄报、摘录卡、思维导图等。通过这些作品，孩子们深刻地感受到了鲁迅的思想可以跨越时空，照亮黑暗的时代，唤醒沉睡的心灵。孩子们对鲁迅的精神世界不再陌生，并开始理解他独有的犀利、冷峻、幽默、热忱。

我们再来回望一下孩子们走过的学习鲁迅的历程：课堂上，教师与学生共读他的作品，品析语言、查找资料、感悟意境，交流学习。再借他人之文，从阅读其文到了解其人，走近他的精神世界，发现其文其人的文字之美、精神之美。再到整本书的阅读，触摸他所处的时代。因此，读鲁迅没有完结，甚至成为一个新的起点，因为孩子们已经自觉地走近了这位文学巨匠。

"教材无非是个例子。"关于鲁迅的学习实践更加让我们坚信，语文核心素养的落地，在于我们小语人每一次心怀敬畏地与教材的对话，与学生的对话，在于每一瞬间我们力图让孩子发现语文之美，心生欢喜，从而以不竭的学习动力，传承优秀的文化，创造优秀的文化！

二、博通千古技艺，绽放时代新枝

每一种中华传统技艺，都蕴含着浓郁的底蕴，是中华民族精神家园的安居之所。小学生恰恰天生对艺术富有好奇感和求知欲，可塑性极强。因此，当学生有机会和时间接触到传统技艺时，就实现了过去与现代的接轨，并向未来延续，赋予了传统艺术永恒的生命力。

自建校以来，"书法艺术教育"就是学校的课程特色，开设有"写字课（硬笔）"与"书法课（软笔）"。为让硬笔课程落地，学校组织专职教师编撰有《写字练习册》（十二册），分字、词、句、篇四个板块。各板块依据描、临、描、临的习字规律，引导学生一笔一画练习。为让软笔课程落地，学校组织专职教师编撰有《快乐书法鉴赏》（六册），引领学生从形态美、结构美、韵律美、气势美、意境美、风格美六个维度感受书法美学灵思，探寻书法艺术理想。

此外，学校课程设置坚持"四个一"：每天一节硬笔书法课，每周一次软笔书法课，每期一次书法晋级考试，每年一次书法艺术周。数十年来育英书法艺术教育长盛不衰，走向常态。

然而中华技艺源远流长、博大精深。育英在书法艺术教育上的求真求美固然可贵，但中华技艺的传承应该实现多元化与系统化，梳理出中华技艺之间的相互作用（方向、性质、互补、互斥），将各种技艺的连接给予定位，分类、分阶段，构建出纵横交叉的课程文化网络，形成新的国学教育模式。

鉴于此，《构建与实施国学教育系列活动的实践研究》课题组决定：除了书法艺术教育的纵深挖掘，更要向传统技艺的广袤求美。历经一年的调研与筹备，2018 年，学校以书法、美术、音乐、体育四个学科为抓手，在每年"传统文化月"（4 月和 10 月）开展"四技艺，同渗透"课程，立志用传统文化的丰富内涵，为儿童推开多彩的文化之窗，开展多样的技艺培养。

（一）中华书法博览，养浩然之气

甄选与解析：课程内容选择篆隶楷行草五体中具有代表性的书法大家。书法家须书品、人品兼具；书法作品经典；作品的背景具有故事；作品的内容符合学生认识水平。

构建与序列：

年级	学期	书法家	书体
一年级	上	柳公权	楷书
	下	启功	楷书
二年级	上	欧阳询	楷书
	下	钟繇	楷书
三年级	上	颜真卿	楷书
	下	米芾	行书
四年级	上	苏轼	行书
	下	黄庭坚	行书
五年级	上	吴让之	隶书
	下	吴昌硕	篆书
六年级	上	孙过庭	草书
	下	王羲之	行书

编排与践行：

赏——名家名作：从"了解大师生平、倾听千古趣闻、赏析大师名作"三个途径引领学生走近大师，赏析作品。

学——软硬同修：设立校本课程，编撰三套软笔、硬笔书法教材，引领学生研习书法。

为让课程更有效落地，湖南省女书法家协会主席团成员、常德市书法家协会副主席、育英小学书法教师蒯奕池带领老师们结合编撰的三套书法教材，每周一起探讨高效学习硬笔与软笔的方法与途径，努力把中华传统书法的学习落到实处。

每天的书法赏析、研习时间，老师们利用电子智慧书法室的网络资源，带领学生欣赏网络书法展，拓宽学生书法艺术学习的视野，提高书法艺术的鉴赏能力，指导学生从基本笔画开始学习。

（二）中华美学漫步，凝艺术之智

甄选与解析：

学校从现行美术教材中选取国画大师，选取受孩子们欢迎的动植物代表作进行赏析和临摹。此外从课外教材中作适当补充。

构建与序列：

年级	学期	美术家	名画赏析
一年级	上	吴冠中	《荷塘》
	下	吴作人	《金鱼》
二年级	上	齐白石	《墨虾》
	下	娄师白	《小鸭》
三年级	上	黄永玉	《猫头鹰》
	下	张大千	《泼墨山水》
四年级	上	潘天寿	《松鹰》
	下	徐悲鸿	《马》
五年级	上	任伯年	《菊花》
	下	金农	《墨梅》
六年级	上	郑板桥	《墨笔竹石图》
	下	林风眠	《小鸟》

编排与践行：

赏——名家名作：从"了解大师生平、倾听大师说画、赏析大师名作"三个途径引领学生走近大师，赏析作品。

学——国画创作：一是教师执笔示范；二是学生动笔创作。

除了上述必修课程内容，学校还鼓励老师们组织学生开展选修内容的学习，如：

2017年，李翔老师组织学生开展了《翻开建筑名片》的主题学习活动：湘西吊脚楼、福建土楼、故宫建筑、古典园林、中国古塔、本地建筑窨子屋等传统建筑相继进入儿童的视野。以福建土楼为例，考虑到不能带领学生现场采风，李老师就通过多媒体引领学生远程观光，并详尽解说。在老师的解说下，孩子们很快抓住了福建土楼的两大特征（集体性和圆形建筑）并尝试创作。在实践中教师再融入色彩搭配、字体设计、立体构成等诸多美术元素的讲解，学生体验到了利用各种材料、形式和方法制作美术作品的快乐。

2018年，赵易老师组织学生开展了《服饰世界》主题学习：老师选取多元的传统服饰作为素材，带领学生们学传统文化、做传统衣裳。最先登场的是富含韵味的旗袍，学生们了解旗袍、手绘旗袍、用彩泥捏出身着旗袍的各色美人。接着，袄裙、齐胸襦裙、马面裙等一一呈现，整个校园都似乎穿越到了数百年前。学生在斑斓的服饰世界中亲近了祖国文化。

（三）中华音韵倾听，汇万乐之灵

甄选与解析：

学校从现行音乐教材中选择传统乐器与乐曲。乐器均具有代表性且易演奏，乐曲选择故事性强的。此外从课外教材中作适当补充。

构建与序列：

年级	学期	古典器乐	名曲赏析
一年级	上	葫芦丝	《月光下的凤尾竹》
	下	京剧	《卖水》
二年级	上	扬琴	《映山红》
	下	京剧	《白蛇传》

(续表)

年级	学期	古典器乐	名曲赏析
三年级	上	琵琶	《夕阳箫鼓》
	下	京剧	《红灯记》
四年级	上	竹笛	《姑苏行》
	下	京剧	《苏三起解》
五年级	上	口笛	《苗岭的早晨》
	下	京剧	《杨门女将》
六年级	上	埙	《哀郢》
	下	京剧	《岳母刺字》

编排与践行：

赏——民乐名作：从"乐器简介、名曲赏析、名家推介"三个途径引领学生走近民族乐器，赏析民乐经典。

学——民乐演练：一是教师演示；二是学生尝试。

上述剧目或器乐，并不是每一位授课教师都能"信手拈来"的。学校的做法是先由音乐教师申报自己的擅长项目，学校教研室考核通过，再进行授课。针对有的教师身无长技的情况，学校坚信，适合学校发展和学生成长的教师是培养出来的。每到周末，学校会派遣部分"身无长技"又"乐于深造"的教师，前往湖南师范大学音乐学院（学校为"湖南师范大学音乐学院少儿艺术培训基地"）学习戏曲，进修器乐，鼓励教师成长为能迎接新时代挑战的音乐教师。很快，老师们拔节成长，学生的课堂也变了样。此处咿呀有致，别处袅袅余音，一曲曲、一声声，在小小的校园里飘散、回荡！

（四）中华游戏玩耍，焕初生之力

甄选与解析：

学校选取适合小学阶段玩耍的民间传统的体育游戏——在选材和场地上要求不太高，能就地取材更好；内容一般是生动具体的，配上节奏、儿歌、绕口令等；选择适量室内游戏（雨天实施）、冬季可开展的活动。

构建与序列：

年级	学期	游戏项目
一年级	上	丢手绢
	下	老鹰抓小鸡
二年级	上	丢沙包
	下	投掷纸飞机
三年级	上	跳房子
	下	斗鸡
四年级	上	拔河
	下	跳短绳
五年级	上	滚铁环
	下	木头人
六年级	上	踢毽子
	下	跳长绳

编排与践行：

赏——看他玩一玩（观看游戏视频）。

学——听我说一说（游戏介绍——游戏规则）；请你试一试（这样更好玩——这样更安全）。

跳房子、丢沙包、滚铁环、踢毽子……孩子们醉心于传统玩乐中，其乐无穷！

即使是遇到雨水多的天气，老师们也能化拙为巧——组织室内体育课，引导学生观看传统赛事视频。教师现场讲解、学生激情观赛，既让学生领略到了竞技之美，又撩动了他们的运动神经，还能使下一环节——室外的传统游戏课变得更令人期待。

"大道至简，衍化至繁。"学校国学课程的建设是一个宏大的主题，育英正在做的，是将这宏大的主题无形地渗透于孩子成长的各个时空，让国韵随呼吸而入、伴成长而生!

【翰墨之道·中华书法博览】

【翰墨之道·中华美学漫步】

【翰墨之道·中华音韵倾听】

【翰墨之道·中华游戏玩耍】

以上四维度十二学段的学习实况——"翰墨之道·48 期传统艺术学习展播",已通过学校微信公众号全面推出。感兴趣的读者可以扫码了解。同时,后面附录了四维度的相关优秀教学设计,可以更为具体地了解我校课程内容。

附录一："中华书法博览"系列教案（书法三年级上期）

《走近艺术大师——颜真卿》教学设计

育英小学　蒯奕池

教学目标：

1. 了解中侧锋线条的表现，学会中锋和侧锋的用笔方法，能写出高质量的书法线条。
2. 感受墨色线条的立体、力量感、节奏感。
3. 培养学生对传统书法的兴趣及民族自豪感。

教学重点： 学习传统书法中锋和侧锋的表现技法。

教学难点： 对中侧锋的具体操作。

教学过程：

一、谈话导入

同学们，老师今天要给同学们介绍一位将军书法家，他就是唐代的颜真卿。他是唐朝名臣、书法家。颜真卿的书法初学褚遂良，后又得笔法于张旭，还与怀素一起探讨书法。他对二王、褚遂良等书法进行深入研究，吸取其长处，彻底摆脱了初唐的风范，创造了新的时代书风。颜真卿的书体被称为"颜体"，与柳公权并称"颜柳"，有"颜筋柳骨"之誉。

二、新授

1. 大师介绍

颜真卿（709—784），今陕西省西安市人。唐朝名臣、书法家。颜真卿初学褚遂良，后师从张旭，得其笔法。其书法精妙，擅长行、楷。其正楷端庄雄伟，行书气势遒劲。创"颜体"楷书对后世影响很大。与赵孟頫、柳公权、欧阳询并称为"楷书四大家"。又与柳公权并称"颜柳"，被称为"颜筋柳骨"，又善诗文。安史之乱时，颜真卿率义军对抗叛军，一度光复河北。

2. 千古趣闻

黄泥习字

颜真卿三岁丧父，母亲只好带着他回到了外祖父家。外祖父是位书画家，母亲也是个知书达理的人。他们见颜真卿很聪明，就教他读书写字。颜真卿练起字来很专心，一笔一画从不马虎，一写就是大半天。母亲见儿子练字这样用心，心里又是喜又是愁。喜的是儿子将来一定会有出息；愁的是家境不宽裕，哪有余钱买纸供他练字呢？颜真卿很懂事，见母亲为没钱买纸的事犯愁，就悄悄地自己琢磨办法。最后，他发现可以用黄泥当墨、用墙壁当纸。等到墙上写满了字，他又用清水把字迹冲洗掉，然后又重新写起来。由于颜真卿刻苦好学，他不但练就了一手好字，而且也成长为一个博学多才的青年人。

3. 名作欣赏

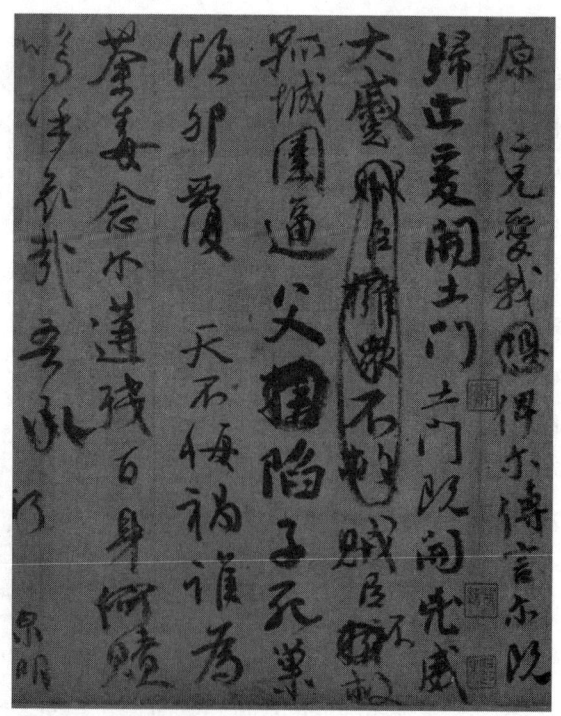

《祭侄文稿》——（唐）颜真卿

全篇运用圆润强健的笔法，秉承篆书的流转神采。撰文中虽然是在毛笔的墨汁干枯时再蘸墨，导致墨色因停顿有新墨开始，墨汁有浓有淡，变化万千,但是整篇文章一笔完工,行文流畅。此帖被后世书法界赞誉为"天下第二行书"。

《有唐抚州南城县麻姑山仙坛记》——(唐)颜真卿

颜真卿曾游览于南城县麻姑山一座古坛,在土壤里发现螺蚌壳化石。他便有感而发,为此作《有唐抚州南城县麻姑山仙坛记》。这并不单是为了记叙这件事情,而是当时心情的真实写照。这个碑文行文庄重严厉、雄浑娟秀,深受历代书法家的推崇,成为颜真卿六十多岁时的又一力作。这是颜真卿楷书风格已经有所造诣时的作品,后期欧阳修评价这部作品时说,这幅碑文俊秀雄浑,运笔精悍,笔画强劲有力。

三、教师示范

演示中锋和侧锋的写法:

中锋:笔杆与纸面垂直,笔尖在笔画的中间行驶。

侧锋:笔杆倾斜,笔尖在笔画的一侧行驶。

四、学生练习中侧锋,教师指导

辅导学生及时发现问题并帮助改正。中锋以取厚,侧锋以取妍。好质量的线条应具备立体感、质量感和节奏感。

五、作业点评，小结下课

同学们今天的学习态度非常端正，学习目标非常明确，学习方法也非常正确，每个人都收获满满。我们对颜真卿的书法作品、人品都有了比较深入的了解，对书法的学习有了更大的信心。以后有机会，我们还要更深入地学习。颜真卿对二王、褚遂良等书法都进行深入研究，吸取其长处，彻底摆脱了初唐的风范，创造了新的时代书风，所以他也是一位创新能力非常强的书法家。颜真卿的楷书结字由初唐的瘦长变为方形，方中见圆，具有向心力。用笔浑厚强劲，善用中锋笔法，饶有筋骨，亦有锋芒，一般横画略细，竖画、点、撇与捺略粗。这一书风，大气磅礴，多力筋骨，具有盛唐的气象。他的行草书，遒劲有力、真情流露，结构沉着，点画飞扬，在王派之后为行草书开一生面。颜真卿的书风与他高尚的人格契合，是书法美与人格美完美结合的典例。

中国书法体现着博大精深的中华文化，我们要在传承的基础上勇于创新，让它发扬光大。

附录二："中华音韵倾听"系列教案（音乐四年级下期）

《你好，琵琶》教学设计

育英小学 黄心怡

教学目标：

1. 认识中国民族乐器——琵琶，观察其外观结构，了解琵琶演奏形式。
2. 欣赏琵琶曲《夕阳箫鼓》，通过音乐语言感受乐曲所描绘的意境。
3. 通过对琵琶的欣赏，培养学生对传统器乐的学习兴趣及民族自豪感。

教学重点： 欣赏琵琶曲《夕阳箫鼓》

教学难点： 通过音乐语言感受乐曲所描绘的意境

教学过程：

一、谈话导入

中华文化源远流长。在灿烂辉煌的中国文化历史长卷上，琵琶以其独特的艺术魅力画上了浓墨重彩、璀璨光芒的一笔。直至今日，在它身上依然留有一抹素雅之美，总能带来一种"千呼万唤始出来，犹抱琵琶半遮面"的神秘古韵，让人沉醉其中。让我们和它打个招呼：你好！琵琶！

二、新授

1. 琵琶简介

琵琶，弹拨乐器首座，拨弦类弦鸣乐器。木制或竹等制成，音箱呈半梨形，上装四弦，原先是用丝线，现多用钢丝、钢绳、尼龙制成。颈与面板上设有以确定音位的"相"和"品"。演奏时竖抱，左手按弦，右手五指弹奏，是可独奏、伴奏、重奏、合奏的重要民族乐器。优质琵琶声音穿透力强。高音区明亮而富有刚性，中音区柔和而有润音，低音区音质醇厚。在白居易的《琵琶行》一诗中所描绘的"大弦嘈嘈如急雨，小弦切切如私语，嘈嘈切切错杂弹，大珠小珠落玉盘"，如今已不再是诗人的艺术夸张，而是当代琵琶名副其实的演奏效果。

2. 琵琶大师——刘德海

刘德海，祖籍河北沧州，1937年8月13日出生在中国第一大城市——上海。刘德海酷爱民族音乐，从小就开始学习琵琶、二胡、笛子、三弦等民族乐器，打下了坚实的功底，并表现出突出的音乐才能。1954年，刘德海拜琵琶演奏家林石城为师，得到了林先生的真传。1957年，考入了中央音乐学院，他在浦东派演奏技艺的基础上广采博纳，以后又向崇明派的曹安和先生、上海汪派的孙德裕先生、平湖派代表人物杨大钧先生等学习请教，采各家之长，兼收并蓄，大大发展了琵琶演奏的基本功，并具备了深厚的传统音乐修养。1960年，他首次演奏了吕绍恩创作的《狼牙山五壮士》，在内容和技术技巧上，对传统乐曲进行了较大突破，大大提高和丰富了琵琶的演奏技巧，对现代琵琶演奏艺术，起到了很大的推动作用。

3. 名曲欣赏

欣赏琵琶名曲《夕阳箫鼓》，音乐开始，鼓声与箫声疏密有致地悠然响起，委婉如歌的、富有江南情调的主题款款陈述，其后各段，运用扩展、紧缩、移易音区和"换头合尾"等变奏手法，并适时点缀以水波声、桨橹声等造型乐汇，表达了意境幽远的情趣。孩子们在优美的琵琶声中描绘出一幅清丽的山水画卷。

三、教师示范

琵琶演奏姿势：

坐姿：两腿平放，琵琶放在两腿之间，琴面板与人体正面的夹角为45度。

手型：左右两手呈半握拳状，右手食指、大指都弯曲成半圆形，龙眼指法形状。

方向：琵琶弹奏是反弹方向。

四、学生模仿，教师指导

从坐姿、手型、方向等方面着重引导，初步感受琵琶的演奏方式，和着音乐弹奏简单的空弦音。

五、小结下课

古风、古意，如诗、如画。唯美的画面和音乐，给人"宛如一梦"的享受。弘扬民族文化，陶冶艺术情操，希望越来越多的同学们走近它们，传承它们！

附录三:"中华美学漫步"系列教案(美术三年级上期)

《走进艺术大师——黄永玉》教学设计

育英小学 李翔

教学目标:

1. 了解水墨画各种线条的表现,初步学会中锋和侧锋的用笔方法,能画出有变化的墨线。

2. 感受与体验水墨线条丰富变化和用笔的独特美。

3. 培养学生对传统国画的兴趣及民族自豪感。

教学重点: 学习中国画干墨、湿墨等用墨技法。

教学难点: 猫头鹰的构图;作画中水分的控制;发挥想象力和创作力表现猫头鹰的各种动作。

教学过程:

一、谈话导入

今天老师给大家介绍一位艺术大师。他是中国第一枚生肖邮票的设计者,是首位获得国际奥林匹克艺术奖的中国人。他的画,往往着墨不多,素简至极,但他的人生,却笔酣墨饱、酣畅淋漓。他80岁登上了《时尚先生》杂志封面,95岁仍开法拉利四处兜风,96岁的他,为抗疫创作《中国人活得有气势》并捐款200万。媒体提及他,用了五个字:酷、炫、狂、霸、拽,他就是画坛鬼才黄永玉。

二、新授

1. 大师介绍

黄永玉,1924年出生在湖南省常德县(今常德市鼎城区),祖籍为湖南省凤凰县,土家族人。中国画院院士,中央美术学院教授,曾任版画系主任。在中国画坛,黄永玉不但是"画坛鬼才",同时还是少有的"多面手",国画、油画、版画、漫画、木刻、雕塑他样样精通。其版画代表作品有《齐白石像》《叶圣陶童话》《阿诗玛》等。水墨画代表作品有《猫头鹰》《山鬼》等。除此之外，他还设计了首轮生肖猴票、酒鬼酒瓶等。平生举办画展数十次、出版画集几十种。

2. 求学故事

黄永玉小学毕业后，父亲将他送到厦门集美中学。他经常跑到图书馆，阅读各种书籍，临摹书上的各种木刻作品，发在校报上。为了艺术，他不惜翻山越岭、风餐露宿。在苏州写生时，他被司徒庙中有"清奇古怪"之称的四棵汉代古柏吸引，连续多日披星戴月去临摹。日后，面对被他用流畅的白描线条展示在丈二大纸上的这四株苍劲虬曲的古柏，人们无不叹为观止。黄永玉，凭着其天生才情和后天非凡的勤奋努力，成为出色的木刻家、国画家、雕塑家、作家和诗人。

3. 名作欣赏

《春江花月夜》为黄永玉先生89岁所作，画心高5米，宽3.85米。作品表现了唐代诗人张若虚《春江花月夜》诗境，采用全景式构图，描绘了春江花月夜宴乐盛景，让人联想到黄永玉故乡凤凰沱江之夜。作品色彩浓烈，人物众多，造型生动，综合了画家水墨和重彩的功力，为画家晚年最重要的代表作之一。

 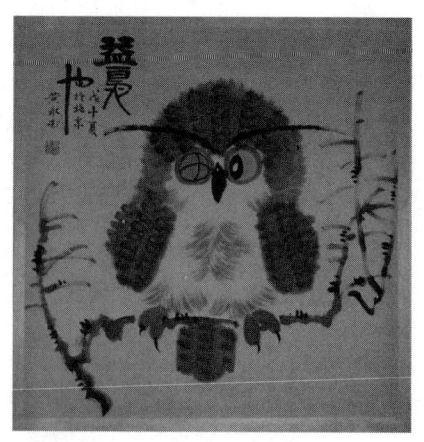

黄永玉画的猫头鹰呆萌可爱，憨态可掬，看上一眼，你就会喜欢。另外，他画的猫头鹰还有一个共同的特点，那就是睁一只眼闭一只眼。这种一只眼看世界的表现形式，不全是为了呆萌这么简单。其中还蕴含着黄永玉自身对世界的理解。

黄永玉看百科全书，知道一只猫头鹰一年大概可食一千只老鼠，为人类节约一吨粮食。故喜欢根据所画猫头鹰数量，题上"一吨""五吨"的字样。黄永玉笔下的呆萌猫头鹰，堪称画坛一绝！

三、教师示范

演示水墨猫头鹰的画法步骤：

（1）焦墨中锋画眼睛、嘴。

（2）干笔重墨画耳朵、头顶；干笔淡墨笔尖分开画脖子。

四、学生作画，教师指导

辅导学生及时发现问题。主要是在于猫头鹰结构和笔墨变化的处理上。

五、作业点评，小结下课

黄永玉说："艺术是给人带来快乐减少距离的，而不是去为了模仿什么，你想画什么就画，不用管别人说什么。"他是一个纯粹的中国画家，他说："谁也不能对我产生影响。我对什么都喜欢，譬如毕加索，我几乎能背他的每一张画，但是我不学他。国外的、中国古代的、民间的，我都喜欢，会去学，但我都不会完全照搬。"

黄永玉的艺术特点在于，在拥有扎实的传统绘画技巧基础上，敢于打破传统，创造出新的绘画技巧和艺术风格。刷锅笤帚的大笔触，线条、色块的组织，以及浓墨重彩的画面效果，这都是黄老超越许多循规蹈矩的画家的过人之处。

中国画是我国传统的绘画艺术，体现着博大精深的中华精神，我们要在传承的基础上勇于创新，让它发扬光大。

附录四："中华游戏玩耍"系列教案（体育四年级上期）

《拔河游戏》教学设计

育英小学　严波

教学目标：

1. 了解中华传统游戏拔河的历史文化，掌握拔河游戏的规则及方法，80%的学生掌握正确的身体姿势，20%的学生可以运用所学知识组织拔河比赛。

2. 锻炼学生身体协调性和力量,提高拔河技能。

3. 培养学生团结合作积极进取的精神,形成集体荣誉感。

教学重点:协同用力。

教学难点:身体后倾。

教学过程:

1. 课堂常规

成四路纵队集合

2. 情景导入

师:同学们知道拔河游戏吗?

学生:知道

师:哪位同学说说?

学生:……

师:同学们说得都很对,可是,你们知道"拔河"游戏的由来吗?

教师出示课件:拔河游戏在我国有着悠久的历史,最早的拔河源自春秋时期。楚、越两国的水军交战,鲁国的工匠公输子(鲁班)设计了一种称之为"钩强"的兵器,用于阻挡和钩住敌船。当敌船前进时就阻挡它,当敌船后退时就钩住它。在日常军事训练中,这种紧张激烈、扣人心弦的演练称为"钩拒之戏"。后来逐渐演变为我国古老的民间体育项目拔河。

这节课就让我们一起来了解并体验拔河游戏吧!

3. 准备活动

（1）热身慢跑：教师带领下绕操场慢跑；

（2）徒手操：教师示范，学生模仿练习；

伸展运动、头颈运动、腰部运动、四肢运动、跳跃运动。

4. 基本部分

（1）分小组体验拔河游戏；

（2）分小组展示拔河游戏；

通过刚刚的练习，我看到不同拔河姿势，请大家讨论一下，哪种姿势最好？

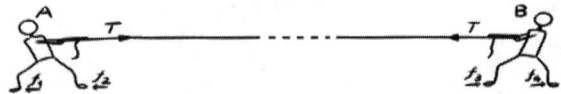

（3）对各组展示动作进行评价及讨论；

同学们都观察得仔细，并找到了最好的姿势，练习得非常不错，给你们点赞哦！

（4）教师示范并讲解动作要领；

全身伸展、膝盖外侧弯、重心在后跟、手臂靠着身体双腿伸直、保持全身最佳伸展状态。

要求：保持适当姿势不可太低，用骨骼而非肌肉来支持，使大腿保持在水平之上。

难点：直体后倾。

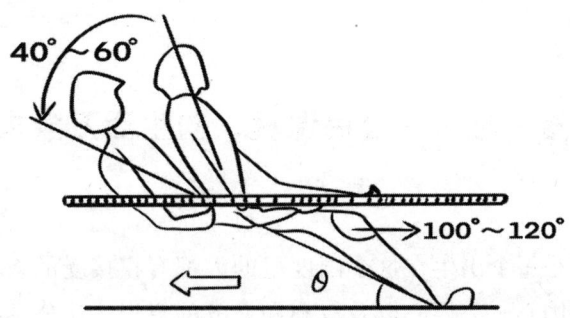

（5）再次分组练习，教师巡回指导；

同学们都非常棒，接下来我们开始分两组进行拔河游戏，请同学们听清游戏方法及规则，并注意姿势的正确性和安全性，希望同学们齐心协力，加油！

（6）教师讲解游戏的公平性，并讲解拔河游戏规则。

游戏方法：比赛采取三局两胜制，拔河绳中间系根红带子作为标志带，下面悬挂一重物垂直于中线。队员依次交错分别站在河界后拔河绳的两侧，裁判员发出预备口令，拉直做好准备。鸣哨后，双方各自一齐用力拉绳，把标志带拉过本队河界的队为胜方。

拔河比赛规则：

a. 首先在进行拔河比赛时，要保证拔河两边人数相等。

b. 在拔河比赛中，两队的任意成员不能踩线。

c. 拔河比赛开始前，需要在拔河绳上做好对应的胜利标记，将拔河绳上的标志带拉过本队河界的一方为胜利方。

重点：协同用力。

安全教育：不能猛松绳索。

5. 结束部分

（1）跟着音乐《我们团结一心来拔河》做放松练习。教师示范引领，学生模仿练习；

（2）小结本课学习情况，给予学生鼓励性评价；

（3）收器材。

课前准备：

器材准备：小拔河绳4根、大拔河绳1根、标志红绳5根；

运动负荷预计：练习密度，40%~50%；平均心率，125次/分钟；最高心率，150次/分钟。

第二节　修·志——公民课程，向生活万象求社会之责

公民教育是每个出生在这个国度里的人都有权接受的教育。其目的是培养公民的爱国心、公德心以及权利和义务的意识。让公民教育进入小学课堂，公民走向社会才有坚实的基础。

育英将目光聚焦于公民教育的实践和体悟，设计出"公民课程"这一类别，包括移动课堂、家长课堂、PBL项目式学习，以创新课堂及社会实践

的形式培植"合格公民",切实增强少年儿童的社会参与意识与能力。

一、小脚丫走天下——以全域作课堂

陶行知提倡"生活即教育",主张教育与生活的一致性,认为教育要通过生活才能迸发出力量而成为真正的教育,尤其反对教育与生活、学校与社会相脱节、相隔离。强调学校教育的开放性,必须引导学生走出教室,置身社会,在生活中学习,所谓"社会即学校"。

上述观点,引发了育英教育者的观念革新:育英公民教育的主体,除教师、学生这一对基本主体,也应包括由家庭、学校、社会等其他单位组成的次主体。因此,课程开发组大胆打破封闭的课堂模式,深挖地方资源、构建移动课堂,并于2013年申报、立项市级课题《综合实践活动课程资源建设的研究》,从而探索具有规律性意义的课程资源建设的原则、方法和实践模式,建立开放的、动态的、发展的课程资源库,确保落实课程时"有米下锅",常态实施。

经过三年探索,学校与校外基地建立起了长期合作关系,形成了一营(军分区)、二园(诗墙公园、屈原公园)、三院(常德财经学校、湖南文理学院、湖南幼儿师范高等专科学校)、四企业(三一重工、大汉汽车、恒安纸业、德山酒业)、五社区(光明巷、朝阳、新村、北堤、皂果)的基地格局,充分发挥多元资源的教育效能。

学校牵手基地,每年有序组织学生开启移动课堂。下面将以文字呈现2019年育英小学移动课堂概况。

育英小学 2019 年移动课堂安排

年级	基地
四年级	湖南幼儿师范高等专科学校图书馆、古籍室、手工体验区
五年级	湖南文理学院天文—气象、物理科普、生化院动物标本展室三大科普基地
六年级	三一重工、大汉汽车、恒安纸业、德山酒业等本土企业

(一)育英小学 2019 年"移动课堂"现场

1. 四年级:小学生逐梦大学城

(1)开眼界,图书馆初探

这所大学(湖南幼儿师范高等专科学校)里最吸引学生眼球的是大气

宏伟的图书馆：始建于 1912 年，时名湖南省公立第二女子师范学校图书室，历史悠久、藏书丰富、建筑宏伟、环境幽雅，是学校信息化、社会信息化和社科教育的重要基地。

看到浩如烟海的书籍，孩子们的眼里充满了新奇和惊喜，恨不得马上抽取一本书来阅读。终于到了阅读体验时段，有趣多彩的书本让这些小书童沉迷其中。原来，泛舟书海，学习是如此的自觉。

（2）创意多，手工趣体验

剪纸和气球造型体验课创意多、趣味多，却也最考验孩子们手脑并用能力。他们一步一步认真操作，一次一次努力尝试。

一把普通的剪刀、一张普通的彩纸，经过大家的巧手，小兔子、小马儿、小狗纷纷出现。

（3）感触深，瞻仰伟人塑像

在丁玲塑像前，同学们用心聆听先贤刻苦学习的故事，感受她为振兴中华而读书的精神，心中敬佩不已；来到白楼，同学们认真倾听近代民主革命先行者宋教仁的故事，他无畏、自信的英雄气概激励着同学们不断前行！

2. 五年级：遇见科技，我即未来

"不是让课本成为孩子的世界，而是让世界成为孩子的课本"，育英小学移动课堂再次出发。五年级同学走进湖南文理学院，继续感受大学文化的魅力。

（1）拥抱奇妙日月广场

日月广场揭示了浩瀚宇宙的秘密，春夏秋冬，二十四节气，月亮的阴晴圆缺在这里都变成了可见的数字和符号。志愿者耐心细致地为同学们讲解神奇的计时法：朱雀玄武、青龙白虎、紫薇神柱等，书本上的知识变得生动起来。"高高的日晷，是太阳运动的轨迹，也是时间流逝的证据。古人通过被太阳照射到的物体投下的影子来测定时间，真是聪慧过人，让我们啧啧称赞！"同学们由衷地感叹。

（2）寻访生命环境科学院

生命环境科学院有八十多名教职员工，其中有六十多名博士，他们将知识转化为生产力，为提高人们的生活质量不断创新。院长为同学们解读生活中的科技：蔬菜、家畜、鱼类、珍珠、面膜、茶叶等，这些看似普通的生活用品里都有很高的科技含量。他鼓励同学们认真读书，长大以后也要像袁隆平爷爷一样为人类造福。生命科学院的奇珍异兽也让同学们大开眼界。

（3）畅行物电科普基地

物电科普基地各式各样的仪器设备吸引着同学们，深奥的物电知识变成了一个个有趣的小实验。同学们细细研究、慢慢摸索，崭露出"小科学家"的头角。没有鼓皮的鼓怎么发出声音？气象园有什么神秘之处？为什么挡住了阳光，太阳能的小船就罢工休息？有太多的奥妙等着同学们去探索。

3. 六年级：企业之"书"，久闻终得一见

秋阳暖，秋意浓。每年十月，育英小学六年级新同学走出校园，"读"企业之"书"。

（1）探电厂，识其"脏器"

电给我们的生活带来了极大的方便，可是电究竟是如何产生的呢？在工作人员的带领下，同学们了解了电厂的核心"脏器"及其工作原理。

（2）闻酒香，溯其来源

"明月几时有？把酒问青天""劝君更尽一杯酒，西出阳关无故人"，要说关于"酒"的古诗句，六年级的同学信手拈来。目睹酿酒过程让六年级的同学从书本走向了生活，他们惊叹于酿酒过程的神奇："原来酒不是用水泡出来的！而是要通过发酵、蒸馏等多个程序才能酿出来！"

（3）观造纸，寻其奥秘

纸巾是用树浆做成的，究竟是如何操作的呢？同学们的好奇心得到了满足——从原料选择到完成包装，中间有三十多个程序！整个过程无须人工操作，一条条快捷高效的全自动流水生产线就能满足当前社会的用纸需求。

（4）游中车，叹其智能

"智能、绿色、生态"，同学们这样评价"常德中车新能源汽车有限公司"。当听说"汽车拥有智能轨道后，即使在普通道路上也能接近高铁的行驶速度，还能实现无人驾驶"等大快人心的消息时，同学们的眼里有自豪、有期待！

（二）育英小学2019年移动课堂学生成长记录

观摩只是增长见识，探究方能锤炼思维。为让移动课堂的教育效果最大化，课前老师们总是组织学生全面搜集相关资料，并做到有备而学，带着问题去现场。活动后撰写活动感悟，并在汇报课上分享，实现且学且思考，出行有收获！

1. 我这样成长——小学生逐梦大学城

篇一：

听说湖南幼儿师范高等专科学校是培养老师的地方，这里的小老师们平时都会做些什么，学些什么呢？带着这些疑惑与好奇，我走进了它的大门。

志愿者哥哥先带我们欣赏了他们的书法和美术作品，又带我们体验了剪纸和气球造型课，还有各种精美的小制作、工艺品，简直数不胜数，让我们眼花缭乱。哥哥告诉我们，"三字一话"是他们每天必练的基本功，要成为一名合格的教师，这些都是必不可少的。原来，老师不光要有渊博的知识，还要多才多艺呢！从今天起，我也要努力学习，早日实现我的大学梦。

大学的图书馆是怎样的呢？作为一个"小书虫"，图书馆一直是我十分向往的地方。在湖南幼儿师范高等专科学校校园，大气宏伟的图书馆一下子就吸引了我的眼球。

篇二：

去湖南幼儿师范高等专科学校之前，老师让我们提前进行资料搜集，尝试了解这所大学。我查阅资料得知那里的图书馆始建于1912年，历史悠久、藏书丰富、建筑宏伟、环境优美，是大学生们最喜欢待的地方。我真想亲眼看一看，它是不是真的有这么吸引人！

轻轻地，我们走进了它，一股淡淡的书香扑鼻而来，同学们瞬间变得安静下来。志愿者姐姐给我们介绍了各种类型的书籍，我们感到十分新奇和惊喜，真想马上抽取一本读读。志愿者姐姐仿佛看穿了我们的心思，微笑着让大家挑选一本。我们都涌向了色彩绚烂的绘本阅读区，大家都看入了迷！后来，我们好奇地问志愿者姐姐："大学生也喜欢读绘本吗？"她笑眯眯地说："因为将来我们要和小朋友一起成长，所以就得提前了解孩子的心思，读懂孩子的故事呀！"听完姐姐的话，我一门心思地想：要是我也能来这儿读书，那该多好呀！

篇三：

今天我们学校的移动课堂去到了湖南幼儿师范高等专科学校，来之前老师告诉我们，这里是培养教师的地方。教我们的数学老师就是从这里毕业的呢，这真是一所了不起的学校。我们都缠着数学老师，让她介绍她的大学生活。

我们走遍这所大学校园，寻找着数学老师的生活印迹。最后，我们来到了老师说的圣地——丁玲和宋教仁两位前辈的雕像前面，看着他们亲切的脸庞，听着志愿者姐姐讲解他们的奋斗历史，我的思绪似乎也飞到了那个奋战的年代！这些革命先辈用自己的不懈努力换来了我们今天的幸福生活，我一定要好好学习，好好生活！

2. 我这样成长——遇见科技，我即未来

篇一：

虽然我现在还是小学生，但已经在大学上过课了，你信吗？因为我们育英小学的移动课堂走进了湖南文理学院生命环境科学院，给我们上课的还是院长伯伯哟，听说这个学院还有六十多名博士，真厉害！

院长伯伯告诉我们，蔬菜、鱼、茶叶、面膜等，这些看似普通的生活用品，其实生产中都有很高的科技含量。在一个房间里，我们见到了不计其数的"奇珍异兽"。隔着玻璃窗看起来，一点儿也不吓人，这些都是生物标本，每一个都附有介绍说明，我们一看就懂。院长伯伯说，别看标本不会说话，但是它们却对生物科学研究有着重要作用。以前我总抱怨，常德很小，好玩的地方都走遍了。原来是我的见识太少了，这所大学的校园里就藏着数不清的秘密！

篇二：

湖南文理学院，作为一名常德小学生对它当然不陌生。比如它是常德唯一一所一本大学，比如我爸爸妈妈就是这所大学毕业的，还比如它后面有一条充满诱惑的小吃街。但我不知道的是，文理学院里还有一个神秘的气象园，毕竟我爸妈从来没提过，还是移动课堂靠谱，让我走进了它！

为了让我们看清楚这里，带领我们参观的志愿者哥哥一遍遍不厌其烦地演示实验，专业精神值得点赞。光看没意思，自己动手实践才是我最期待的。向来胆子大的我，开始拿着实验器具手还有点抖，不过很快我就镇

定下来了，在志愿者姐姐的指导下成功地完成了实验。在气象园里，我学到了许多有趣又有用的知识，我决定回家考考爸爸妈妈，要是答不上来，建议他们回学校再学习学习。

篇三：

在科学课上，我知道电分为摩擦形成的电、雷电还有日常使用的电，我一直以为我们用的电是用特别大的发电机不断摩擦或者撞击产生的。去湖南文理学院的物电科普基地参观之后我才知道不是这样的。

在这里，我见到了很多有趣又神奇的设备，奇妙的磁性液体，没有鼓皮的鼓等。有些设备工作的时候，还会发出"滋滋——"的声音，提醒你别靠近。文理学院的志愿者哥哥特别耐心地回答我们各种各样的问题，我知道了除了摩擦起电，水、风、燃料甚至是水果都能发电，我们还在大哥哥的指导下成功地亮起了小灯泡。原来，知识不一定都在课本上，我一定要好好学习，考上大学，去看看更有趣的东西。

3. 我这样成长——企业之"书"，久闻终得一见

篇一：

听说我们要去常德的几家本土企业参观学习，我既兴奋又期待！其中我最感兴趣的便是"德山酒业"，爸爸是个实打实的"酒罐子"，每天都免不了来几口酒解解馋。我常常想，这酒到底有什么吸引力，能让爸爸爱不释手呢？它又是怎样酿造出来的呢？尽管课前我了解了一些知识，可爸爸说那都是纸上谈兵！

怀着验证的兴奋，我来到了"德山酒业"。刚下车，缕缕酒香就扑面而来，沁人心脾。越往前走，这股酒香越发浓郁，我都感觉有点醉了，似乎也有点理解爸爸的"难以自拔"。工作人员带我们参观了工作间，我了解到，原来酒是经过了蒸煮、糖化、发酵、蒸馏这几大步骤才酿造出来的，真神奇呀！讲解员叔叔还给我们介绍了公司"以德酿酒，诚信酿酒"的企业理念，真不愧是新中国成立后湖南省的第一家国营白酒厂，果然名不虚传！

篇二：

"恒安纸业"是我们常德很大的一个本土企业，我们家里常用的"心相印"品牌卫生纸就是这里生产的。纸的原材料是树浆，那它是怎样制造出来，送到千家万户的呢？我早就想去一探究竟了！

走进机房，一排排机器让我眼花缭乱，工人叔叔们不停地忙碌着，切割、传递、包装，每一步都小心翼翼。讲解员叔叔说："别看这小小的一包纸，它可要经过三十多道工序、几十个人的手才能生产出来哦！"看着他们忙碌的身影，我想到自己平时吃一餐饭都要用掉好几张卫生纸，真是羞愧不已。我们还亲手体验了一次卫生纸的包装工序，真是"看起来容易，做起来难"呀！我想，下次妈妈买的卫生纸会不会刚好就是我包装的那一批呢？早知道，我应该做个小小的记号呀！

篇三：

之前我在电影《变形金刚》中见识到了各种汽车经过改装、拼接、变形后，组成一件件梦幻又神奇的武器。我想：亲手组装一辆汽车可真酷！真想试试！正好学校的移动课堂带我们走进了常德中车新能源汽车有限公司，让我大饱眼福。

一走进常德中车，高大气派的车间给了我们很大的震撼，那高度都可以盖好几层楼房了！在车间里，我终于见到了梦寐以求的车辆生产拼装的全过程，有些环节居然和来之前，我从资料中了解的一模一样。而且讲解员叔叔自豪地告诉我们："汽车拥有智能轨道后，即使在普通道路上也能接近高铁的行驶速度，还能实现无人驾驶呢！"那是不是以后我想见爸爸，不用坐飞机、高铁也能很快到上海？真希望哪一天，我能亲手造出这样的汽车来！

育英的移动课堂，结合当地的资源做研学产品，强调以研学为导向、以社会体验为目的，在真实场景下学习，给予学生"游中思""乐中学"的情境化、实践化体验。如今，它已成长为引领学生走出校园，步入社会，体会祖国的大好河山，见人、见物、见生活的品牌课程。

二、爸妈来上课啦——以家长作榜样

习近平总书记在2018年全国教育大会上指出：家庭是人生的第一所学校，家长是孩子的第一任老师，要给孩子讲好"人生第一课"，帮助扣好人生第一粒扣子。于是家长自然成了育英公民教育的"根"与"魂"。学校应当利用好家长资源，让学生看到更大的世界。

（一）基于双向立场，科学设计活动内容

家长课堂的开发，既需要从学生的角度出发，内容的选择契合学生现

有需求及成长需求；又需要从家长的角度出发，与家长做好沟通，因为虽然家长们在各自的岗位上百花齐放，但是不见得能与课堂授课这一形式相契合。因此，引入家长资源前，学校面向学生和家长展开了双向调研。最终确定了家长课堂十大类别：家乡特色、健康知识、安全常识、文明礼仪、国学课堂、科学达人、人文艺术、理财知识、自我保护、生活窍门。既保证丰富多样的课程内容深受学生喜欢，又能够让他们的学习渠道和社会视角得到极大拓宽。

（二）基于孩子认同，增进亲子互动交融

为了争取家长对家长课堂的支持和参与，学校利用家长会时间，向家长做好宣传工作，让家长明白开设家长课堂的目的、意义、内容和形式等，诚挚邀请家长参与家长课堂。但是我们也告诉家长：得到孩子的认同，才是真正的好榜样。

下面是几篇育英孩子撰写的推荐信，平实的语言中表达的是孩子们真切的认同。

推荐信一：

尊敬的老师：

我的爸爸是名普通的基层派出所民警。爸爸非常热爱他的工作，他常把警服洗得干干净净，随时穿得整整齐齐，他常说警察就要有个警察的样。爸爸是我心目中的英雄，他会抓小偷，斗坏人，还能帮助群众解决各种大大小小的问题。爸爸平时的工作很忙碌，也很辛苦。他在家里的时间很少，干得最多的事就是接电话，似乎爸爸有做不完的工作。除了正常上班以外，他每年还要值班很多天：双休日值班，过年过节也值班，真是位大忙人。以前我常常抱怨爸爸不能天天陪在我身边，但现在我知道了爸爸是在舍小家为大家，为人民群众服务，我为爸爸自豪！

我想，要是爸爸能来到我们的课堂，跟小朋友们上一堂安全教育课，那该多好呀！

老师，您说假如我们都学会了如何保护自己的安全，爸爸会不会少忙一点呢？

推荐信二：

尊敬的老师：

您好！听说我们可以推荐自己的爸爸妈妈到班上给所有同学上一堂课，

我想,我的妈妈一定是个很好的人选。妈妈是一位不折不扣的手工达人呢!我那些不好看的衣服被"手工达人"修修剪剪,绣几朵绽放的栀子花,点缀几串珠子,立刻就焕然一新了。爸爸不穿的旧牛仔裤转眼就变成了世上独一无二的笔袋。我的旧T恤,小裙子转眼变成了玩偶娃娃。连衣服上的小纽扣也变成了小玩偶的眼睛。别人不要的小布头、旧衣服却在"手工达人"的手上来了个华丽丽的大变身,让我爱不释手。零钱包、小挎袋、购物袋怎么也不能跟旧衣服挂上号呀!妈妈会做的宝贝想也想不到,看也看不够。不如,就请妈妈来上一堂手工课,来教小朋友们制作自己喜欢的小玩具吧,那一定很有趣!

推荐信三:

尊敬的老师:

您好!一期一次的家长课堂又开始报名了,这次我想推荐我的妈妈参加。我的妈妈是常德市第一人民医院急诊科的一名护士,在我的心里面,妈妈是最美的白衣天使。2020年,新型冠状病毒在全国蔓延,妈妈接到命令,去到抗击病毒的第一线,日夜奋战,好长一段时间都不见人影。听说新型冠状病毒的传染性很强,我很担心妈妈,但妈妈说:"人民群众有了危难,共产党员当然要冲在前面为社会奉献出自己微薄的力量!"其实妈妈的话,我似懂非懂,但我觉得妈妈真是一个勇敢的人,我为妈妈骄傲!如今,常德新型冠状病毒感染已调整为"乙类乙管",妈妈的工作暂告了一个段落,终于能休息会儿了。所以,我想推荐妈妈到班上给小朋友们讲讲她的故事,让大家都能科学地、勇敢地抗击新型冠状病毒。

(三)基于授课质量,协助家长优化方案

参加家长课堂的许多家长都有着较高的文化程度,对自己的专业知识和爱好特长有着深刻的理解。但是具体应该向学生传授什么内容,以什么形式传授,却不是家长擅长的。因此学校要求班主任为家长出谋划策,与家长共同分析、讨论、修正、优化授课方案。下面是学校老师与家长探讨的真实故事:

在教学内容的选择上给出建议。小松的妈妈是一名医院护士,老师建议小松妈妈拍摄自己和同事的日常工作,将图片、视频整理成课件,其中包含一段核酸检测的流程视频。与孩子们分享自己工作中的真实经历,揭开了医护工作的神秘面纱,让孩子们了解到医护工作的苦与乐,为孩子种下长大后成为医护工作者的理想种子。

在教学内容的授课形式上给出建议。小轩的爸爸在食品监管部门工作，在进行主题为"拒绝'三无'产品"的授课前，他和老师就授课形式进行了探讨。最后决定课前和学生代表一起去超市、小卖部购买一些小零食、玩具等产品，课中请学生选择一件商品判断是否合格，最后给出专业指导。这样的授课形式，与孩子的购买经历息息相关。孩子们热情高涨，意识到以往购买零食、玩具的误判之处，牢牢记住了购买前先查看商品信息的准则，从而提高了拒绝"三无"产品的意识和能力。

另一位老师借鉴这一形式，在与月亮同学的爸爸（职业为警察）确定好"防拐骗"的授课主题后，决定以沉浸式情景剧的形式完成这次授课。月亮爸爸请同事帮忙扮演陌生人走进校园，在不提前通知学生的情况下，在课间用拐骗话术、手段对学生进行"拐骗"考验，通过考验的学生顺利回到班级获得一枚智慧勋章的奖励。而"被骗走"的同学则被"骗子们"带到老师面前。新颖的沉浸式体验让孩子们对骗子的各种手段印象深刻，从而加强了防拐骗的意识。

在课堂教学的高效提质上给出建议。多多的妈妈要给多多所在的班级上一堂手工制作课。在多多老师的建议下，她将原本设计的每个小朋友独立完成作业的环节，修改为5~6人一组，小组分工合作完成一个手工作业，多出来的时间请小组展示自己的作品。这样不仅节省了单独制作的时长，让每个人都真正参与到活动中，而且节省了制作材料，孩子们更通过小组任务加强了团队协作能力，一堂课收获颇丰。

经过如上的沟通、修正，家长们更了解孩子的特点，知道如何利用各种方法对自己的专业知识和爱好特长进行深入浅出的讲解和有的放矢的输入。

（四）基于高效课堂，配合家长组织教学

虽然有了前期的准备，但是组织学生开展活动是一项难度较大的挑战。家长毕竟不是专业的教育工作者，对如何调控课堂气氛、如何抓住孩子的注意力、吸引孩子的学习兴趣等实战技巧，家长也不一定能自如地掌握使用。特别是孩子们看到爸爸妈妈当上了自己的老师，更加兴奋了。故意说笑、答非所问的情况都会发生。这时教师的适时指导就特别重要了。

学校要求教师始终作为支持者，运用自己的教育智慧，灵活调整活动

环节，帮助家长营造一种适合孩子愉快学习、健康学习、和谐学习的环境。

授课结束以后，很多家长留下感言，以下是部分家长的心得体会。

授课感受一：

4月21日下午，在育英小学举行的"家长进课堂"活动中，我有幸和301班的孩子共同学习了一节爱护牙齿的课。

很感谢学校给我们家长创造了一个角色体验的机会。我女儿性格比较胆小、怯懦。但每次有家长去学校讲课，她回到家就绘声绘色地给我描述着上课内容。看着她那明亮的双眼，我也想去学校上堂课，这样她会更加高兴，并且有了我这个表率，她也会勇敢起来。正在这时，老师给了我这个机会！

当我步入课堂，走上讲台，老师向孩子们介绍我，并带领孩子们说："欢迎李炎冰妈妈！"响亮的声音，热烈的掌声，让我心里一暖。我寻找着女儿的身影，她和其他孩子一样，坐得很端正，只是上扬的嘴角泄露了她此时的心情。第一次上课，我有点紧张，但我知道，现在我是她的榜样，我必须上好这堂课！孩子们都很兴奋，在龚老师的帮助下，课也上得很顺利。在老师和孩子们的热情欢送下，我赶去上班了。

女儿放学回到家，抱住我说："妈妈，同学们下课都来找我说话，说你是真正的牙医……"话匣子打开就合不拢了。女儿为我自豪。我趁机教育她：不要害怕，只要努力过，尝试过，就是成功。她听进了我的话，说："我会进步的！"

相信在家庭和学校的共同努力下，孩子们一定会健康快乐地成长。

授课感受二：

教室里很安静，孩子们扬起一张张天真可爱的面庞，用充满求知的双眼望向我，我的心仿佛都被萌化了。这群"小神兽"终于归笼了。龚老师温和地介绍："孩子们，让我们用热烈的掌声欢迎田妈妈为我们上课。"接着，孩子们一双双小手使劲鼓着掌，热情而不失礼貌。孩子们时而安静地聆听，时而互动答问。互动环节的"小神兽"们非常积极参与抢答，小手举得一个比一个高，我看到女儿幸福而骄傲的脸上泛着喜悦，仿佛在为妈妈加油点赞！我想她也会因为妈妈的行为越发自信、阳光！回家后她开心地向我转达了来自同学的赞美！还立志要成为一名演说家。

家庭是孩子的第一所学校，是孩子扎根的土壤。这片土地是肥沃还是贫瘠取决于我们如何去浇灌。教育，从来不是一件孤军奋战的事情，孩子的成长需要两只翅膀：一个是老师，一个是家长！

授课感受三：

借着家长走进课堂这个平台，我给孩子们上了一节科学课，主题是：空气大炮。

这是一节讲风能利用的科普课，通过PPT的展示，讲了风形成的原因，风力的分级，风对于人类、动植物的作用等等。孩子们兴趣很浓，反响非常热烈，学到了有趣的知识。对于我自己来说，通过实验与孩子们来了一次亲密接触，更深入地了解了他们。

也许是职业习惯，我会对每一位学生保持高度的关注。他们在课堂上每一次疑惑地皱眉、每一次释然地点头、每一次开心地大笑，都是对我课堂内容的反馈。

上课时，我请了几位同学上台来和我一起进行实验。每当一个同学准备放空气炮的时候，其他孩子都紧盯着台上的实验装置，有的还把嘴巴张得老大。当空气炮击倒目标的时候，全班会爆发出热烈的喝彩声。要是没能击倒目标，同学们也会发出惋惜的感叹，但下一秒，又个个摩拳擦掌、跃跃欲试，希望我能够点到他们上台实验。

就是这样一群可爱的孩子们，和我自己的孩子一样，保持着对于自然现象的好奇，保持着对于科学道理的渴望。当天晚上，我的孩子非常兴奋地围着我，说下课后有很多同学向他们俩（我的双胞胎儿子）追问，问什么时候我会再带着班上的同学做新奇有趣的科学实验。兄弟俩脸上的骄傲溢于言表，说同学们都把他俩当成小科学家了。

感谢学校能够提供家长课堂这个亲密平台，让所有有意愿、有能力为孩子们服务的家长能够一展所长，助力孩子们的成长。

在育英的家长课堂上，家长们正一个个引领，一群群感染，让每一个孩子学习上一代，立稳自己这一代！

三、挑战未知之旅——以项目作驱动

项目式学习（Project-Based Learning）是一种知行合一的体验式和实践式的学习方法，主张让孩子像科学家、工程师那样以探索未知、解决问题的思维方式和路径去学习，学会积极地收集信息、获取知识、探讨方案，以此来解决具有现实意义的问题。因此在项目式学习过程中，不仅要求学生能够应用所学学科知识，还要懂得如何在现实生活中将这些知识学以致用，这凸显了教育的初心和本质。

每年育英会根据区域环境、社会时事、童心志趣、科技创想等方面设计相关主题课程。引导学生在一定的时间内，根据项目挑战要求，选择、提出、计划一个项目构思，通过考察探究、设计制作、反思改进、团队合作等多种形式解决实际问题。这种与现实相结合的学习实践方式，为学生提供了真实的学习场景，亲自探究、亲身实践，丰富了学生的真实生活体验，并有效提高了学生批判性思维、沟通表达、创造力、团队合作、社会情感技能等综合素养。

下面列举部分主题项目并展开解读，希望通过解读能很好地呈现出育英项目式课程建设及实施过程：

（一）"区域环境"主题项目——大小河街扩建计划

挑战：如何将河街闲置的土地用起来呢？

年段：3~6年级

跨学科：建筑·人文·数学

综合素养：团队合作、批判性思维、同理心、沟通表达

课时：14课时（每课时45分钟）

课程说明：

河街是常德的文化名片，在该项目中，学生将考虑是什么使建筑成为文化地标。学生们将观察大小河街的建筑环境，以确定哪些元素定义了大小河街。使用建筑的原则升级大小河街建筑群，学生需要通过建模的方式展示设计理念。通过河街项目学生将了解老河街的历史文化，吊脚楼的由来和类型，采用实地考察和现场采访的方式，帮助他们从个人、商家、游客三方面思考，如何让河街更好玩、更有趣。

课程安排：

1. 常德地标——河街项目导入
2. 草模制作 & 团队合作
3. 草模设计分享和反馈
4. 河街项目精模制作（上）
5. 河街项目精模制作（中）
6. 河街项目精模制作（下）

7. PBL 展

(二)"社会时事"主题项目——"双减"后,我们想要的课后生活

挑战:用艺术的方式展示"双减"后你渴望的校内活动和家庭活动。

适合:1~6 年级

跨界:美术·阅读·写作

综合素养:沟通表达、成长型思维、同理心、发现问题、解决问题

课程说明:

"双减"是为了让义务教育阶段学生减负。国家、社会、学校都在行动。然而孩子们了解"双减"的意义吗?家长能有效参与并支持孩子多出来的时光吗?该项目帮助学生认识"双减"的意义,并进行"双减"后的学习活动设计,让孩子通过艺术的方式表达对"双减"后生活的思考。

课程安排:

1. 探讨"双减"
2. 我,我的老师,我的同学
3. 学校操场的乐趣(上)
4. 学校操场的乐趣(中)
5. 学校操场的乐趣(下)
6. 我的家庭生活(上)
7. 我和我家人住的房间(上)
8. 我和我家人住的房间(中)
9. 我和我家人住的房间(下)
10. PBL 展

(三)"童心志趣"主题项目——现代鸡舍设计

挑战:设计一个现代鸡舍

适合:1~6 年级

跨界:生物·建筑

综合素养:批判性思维、沟通表达、成长型思维、发现问题、解决问题

课程说明:

鸡舍项目总是让孩子兴奋。关于鸡,我们可以教给学生的东西很多:鸟类的生长和发育、鸡蛋营养、牲畜护理、繁殖、鸡舍设计和搭建。

该项目将实际问题与学生学习相结合,使用工程思维,定义问题,头

脑风暴，制订方案，设计制作模型，展示方案，优化设计，使鸡有一个安全、温暖和受到保护生活环境。最后，学生需要通过鸡舍推介会向大众展示和介绍现代鸡舍的功能。

课程安排：

1. 鸡舍公司成立（上）

2. 鸡舍公司成立（下）

3. 鸡舍的外部和内部（上）

4. 鸡舍的外部和内部（下）

5. 鸡舍建模（上）

6. 鸡舍建模（中）

7. 鸡舍建模（下）

8. 分享和改进模型（上）

9. 分享和改进模型（中）

10. 分享和改进模型（下）

11. PBL展筹备（上）

12. PBL展筹备（下）

13. 鸡舍项目PBL展

（四）"科技创想"主题项目——未来友好老年城市

挑战：设计百年以后的老年友好城市

适合：4~6年级

跨界：数学·建筑·科学·语文

综合素养：批判性思维、工程思维、发现问题、解决问题、创造力、团队合作

课程说明：

到2050年，老年人的人数将超过14岁以下的儿童。本主题项目要求学生回应老年友好城市问题，并设计解决方案以服务老年生活。学生的任务是确定他们所在城市与年龄相关的诸多问题，并设计一个城市框架，使老年人能够保持活跃、独立和参与。该项目让学生有机会做工程师所做的事情——发现问题；集思广益；设计解决方案；测试、重新测试和构建；并分享他们的结果。这个过程称为工程设计流程。该项目培养学生强大的时间管理和项目管理等技能，教学方式引人入胜。

课程安排：

1. 做工程师有多酷

2. 了解项目确认问题

3. 头脑风暴

4. 设计规划

5. 搭建模型

6. 搭建和改进（上）

7. 搭建和改进（下）

8. PBL 展

课例：未来老年友好城市

【核心知识】

了解什么是城市，知道城市的规划，分区。

知道城市的基础设施有哪些。

知道城市里面工程师的工作内容。

能够使用工程设计流程和项目管理周期规划城市设计。

能够学习使用尺寸，比例搭建比例模型。

能够通过采访调研了解老年人的物质和精神需求，培养同理心，关爱老年人。

【项目实施】

一、项目导入（1 课时）

1. 团队讨论

城市是什么样的？为什么人们住在城市？城市、城镇和村庄之间有什么区别？如果让你向一个陌生人描述常德市，你会说什么？它和其他城市或城镇有什么不同？你喜欢它什么？你不喜欢它什么？

2. 城市规划师团队分享

（1）分享城市规划：询问学生考虑了城市总体特征了吗？它是靠湖还是靠山？它是大城市还是小城市？人口稠密吗？这个城市最重要的工业是什么？

（2）导入基础设施的概念，它包括使城市适于居住的结构、系统和设施——也就是人们生活和繁荣所需的东西。

建筑物包括桥梁、道路和房屋。系统包括污水和供水系统、电力和电信系统、运输系统。设施包括医院和学校。软基础设施用于培养社区的社会和文化资源，包括治安、卫生、教育等基础性公共服务。

3. 团队讨论

一个城市的位置和地形会如何影响其基础设施？哪些公共服务是至关重要的？为什么？考虑一下你居住的地方，你会推荐哪些基础设施改进？

4. 导入分区概念

分区是指城市中的土地被划分和分类的方式。分区制定政策有助于确保一个城市能够以一种可管理的、安全的、有吸引力的方式发展和变化。

区域通常分为以下几种类别：

居住区是人们居住的地方。它可以是高密度的，意味着很多人可以住在一个地区，通常是在公寓楼里。或者它可以是低密度的，通常是单户住宅。

商业区是商店和餐馆的地方。

工业园区是工厂和发电厂的所在地。

农业区包括种植或种植粮食的农田。

混合使用是指混合的区域。城市开发商有时会将同一区域用于住宅和商业分区。

二、项目实施过程

第一阶段：发现问题　理解规范

知道未来城市的挑战要求，理解工程设计流程（4课时）

【学习目标】

明白工程师的挑战目标：为100年后的老年人设计老年友好城市

能通过线上和线下调研理解老年人的需求

了解城市模型必须满足的具体特征

了解PBL项目需要展示的内容和要求

知道和运用工程设计流程

【实施步骤】

(一) 分组讨论分享

1. 工程师是干什么的？为什么我们选择做工程师？工程师最重要的能力有哪些？每个学生挑选一个理由，并分享理由，鼓励学生表达更多的想法。

2. 谁会成为一个好的工程师？学员讨论，答案可参考下方。

具有创造力和想象力、喜欢与他人合作、好奇而执着、想要有所作为、喜欢解决问题或改善流程……

(二)使用工程设计流程做团队合作搭建塔楼

1. 老师介绍工程设计流程

2. 学生用工程设计流程,确认问题,头脑风暴

3. 开始团队搭建塔楼 PK

4. 团队反思:我们是如何使用工程设计过程来建塔的?团队遇到问题了吗?是怎么解决的?团队做出了哪些类型的尝试?(如果有一种以上的结构)它们是否影响了您的塔(例如某种形状或结构/基部最坚固)?从这次经历中学到了什么?你如何运用塔楼的经验参与未来城市的活动?

(三)城市探索,我们居住的城市对老年人友好吗?

1. 在学校周边,分别探索至少五个地方。比如:道路(红绿灯时长,道路维护)、药店,公园,公交汽车站,城市健身场所。

2. 采访家长。

3. 找老年人调研,了解老年人的需求,学生拟定调研问题。比如:平时喜欢玩什么,有无人照顾等;生活便利和不便利的地方,希望城市里面有什么?路上找到老人调研询问。

(四)老师带领学生了解未来城市项目要求

1. 展示什么是城市模型,城市模型的具体要求是:

模型应该主要由回收材料制成;模型必须至少包含一个可活动部件;100元人民币的总支出预算。

2. 通过视频了解如何团队配合做城市展示

用长达7分钟的视频展示未来城市模型和老年友好城市解决方案。

3. 拓展使用 KWL,帮助学生组织想法,了解学生需求以便后续课程设计 KWL 图

第二阶段　头脑风暴　设计规划　搭建模型(10课时)

【学习目标】

能挑选合适的城市位置

能倾听团队成员的计划,共同改进未来城市设计

能和团队成员创建工作计划表

能考虑城市规划,基础设施,老年人需求设计未来城市

【实施步骤】

（一）老师导入老年人的视频引导学员思考成为老年人意味着什么？

1. 介绍老年人的概念：大多数国家的官方定义是 60 或 65 岁以上的人。除此之外，老年人几乎没有其他共同之处。

2. 提出未来老年城市更具体的项目要求：需要设计和改造城市的自然和建筑环境，以创造可通达和安全的交通选择，无障碍地进入住宅和公共建筑，以及保健服务场所，使人们能够尽可能长时间地保持健康和独立。这些不仅对老年人有益，对所有年龄段的人都有益。

3. 展示关爱老年人的城市案例：老年人传感器，无障碍伦敦项目，虚拟老年中心

（二）使用项目问题表，团队成员对每个问题做头脑风暴后，团队之间用豆子反馈法获得反馈

1. 团队头脑风暴：

想象你就生活在老年友好城市里，描绘一幅在老年友好城市的生活画面。考虑以下问题：

（1）老年人的日常生活是什么样的？

（2）他们有什么娱乐活动？

（3）他们住在哪里？他们做什么工作？

（4）您的老年友好城市提供哪些服务（例如，医疗、教育和政府）？

（5）城市的交通系统如何？

（6）你们的老年友好城市有哪些创新和未来特色？

（7）是什么让老人在城市能独立和健康地生活？

（8）城市需要哪些工程师合作？

（9）为什么有老年人想住在自己的家里？

（10）为何有老年人期待住在老年人社区或福利院？

（11）有什么现有的技术可以让老年人生活更独立？

（12）城市有不同运输方式，对行动不了的老年人来说，哪些对老年人有利，哪些对老年人不利？

（13）除了运输方式本身，考虑到老年人面临的各种身体和认知问题，比如视力模糊，听力缺失，行动不便，反应迟缓，记忆丧失，如何为老年人建一个成功的公共交通系统呢？

（14）科技在帮助老年人继续学习新事物和锻炼身体方面发挥了什么作用？

2. 团队分工，个人独立阅读和获得更多灵感

发放世界卫生组织《全球老年友好城市建设指南》，将指南分为四大块：团队的成员根据个人兴趣选择负责模型的区域，根据负责区域领取阅读材料。

（1）室外空间和建筑

（2）交通

（3）住所

（4）社区支持和健康服务

学员对负责的区域提出设计方案

3. 豆子反馈法

豆子反馈法是一种让学生提供和接受反馈的方法，当同龄人给他们反馈时他们会思考更多并且更容易接受反馈。分给每个学生两粒豆子，四处走动看每个人的解决方案，在他们看完所有的内容后，可将豆子放在喜欢的创意方案上。然后看哪个方案收到最多豆子。最好鼓励学员还能提出更多的建议。

4. 团队整合个人解决方案作出最后的结论

100年后，如何让老年人在城市独立的生活？

分享为什么老年人想住在你的城市。总结一下是什么让它成为一个让老年人活跃和独立生活的城市。

（三）定位老年友好城市

团队确认：你的城市在地球上的位置，城市地理特征和地形，该位置的好处，以及该位置的风险。

（四）城市模型设计

1. 回顾模型要求

2. 导入视频帮助学生获得更多灵感，使用学生灵感笔记

3. 导入模型照片，使用模型测评表，让学生站在评委的角度给模型打分，提升学员对模型的鉴赏和规划能力

（五）模型搭建和改进

1. 探讨如何让模型更真实

2. 安排家庭作业，考虑到只有 100 元人民币预算，鼓励学员从家里带可收回材料

3. 分区建模，测试，改进

(1) 道路规划

(2) 分区地基规划

(3) 模型制作：确认比例

(4) 可回收材料创意使用

(5) 模型可动部分制作

老师根据项目进度和学员进度，根据具体问题做团队指导或一对一引导，及时给予学生反馈和改进建议。

【线上 PBL 展】1 课时

团队录制 7 分钟视频在线上展示

指导学生"录制—分享—改进—录制"，不断改进

【项目亮点】

亮点1：使用工程设计流程规划未来老年友好城市的设计，将工程思维的培养落地。

亮点2：对所要训练的技能进行迭代训练，不断重复"计划—分享—改进—反思""做—分享—改进—再做—反思"的流程

【项目反思】

学员对课堂塔楼搭建活动，城市规划活动，模型材料选择，城市老年友好评测，模型测评，城市选址，模型设计搭建都表现出了极大的热情。同时因为学员储备知识不足，老师花了大量的时间帮学生理解工程思维，城市规划，老年人需求。家长对老年友好城市的关注度很高，每次还会进入教室和学员探讨沟通。

以下为育英小学胡浩然同学参加"未来友好老年城市"项目式学习的日记摘要。

篇一

今天我们在学校周围进行调研，并随机采访一些老人，听取他们对目前城市状况的感受，平时生活中还有哪些方面感觉不方便等等。后来我们还采集了城市红绿灯时间长短、公交车台阶高矮、标志字的大小等数据，在老师的指导下，对常德进行多元的评价，并提出改进建议。经过我和同

学们一起讨论分析，初步设计出理想中的老年友好城市方案。

篇二

在老师的帮助下，我和队友合作画出了未来老年友好城市设计图。并用木头、泡沫板、矿泉水瓶、包裹纸箱等可回收材料以及一些组装电路，完成了未来老年友好城市的建模。

篇三

今天老师告诉我们，我们的城市建模还要向父母展示。我们既紧张又开心，忙着准备材料，布置现场。

在我一个人很难完成一个场景的布置时，我学会了请求同伴帮忙，而不是不停地喊老师。在他提出一个方案时，我也会提出别的意见，帮助改进。我意识到了我们是一个团队，有了团队意识，我的心中有了更大的一片天地。

篇四

今天我被老师选定为讲解员，带领家长参观城市建模。家长们像孩子一样兴奋，不时询问我设计的城市都能为将来他们老了以后提供什么舒适的地方。看着他们期待的目光，洋溢的笑容，我想他们一定对未来的生活感到十分满意。

PBL展最后还会有一个小游戏环节，这是我们准备的一些关于老年城市建设的题目，让家长回答。家长们像学生一样被我们这些小老师提问，他们通过这个环节了解到了更多关于老年友好城市的信息，拿到我们准备的小奖品，大人们都笑开了花。

篇五

我非常喜欢PBL项目式学习，从中我不仅受益匪浅，还收获了许多欢乐。很多项目非常烧脑又有趣，例如"密室逃脱"PBL，在PBL展时我们把一间空闲的教室设计改装成了密室，让家长去测试、体验。我在进密室的门上面贴了一个我自己组装的机器，感应到有人来就抛下一个球来，正好掉在家长的头上，上面写着第一条线索，他们的密室逃脱之旅就由此开始了。家长们在自己孩子设计的密室里，被弄得团团转，你看到这样的场景一定觉得非常好笑。

篇六

通过这些好玩的项目，我们学到了很多种新的思维方式。例如什么是成长性思维呢？通过PBL项目式学习，我知道了有成长性思维的人更倾向于选择一种积极的心态，享受失败的过程，甚至觉得这是某种角度的成功。就像爱迪生一样，别人觉得他失败了很多次，他认为他没有失败，只是发现了一种不可行的方案，以后又可以避开一个错误了，只差一点就能达到最终的目标了。

在每节课的结尾，老师们组织我们进行十分钟的成长性思维探讨。如今，我已经会将"我不擅长这个"改为"我要在这方面多努力"，将"已经很好了"改为"我再试试可不可以改进"！

从上述日记摘要中，我们可以得知学生经历的全过程。通过亲身体验、深刻理解，他们获得了知识与技能（如实践应用能力、迁移创新能力、跨领域合作沟通能力等），学科观念、思维方法也正逐渐形成。

与此同时，亲眼见证了孩子在PBL项目式学习中的蜕变后，家长们感慨良多，有话要说，以下为胡浩然同学的妈妈鲁利平女士在学校课程推进会中的交流发言。

发言稿：

各位家长朋友：

我是两个育英学子的母亲。在陪孩子的这十多年里，我们经历了教育的内卷，迎来了高考改革、"双减"，可以说这些大刀阔斧的变革，无一不是推动我们用正确的方式学习，让孩子成为更好的自己。

在陪伴孩子成长的过程中，我也在不断寻找更好的教育方式，从北京十一学校走到衡水中学，从高考改革研讨会的现场走到各届中国教育创新年会。我所看到、所听到的前沿教育思想，促使我不断思考，学习的目的是什么？我的孩子该怎样学习？

我是在2016年接触到PBL的，2017年有幸了解了芬兰教育家分享的芬兰项目式教育的相关介绍。在这期间，我带我的孩子来到了墨尔本一家私立女校。在这里，我们第一次尝试了PBL，这是我女儿参与的主题"中国女性地位的变迁"。

儿子读育英的时候，育英开设了PBL课程。我的儿子被深深吸引，他的性格是比较内敛，谨慎的。在参与项目式学习的时候，我能够感觉到他正没有任何束缚地释放自我能量。从旁观察，我感觉他这几个方面的成长是最大的。

（一）积极开放的心态

这样的心态来自两个方面。一是在项目式学习过程中，老师允许孩子奇思妙想。在这样的鼓励下，孩子更容易专注思考与想象。二是老师引导学生思考和讨论，也没有标准答案，只要论据充足，就可以支持自己的观点。对于项目如何实现，做成什么样子并没有标准与框架，这让他打破唯一答案的固化思维，对学习有了多元的理解。

（二）多方面多元素的评价

在以往的学习中，孩子是否优秀的评价标准大多基于考试，基于分数。这样的评价标准，孩子会更关注和比较分数，而不是学习本身。在项目式学习中，采用的是开放式评估，评估个人在此次活动中的参与、投入、思考、成长，以及自己可以做得更好的地方；还有就是基于团队的协作完成的项目的每一步进展，当他见证到自己和队员们共同完成的项目，常常觉得不可思议；看到家长们带着好奇，惊叹参与到他们的项目中，他们又感觉成就满满，这都是孩子们接收到的不同维度的评价。

（三）自我教育中的成长型思维

孩子学会了成长型思维以后，回来就经常和我分享，他自己也开始尝试用这种思维方式去面对挑战和困难。

以前他上语文课不敢回答问题，学会了成长型思维，他回家就和我商量，妈妈今天我是这样回答的：……

以前学校举行运动会，他觉得自己体能不行，从不报名参加运动项目，今年学校的运动会，他早早开始自我体测，说自己可以尝试。

相比于回答问题和能否参加运动会，我更加欣慰的是他能不断尝试挑战自己。

（四）谁都是不可或缺的一员

PBL项目需要解决真实环境中的问题和完成特定任务，这就需要团队协作。学生之间，师生之间需要有不少互动，孩子需要厘清自己的观点，表达并说服其他人。这个过程培养了孩子在协作环境中工作的能力以及必要的社交能力。团队中每个人对项目都是不可或缺的，这是儿子对我经常说的一句话！如今，我能感受到他和同学之间的相互依存，愿意互相帮助和彼此支持，同时，他有机会学会从新的角度看待事物，发展自我管理技能和团队领导技能。

（五）全新的学习方式体验

我们的孩子在学校里的学习方式往往是，先上40分钟数学，然后40分钟语文，接着40分钟英语……每一天就是这样不断以40分钟一节课的节奏，从一个科目转换到另外一个科目。这种分科式教学让孩子在一个领域得到深入的学习，但是与其他学科无联系。项目式学习的关键在于整合，围绕一个现实世界的问题，在探究问题解决方案的同时，孩子学到与现实世界相关的科学知识，同时又将跨学科的知识进行融合。

据预测，未来的就业市场中将有900万个岗位需要综合性学科的科学技术人才，咱们育英紧跟教育创新的步伐，将项目式教学纳入学校课程，给孩子们带来全新的项目式学习体验，作为百年名校，它有着引领教育改革的担当！相信无论是现在，还是将来，我们的孩子都将因为自己是育英学子而稳立潮头、无比昂扬！

如上所述，以微知著。育英的孩子们正于一个个小项目、大项目中，于自然而然中养成直面现实、勇于破题、善于解题的好习惯，逐渐成长为一个个关心身边事、服务身边人的合格公民。

陶行知说："教育就像喂鸡，要叫鸡过来吃的话，必须放上它喜欢的食物。"在公民课程的构建中，育英依托各类资源——基地资源、家长资源、社会资源等，让凡能激发学生学习意愿的一切成为课本，一切资源化为课堂，目的就是引领学生亲近社会，为其成为合格的社会人奠基。

第三节 着·色——个性课程，向自我潜能求个性之美

社会的发展进步对教育水平和人才质量提出了更高要求。习近平总书记强调"学生既要有扎实的基础知识，还要不断对知识进行更新，既要做好理论层面的学习又要牢固掌握实践技能，不断提高与时代发展相适应的

综合素质和能力"。育英以此为勉,将个性课程(通识课程和选修课程)作为学校正式的、主流的教育性工作,整体规划,创优提质,发挥其活动教育、集体教育、全面教育、实践教育的多元功能,助力学生个性成长。

一、通识课程——有智之识,不惧未来

育英的通识教育课程是学生学科课程外的基础教育,是人格发展的整合教育。它包括:电影、哲学、财商、劳动等,旨在以培养不变之能力应社会发展之万变。

(一)艺术审美发生——以观影作体验

电影是一种文化产物,被称为第七艺术,是大众娱乐的来源,更是一种教育公民的有力媒介。中小学开发电影课程,主要是充分发挥其德育、美育功能,全面提升学生的综合素养。尤其对于小学生来说,电影的呈现状态是喜闻乐见的,育人方式是潜移默化的,用电影的方式育人,正是遵循了小学生年龄特点和认知规律。

1. 挑选素材,保障高质观影

课程落实,素材要先定。课题组首先明确了一套完整的选片原则:

(1)适切性原则。从学生的年龄特点和心理需求出发,选择一些与学生的生活比较贴近、能引起他们强烈共鸣的电影作品。

(2)形成性原则。选择关注学生自我成长及注重励志的影片,力求真正有效地激励他们,并能够引导他们形成正确的人生观和价值观。

(3)创新性原则。选择在内容和形式上都具有较强新鲜感,对学生的思维能力和观影习惯形成巨大挑战的电影作品。

(4)开放性原则。选择有助于中小学生理解外部社会丰富多元的价值视角的影片。

(5)科学性原则。参照国内外专业机构的选片,优选各大国际国内儿童电影节的获奖影片。

2. 两课并举,助力深度观影

通过近五年的探索,育英形成了电影赏析课和电影活动课两大课程板块,详见下图:

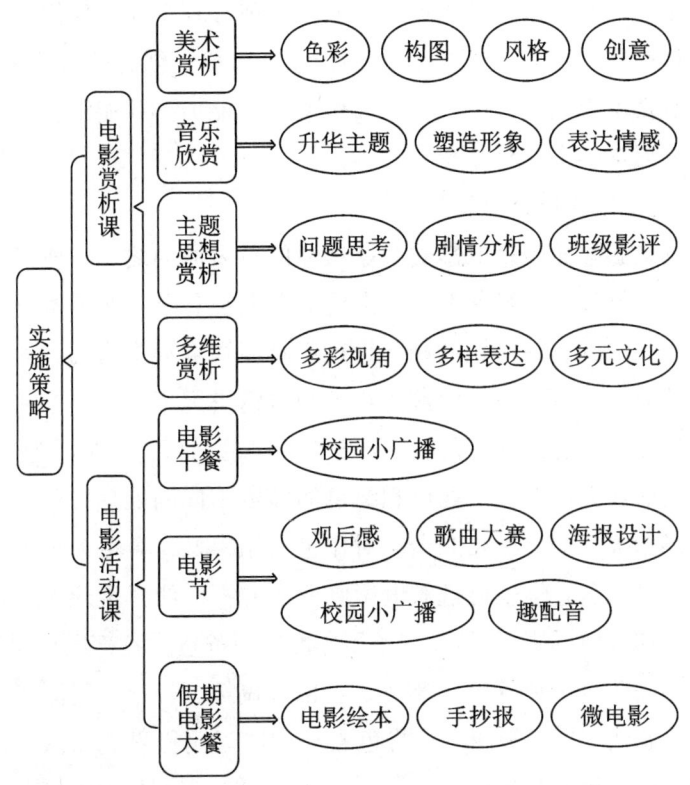

(1) 电影赏析课

我校对电影赏析课具有拓展性的构建——针对一至六年级不同年龄段学生的特点和需求,选择不同的电影,设计合适的教案,以多种电影赏析视角,向学生传输各种影视信息,传授各种赏析手法,以达到促进学生全面发展的教育目的。

如:美术老师从电影中的布景、道具、服装、光影、构图、色彩等一到两个方面进行分析,引导学生欣赏电影画面中的美,并能结合自己的生活学以致用;音乐老师首先抓住电影音乐主题,然后结合剧情理解音乐的表达方式,提高孩子的音乐鉴赏及运用能力;道法老师通过剧情分析,问题思考等方式理解电影中的思想,让电影成为助推儿童成长的有利因素;语文老师引导学生欣赏电影语言,感受经典台词中的内蕴,从其高度凝练的词句中品味表达效果等。

①从美术的角度进行赏析

一部电影的视觉风格由构图、色彩、光影等元素构成。美术在电影的造型、场景、道具、光色等方面的艺术化处理有着重要的作用。育英的电影美术赏析课将从电影画面的色彩、构图、风格、创意等方面进行分析，引导学生欣赏电影画面中的美，提高美术鉴赏能力，并能结合自己的生活学以致用，促进学生全面发展。

A. 感受色彩的唯美

唯美的电影画面感是电影受大家欢迎的首要原因之一，所以色彩效果是第一位的。例如，电影课上，在指导学生观看电影《亚瑟圣诞》时，老师发现有大量的红、绿对比的画面，这些画面视觉冲击力强、人物显得个性鲜明。然而，在生活中我们常说红色和绿色搭配不好看，但在这部影片中多次出现的红绿对比却很和谐。分析影片中的画面，正是因为运用了红、绿两种颜色面积大小不同，红色和绿色的纯度不同的处理方法，才使观影者看上去感觉很舒服，也很和谐。对比色运用得好，会给人带来出乎意料之美。于是老师引导学生通过对电影画面的分析，使学生理解和掌握了对比色的知识和运用方法。再如，《了不起的狐狸爸爸》这部影片颜色以红黄蓝为主，用亮色系的画面代表幽默、自信、搞笑、轻松，用深蓝色表现人物的失落、悲伤、思索和深沉，将色彩与情绪运用得淋漓尽致。这也成了老师领着孩子赏析的美学点。

B. 品味构图的魅力

构图是一个造型艺术术语，即绘画时根据题材和主题思想的要求，把要表现的形象适当地组织起来，构成一个协调完整的画面。成功的构图能使作品内容顺理成章，主次分明，主题突出，赏心悦目。课题组的老师发现，韦斯·安德森导演的电影《布达佩斯大饭店》，正是运用对称构图的方式，给观众带来了一场视觉上的盛宴。对称的事物，给人一种和谐、稳定的均衡感，对称的建筑看起来庄严肃穆。

C. 体验风格的多样

绘画艺术一直被认为是电影艺术的母体艺术，不同时代和风格的美术作品为电影的视觉造型提供了充足的养分。老师们在探索中发现，水墨动画《牧笛》就是运用国画家李可染简练而饶有趣味的绘画特点，塑造牧童和水牛的形态，以中国绘画的传统色彩展示高山峻岭和千尺飞瀑的宏大气象，起到借景抒情、情景交融的作用。

D. 放飞想象的翅膀

电影凝聚了艺术家们天马行空的想象力。我们的老师在引导学生观看电影《格列佛游记》时，让学生重点感受大人国和小人国的差异，让学生在认识大与小、高与矮的基础上体会到大小是通过对比得出来的。学校通过欣赏、绘画活动培养学生的想象力、创造力和表现力，让学生在欣赏中感受美、体验美，在创作中表现美、创造美。还有《流浪地球》《飞屋环游记》《爱丽丝梦游仙境》《天降美食》等电影，也充满了想象力。

②从音乐的角度进行赏析

从电影塑造形象、升华主题、表达情感等方面，老师引导学生结合剧情理解音乐在电影中的表达方式，提高孩子的音乐鉴赏及运用能力。

A. 音乐升华主题

每部电影都有概括影片主题思想的音乐，大体上包括3种类型：在有主题歌的影片中，大都是把主题歌器乐化，反复出现，贯穿发展；或根据影片需要，创作主题音乐；还有的影片引用古典乐作为主题音乐。例如，英国影片《第七层面纱》，就是运用了贝多芬《悲怆奏鸣曲》第二乐章中抒情性音乐贯穿发展、反复出现的方式。在电影课中，老师告诉孩子们了解电影的主题音乐是至关重要的，这有助于理解影片的主题思想。在影片《寻梦环游记》中，主题曲根据剧情的发展，反复出现在不同的场景里。老师引导学生通过对比欣赏的方法，让其理解了音乐在不同情节段落里所要凸显的思想主题。

B. 音乐塑造形象

音乐的节奏、旋律、情感等要素与影视艺术形象有着深层的关联。不同的乐器的演奏给人的感受也不尽相同。旋律节奏产生的变化能帮助听众在脑海中主动塑造不同的电影形象，包括外观和内质。例如，在动画电影《三个和尚》中，作曲家运用了三种具有中国特色的民族乐器来表现三个和尚的不同形象。电影开篇用高音板胡描绘出小和尚活泼可爱的人物形象，板胡音色尖而细，用来表现小和尚年纪小的特征。瘦和尚出场时则选用了坠胡来刻画他年纪稍大、沉稳的形象。板胡与坠胡音色上的明显对比，也反映出小和尚与瘦和尚之间的区别。胖和尚出场选用了吹管乐器管子，它音量大而粗，带有厚重的乡土气息，配合打击乐器的"紧打慢唱"，表现出胖和尚笨拙、憨厚的形象。这样的赏析角度让孩子们大开眼界，深化了对角色的认知。

C. 音乐传递情感

音乐因情感而产生，情感借助音乐作品而得到充分的表达，当孩子们在欣赏影片听到音乐时，情感随之表现出来，并与影片中所表达的感情吻合，这样才能真正理解影片传达的内涵。动画片《狮子王》的片头音乐从一声具有非洲风格的呐喊声中开始，在非洲土语和声伴唱下由摇滚巨星埃尔顿·约翰演唱的《生生不息》旋律动听、充满激情，烘托出荣耀国的气势，勾勒出蓝色的天空中飘浮着白云，绿色的草地上动物们在欢快地奔跑的生机景象。影片中加入了另外一些配乐，如脚踏、拍手、击鼓等，直接把观众的心带到了非洲辽阔的草原上。在音乐与画面节奏的有机结合中，孩子们感受到了音乐的情绪，走进了人物的内心世界。

③从主题思想进行赏析

电影给孩子们提供了成长的范本，以故事为载体，通过对一个又一个充满意义的电影主题思想的赏析，让孩子们拥有更深刻的理解，产生更深沉的共鸣，最终使生命呈现得多姿多彩，让思想浸润得丰富通达。育英根据不同年级学生的特点，为孩子们选择了相应的影片，设置了培养目标：一年级，培养学生积极主动的心理品质；二年级，培养学生阳光乐观的心理品质；三年级，培养学生勤奋自信的意志品质；四年级，学着拥有同理心；五年级，学会理性地看待成长中的问题；六年级，成长为勇于承担的小少年等。

在电影课中，我们通过问题思考、结构分析、班级影评等方式让学生从电影主题思想进行赏析，让电影成为助推儿童成长的有利因素。

A. 问题思考

学生带着问题去看电影，并思考如何解决这些问题。例如电影《大闹天宫》和《大圣归来》讲的是男孩成长的故事。孩子总有无拘无束的童年时光，当他们来到学校，规则和秩序会降落到他们身上，他们有一个反抗、认同和接受的过程，真正意义上的成长就是成为既勇敢无畏又能遵守规则和秩序的好孩子。这两部电影正是呈现了儿童这种既矛盾又抗争的心态。

从道德发展阶段看，这一阶段的孩子已经发展到"我想做个好人""我想要奖赏"的阶段，所以老师们通过问题思考、讨论的形式，抓住儿童这一阶段的心理特点，培养他们阳光乐观的良好心理品质。

B. 剧情分析

电影课上，老师引导学生通过剧情分析，丰富精神世界，提升思维品质。如，一年级的孩子，初到新学校，面对陌生的新环境，存在一个心理适应的过程。根据这一阶段学生的特点我们开设了适应性电影课程专题，通过了解电影《你看起来很好吃》食肉恐龙哈特的成长经历，孩子们体会到要成长，必须学会独立，必须学会正确认识自我，必须学会关心他人，只有这样才能走出自我中心主义的误区，形成正确的社会情感。又如电影《101斑点狗》，通过剧情分析，学生深刻感受到家的温馨，同时又感受到集体的温暖。这部电影培养了育英的孩子团结一心、勇往直前的班级精神。

C. 班级影评

写影评或者写观后感，目的在于娱乐过后，思考更深刻的人生道理。电影课上，学生认真地写影评或者分享经典台词，锻炼了思考能力，更深入地体验、学习、生活，并通过电影里的不同角色，看到不同的人生，看到这个大千世界里的多面性。活动培养了孩子们的理性和辩证思维，提高了他们分辨是非的能力。

④从众美协同展开赏析

在2019年的课程创新中，育英的老师尝试挑战一种新的赏析模式——协同赏析，也是一种多学科融合的尝试。

A. 多彩视角

从一部具有代表性，有着丰富艺术表达手法和深厚人文内涵的电影出发，由道法、美术、音乐、语文教师分别从电影主题思想、画面、配乐等方面提炼价值，同赏一部电影，提高学生综合素养，促进学生全面发展。如2019年上映的电影《哪吒之魔童降世》，使中国动画电影又迎来了一次小高峰，该电影被誉为国漫之光。调皮捣蛋又正能量满满的哪吒形象深入人心，从制作到故事、画面到角色都有着惊人的表现力。美术、动作设计、配乐等，处处都是亮点。颠覆性角色美术造型带来的反差萌：浓浓的黑眼圈，圆圆的大牙，露眉狗啃刘海，扎着两个半丸子头。这些标志性的特点让哪吒的形象深入人心。奇观化的场景美术造型带来的视觉盛宴让人回味无穷。配乐贯彻了创新理念，贯穿中西，动用了包括中乐团、西乐团、合唱团、摇滚乐队等200人的队伍来灌制音乐，融合多种配乐氛围，选择了包括二胡、唢呐、箫、铜管等乐器为配饰。育英的三位老师分别从萌化吸睛的美术造型、幽默风趣的语言风格、特色鲜明的音响设计，展开了三维赏析教学，孩子们深深地感受了电影的艺术魅力。

B. 多样表达

同样的电影题材，交给不同的导演去拍摄，不同的团队去制作，因为各自的解读不同，拍出的电影也自然不一样，不同的电影给人的感受和启迪也会不同。如，《大闹天宫》和《大圣归来》同样是与神话人物孙悟空相关的动画电影，但影片所塑造的形象、传达的主题思想都各自不同。《大闹天宫》中的孙悟空桃心脸，黄上衣，虎皮裙，红裤子，绿围巾，色彩和造型都很经典，情节比较集中而突出地表现了主角的传奇经历，影片同时改写了他在经典著作中的结尾，表达对了这一形象的反叛精神的肯定。《大圣归来》中的孙悟空形象更加丰富。他虽然是神，内心却潜伏着心魔，所以他的形象塑造很具突破性，与角色的精神世界相吻合。这样的不同给了老师灵感，设计出同题材对比观影，促使学生运用对比法去学习和思考，体会不同时代背景、不同人物解读等对电影的影响，让学生的欣赏格局更具广度和深度。

C. 多元文化

电影艺术让各国灿烂的文化得到直观的展现，增进了各种文明的融通和文化的交流。将外国的优秀影片引进到电影课堂，分析大量具有鲜明特色的文化元素，深入解读其文化背景，不仅能促进学生了解更加多元的文化，激发他们探索各种文明的兴趣，更为他们全面的审美发展奠定了基础。比如，《寻梦环游记》小到布景道具，乐器运用，大到人文内涵都有着浓厚的墨西哥传统文化底蕴。育英的授课老师深度挖掘贯穿整部电影的墨西哥元素，不仅让孩子们喜欢上了具有典型墨西哥人特点的小男孩米格，连墨西哥国狗无毛犬都深受喜爱。可以说，一部充满文化特色的影片，就是一种民族文化的揭秘。

经过五年的研究、践行，育英电影课程内容已形成如下序列：

育英小学电影课程内容：

小学一年级电影课内容

电影名称	学科	主题
《除夕的故事》	美术	了解年文化，培养对传统文化的兴趣。
《了不起的狐狸爸爸》	美术	团结一致才能办好事。
《雪孩子》	音乐	正确处理伙伴关系，学会为他人和集体着想。
《九色鹿》	音乐	做人要守信用。
《101斑点狗》	道法	团结一心，互相帮助战胜困难。
《你看起来很好吃》	道法	学会独立，离开是一种真正的成长。
《牧笛》	多维赏析	通过自身不断努力，才能回归本心。
《三个和尚》	多维赏析	人心齐，泰山移。

小学二年级电影课内容

电影名称	学科	主题
《疯狂动物城》	美术	保护身边的每一个小动物。
《韦斯安德森镜头赏析》	美术	用不同的角度发现身边的美。
《快乐的大脚》	音乐	在得不到同伴理解时，仍能快乐做自己。
《宝莲灯》	音乐	面对困难不能低头。
《木偶奇遇记》	道法	学会做一个诚实的孩子，学会在犯错中成长。
《天书奇谭》	道法	学会明辨是非，要有正确的价值观。
《大闹天宫》	多维赏析	无法无天的童年时代，也需要一颗朝圣的心。
《哪吒之魔童降世》	多维赏析	不要在意他人偏见，坚持正义才能赢得尊重。

小学三年级电影课内容

电影名称	学科	主题
《格列佛游记》	美术	内心的强大与否无关外表。
《爱丽丝梦游仙境》	美术	正义最终战胜邪恶。
《菊次郎的夏天》	音乐	一个男孩成长为一个男人的故事。
《花木兰》	音乐	女子当自强,遇到困难要勇于面对。
《南国野兽》	道法	爱与友谊是治愈一切的良药。
《驯龙高手》	道法	天生我材必有用,最差的你也可以成为英雄。
《海底总动员》	多维赏析	为了成长,勇敢出发。
《大圣归来》	多维赏析	只要拥有一颗勇敢的心,就一定能找回自我。

小学四年级电影课内容

电影名称	学科	主题
《疯狂原始人》	美术	勇敢走出去,勇于接受生活的挑战。
《美女与野兽》	美术	不要以貌取人,要关注人的内心。
《狮子王》	音乐	遇到苦难永不退缩,就是真正的"霸气"。
《小飞侠彼得潘》	音乐	成长就是要学会告别永无岛。
《天堂的孩子》	道法	挫折和苦难是成长中必不可少的养分。
《南极大冒险》	道法	人要勇于承担自己的责任和使命。
《千与千寻》	多维赏析	劳动和勤奋是改变自身状态的最后方式。
《天空之城》	多维赏析	纯净的品质才配得上美好。

小学五年级电影课内容

电影名称	学科	主题
《小门神》	美术	传统文化的传承。
《桃花源记》	美术	对美好生活的向往。
《音乐之声》	音乐	满怀朝气,笑对人生。
《龙猫》	音乐	做一个善良纯真的孩子。
《小王子》	道法	梦想和友谊的力量。
《夏洛特的网》	道法	在奉献中实现生命的意义。
《寻梦环游记》	多维赏析	真正的爱与亲情不会消失。
《冰雪奇缘》	多维赏析	重新认识自己,学会爱和接纳自己。

小学六年级电影课内容

电影名称	学科	主题
《人工智能》	美术	理解人类的发展，认识爱的力量。
《影》	美术	努力寻回自由。
《里约大冒险》	音乐	爱可以创造奇迹。
《海洋奇缘》	音乐	勇敢地追逐自己的梦想。
《魔戒》	道法	责任、使命带来的神奇魔力。
《伴我同行》	道法	真正的朋友，会使你变成更好的人。
《城南旧事》	多维赏析	童年往事中的爱与感动。

注：学科里的美术、音乐、道法是指由音乐、美术及道德与法治教师进行教学。

（2）电影活动课

①电影午餐

每周星期三中午，育英的校园广播播放"电影午餐"，内容为电影小知识、精彩影片介绍、优秀影评稿等，让孩子们从听觉中收获电影的乐趣，如今电影午餐已经成了校园文化生活的重要内容，是学生翘首企盼的轻松一刻。

②电影节

育英校园电影文化节系列活动，由学校确定各年级观影影片，各班组织集体观看。随后进行系列拓展活动——电影观后感比赛、电影音乐会、电影海报设计比赛、电影黑板报设计比赛、电影趣配音等。活动激发了学生对电影课程的兴趣，促进学生全面发展。

电影观后感比赛：即观看影片后的电影评论大赛活动，目的在于提高学生的影视鉴赏能力，培养学生形成良好的审美情趣和人文素养，使学生树立坚定的理想信念和正确的世界观、人生观、价值观，营造浓厚的校园人文氛围和艺术气息，构建和谐校园。

电影歌曲大赛：提高学生对电影音乐的鉴赏力，感受电影文化所带来的人文气息，营造清新文明的校园文化氛围。

电影海报设计比赛：电影海报是由图形、色彩、构图、形象等元素组成，直观地表现不同社会阶段中政治思想、科技发展、文化内涵、民族精神等信息，成为宣传时代精神观念及思想交流的重要手段。小学生进行电影海报的设计比一般意义上的绘画更有意义。通过电影海报设计，育英的孩子们进一步了解到影片的民族精神、文化内涵、艺术特点及科技发展等诸多方面的时代特征。

电影黑板报设计比赛：电影黑板报比赛活动丰富了学生课余生活，营造了和谐向上、健康文明的校园文化氛围和艺术教育环境；为学生提供展示艺术才华的舞台，培养学生健康的审美情趣、良好的艺术修养，不断提升学生的综合素质；促进学校艺术教育活动的普及和提高，推动学生德智体美的全面发展。

电影趣配音比赛：通过电影趣配音比赛活动，学生感受到了经典影片的魅力和配音的乐趣，拓宽了知识面，加深了对当代文化的理解，提高了科学、文化、艺术水平。

③假期电影大餐

在寒暑假及"五一""十一"小长假期间，学校将优秀的影视片目推荐给学生，鼓励学生在假期观看3~5部优秀影片，并鼓励低年级学生创作海报，中年级学生创作电影绘本，高年级学生撰写观后感等。

同时，在寒、暑假期间，学校发出倡议，倡导学生与家长一起开展微电影的制作活动。用微电影的形式来表现校园生活、家庭生活及社会热点。如在2019年，我们就开展了《镜中春节》微电影制作比赛，用镜头去捕捉阖家团圆的美好瞬间，展示各地的风土人情、传统习俗。积极引导学生主动参加社会实践，践行社会主义核心价值观，传递正能量，展现新时代学生的责任和担当。

从进校到毕业，每个育英的孩子观赏影片达到五十部。他们认识到电影是一门综合艺术，掌握了从美术、音乐、主题、综合等多个角度去赏析电影的方法，能够全面、深刻地赏析一部电影，在此基础上的电影活动课，更是促进了每一个孩子审美实践与审美创新能力的发展！

（二）心育塑形命运——以绘本作启蒙

一个好的教师，是一个懂得心理学和教育学的人。教育者应当了解正在成长的孩子的心灵，并以爱心引导，晓之以理动之以情。这样来看，心理健康教育工作是育英教育的半边天，在课程设置中应该占据核心地位。

与此同时，新时代我国教育改革发展的新方向新要求《健康中国行动（2019—2030年）》也提出，心理健康是健康的重要组成部分，开展心理健康促进行动势在必行。据此育英开启了系列心育课程。

1. 让呵护成为学生向阳的一路明灯

我们深知孩子的心理健康成长受学校教育、家庭教育和社会教育的共同影响。教育要取得最大合力，就要从封闭走向开放，与家庭和社会协同。为此，学校"家校社"协同育人体系，有"温度"，向"高度"。

这样爱你刚刚好。2019年，育英在全体家长中征集"最让自己困惑的家庭教育问题"，汇总形成三十个话题，并邀请心理健康专家团队对话题再次进行深入讨论，提炼出七个核心话题：

（1）做孩子榜样，成为孩子重要他人；

（2）温柔而坚持，做一个柔韧的妈妈；

（3）父爱如山，培养孩子勇敢、担当、坚毅的品格；

（4）和谐夫妻关系，建立正能量原生家庭；

（5）肯定、赞美、认同，培养孩子的自信心；

（6）盲目教不如学会教；

（7）如何处理手机对孩子的影响。

针对以上七个话题，学校精心策划了7期现场访谈节目《这样爱你刚刚好》，邀请教育专家现场为家长答疑解惑，指点迷津，教会他们智慧地和学生沟通，引领孩子心理健康发展。具体内容可以通过下图二维码扫码了解。

这样爱你刚刚好　第1期

这样爱你刚刚好　第2期

这样爱你刚刚好　第 3 期

这样爱你刚刚好　第 4 期

这样爱你刚刚好　第 5 期

这样爱你刚刚好　第 6 期

这样爱你刚刚好　第 7 期

这样爱你对不对。不论在哪个时期，学校总会有这样一些特殊孩子存在，他们会在言行上表现出一些不寻常。造成心理失衡、亲情失落、学业失调的原因是多方面的，但大多数都能够归因于心理层面。为引导他们正确认识自己、及时调整自己、不断发展自己，增强克服和预防心理问题的能力，2020 年，学校开展了"这样爱你对不对"心理关爱活动，邀请以当地刘忠义教授为首席的五位心理教育专家：湖南省心理咨询师职业资格认证培训中心特聘教授刘忠义、常德市亲子教育促进会会长杨红英、湖南文理学院心理教师郭军老师、常德市亲子促进会顾问袁国、共青团湖南省委青少年心理专家姚振东，指导学校"研读"儿童心理，对亟须心理辅导的孩子进行帮扶。

五位专家带领五支"研读"小分队（心理教育专家+本校心理辅导老师+班主任+受关爱学生）进行帮扶。班主任负责日常跟踪、情况反馈，专家、专职心理教师采取每周一访、跟踪辅导的形式，了解学生近期的学习、生活、情绪、交友、身体等方面的情况，陪学生不断调试，共同找到通向幸福的教育密码。

家庭教育沙龙。2021 年，学校继续贯彻"享受陪伴，共同成长"的理念，开启家庭教育沙龙。亲子教育促进会、市、区妇联成为学校坚强后盾，每两周确定一个教育主题，家长们根据自身孩子情况选择性地参加活动，提高育人能力。获评"全国第三批家校共育数字化实验学校示范校"后，学校借力数字化平台功能，组织家长每月开展一个主题的网上学习，让信息技术促进家校共育全面发展。

好习惯成长手册。此外，学校还结合当前"双减"教育方针，分年段编制《好习惯手册》，引导学生学习方向转变，心灵健康向上：

（1）劳育——每天流流汗，劳动最光荣；

（2）美育——每天享受美，气质自不凡；

（3）体育——每天运动足，一天精神好；

（4）智育——每天读读书，智慧有源泉。

每天四个维度的成长，四个维度的记录，希望孩子的素养萌芽、心灵美化，最终成长为一个真正的新时代儿童！

2. 让团建成为学生和美的一股红绳

怎样引领学生学会从个体走向集体，懂得和谐共处，齐心聚力呢？我们想到了团建活动，并决定定期开展心理团辅活动，以游戏的方式打造最棒的团队，让每一个孩子意识到自己对于集体的重要性，提升凝聚力、向心力。

迄今为止，育英进行了诸多主题的心理团辅活动。

如："与爱同行""茫茫人海""生存法则""能量传输""走出围城""我相信你们""不抛弃不放弃"等，不同的主题活动有不同的心理团辅目的。

如："与爱同行"目的在于使团体成员彼此信任、共渡难关——班上的孩子7人一组：2个"无手人"、2个"无脚人"、2个"盲人"、1个"哑巴"，7人需团结协作以最短的时间完成货物运输任务。

如："茫茫人海"目的在于通过游戏让学生寻找志同道合的朋友——在背景音乐的欢快气氛下，每人选取一张纸片，寻找能与自己图形契合的"有缘人"，找到后一起完成拼图，共同探寻图形的意义。

再如："生存法则"目的在于培养学生敬畏规则、珍爱生命——全班同学分为20个小组，组内阅读活动卡上的故事情境，组员思考、发言，组长记录险情下每个成员的逃生理由、方法和心情，活动让大家意识到生存虽然是个比较残忍的话题，但是如果每一个人都有责任意识，就不会致自己和他人于险境。

育英的心理团辅活动强调体验式、互动式学习，感悟式成长。在一系列的心理互动过程中，学生学习探讨自我、尝试改变心理，学会新的行为方式，改善人际关系，解决生活中的问题。它弥补了个别辅导的不足，以有限的时间为更多的孩子提供心理教育，令其踏上积极、快乐的成长之路。

3. 让哲学成为学生健心的一门课程

阿德勒说："幸运的人用童年治愈一生，不幸的人用一生治愈童年。"为让育英的孩子都能成为幸运的人，用童年受到的心理教育影响一生、发展一生，学校决定以绘本为载体，开设全员哲学课程，助力孩子的心智发展。

（1）为什么选定哲学绘本？思考如下：

①儿童哲学课程是一门将儿童的求知欲和世界的本源连接起来的课程，目的在于在儿童的感性和人类的理性之间引入知性，以哲学的逻辑和辩证的思维来看待身边的事情，拓展儿童思维的广度和深度。

②绘本是合适的儿童哲学课程的刺激物。美国蒙特荷约克大学哲学教授托马斯·瓦顿伯格用绘本进行儿童哲学教学的方式在欧美国家非常普遍。浙江大学外国哲学研究所博士生、中国儿童哲学研究中心课程部负责人杨妍璐认为，绘本独具叙事性、语言性和哲学性，用绘本作为哲学文本来设计和实施儿童哲学课是可行的。她还强调"用绘本进行儿童哲学教学比一般的绘本教学任务更为艰巨，但若我们能够理解作为哲学文本的绘本，并在实践中能够体会到它在儿童哲学课的设计和实施中的独特之处，我们就能够学会用绘本与孩子做哲学"。

（2）选择什么样的绘本？出发点如下：

①虽然未标有"儿童哲学绘本"字样，但却凭借自身哲学意蕴而激发

了儿童思考欲望的绘本。如《失落的一角》《当世界年纪还小的时候》《动物绝对不应该穿衣服》《100万只猫》。

②故事性强、标有"儿童哲学""思考"等字样的绘本系列。由于童书出版策划、营销的需要,有的出版社将几本关涉不同哲学主题的绘本合并到一个系列中,便于读者更有针对性地购买涉及哲学内容的儿童绘本,例如"海豚绘本花园"策划的"儿童哲学启蒙系列"。

③以法国作家奥斯卡·伯瑞尼弗作品为代表的一些绘本。它们富有哲学意义,带有插图却不具有较强的故事性,尽管这类绘本在叙事性上没有前两类那么强,但是就哲学探究的深度和广度来说却是大于前两类的。

在上述理论基础上,课程研发团队针对全体学生展开了全面调研。每位同学把长期以来思考却得不到答案的一个问题记录下来。研发团队统计出各年级排名前十的问题,整合调查结果,作为甄选绘本的一大依据,最后细致阅读三类绘本,从中找出思想契合的文本,形成哲学绘本清单。

育英小学哲学课程系列读本

板块	学段	主题	推荐绘本
自我	一年级上期	认识自我	《我从哪里来》
			《自己的颜色》
	一年级下期	接纳自我	《我喜欢自己》
			《糟糕,身上长条纹了》
	二年级上期	完善自我	《生气的亚瑟》
			《小野猪亨吉》
	二年级下期	评价自我	《勇敢做自己》
			《独一无二的你》
自然	三年级上期	关于植物	《安的种子》
			《一片叶子落下来》
	三年级下期	关于动物	《犟龟》
			《不听劝告的鹰》
	四年级上期	关于宇宙	《逃啊,去火星》
			《弗朗索瓦与消失的时间》
	四年级下期	关于环境	《火的故事:希望》
			《春神跳舞的森林》

（续表）

板块	学段	主题	推荐绘本
社会	五年级上期	关于亲情	《爷爷变成了幽灵》 《麦先生的旅行》
	五年级下期	关于友情	《我有友情要出租》 《躲猫猫大王》
	六年级上期	关于梦想	《大脚丫学芭蕾》 《梦想家威利》
	六年级下期	关于生命	《活了100万次的猫》 《艾莉丝的树》

备注：教学进程中可根据学情对主题、年段、读本作适时调整。

曹文轩说："好的图画书是离哲学最近的。"育英相信课程实施过程中的哲学绘本是能真正激发儿童思考的绘本，因为它最具故事性和思辨性！

（3）怎样读懂绘本？研读形式如下：

育英的绘本研读是专业的读书沙龙，是一种严谨、深度的研读方式。在教师自悟和共研之间架起一座有效的桥梁，帮助教师通过专业的阅读行为去理解、去实践、去改革。

育英采取的是每月一书——24本选定书籍，24个月的读、教历程的研读活动形式。

A. 第一周——沉浸式阅读，厘清理论框架

每月的第一周是课程研发团队的老师们的个人沉浸式阅读时间。老师边读边悟，要求对绘本中的内容有自己的阅读理解，有自己的教学思路，并能用文字概述框架。这就要求老师有较强的逻辑思维能力，提取观点精华的能力，清楚的概述表达能力。

B. 第二周——互动式精读，追求深度研讨

课程研发团队每两周展开一次绘本研读，共读沙龙上要求每个人讲述自己上周的阅读思考。然后从爱、趣、得、用四个层面逐步达成共识、设计教学框架，让哲学绘本真正成为学生健心的阵地。

以下为课程研发团队中部分教师的自读、共读思考：

彭子芳

初读绘本《犟龟》，我对于小乌龟的犟并不是特别认同。特别是当得知狮王去世后，它还要固执地往前，我实在无法理解。虽然文中的小乌龟最终参加了狮王二十九世的婚礼，但另一种假设在我脑海里冒出来：如果到达终点时什么都没有呢，它的犟还有意义吗？

与大家共读研讨后，我有了新的认识：书中的小乌龟是一个有热情的追梦者，更是一个特别尊重自己决定的勇敢者。犟龟的故事讲的是全程的坚持，可是它不仅仅讲了坚持到底就是胜利，路边的风景也会丰富你的人生，在抵达终点前，你也会有各种各样的遇见，这本身也是一种美好的成长历程。

杨槟旭

当我拿到《安的种子》一书时，极具禅意的封面立马吸引了我，暖暖的色彩赶走了尘世的喧嚣，馈赠我一个宁静、祥和的心境。三个小和尚面对种子的态度、做法及最终结果让我有些唏嘘，感叹同样的莲花种子，因为人心的不同，就决定了成败的结局吗？然而经过课题小组的研讨，我发现自己对这本书的认知浅了。绘本想传递给我们的并不仅是简单的失败和成功，而是想留给我们一个思索的空间。怀揣希望时，该如何选择，如何调整心态，如何向阳而生？

黄可可

研讨前，我认为《逃家小兔》是一个简单的、有爱的小故事，因为它让孩子们感受到深刻的母爱。正如一篇书评所评价的那样：《逃家小兔》总是能让年幼的小读者感到一种安详宁静的愉快。因为几乎每个幼小的孩子都曾经在游戏中幻想过像小兔子一样离开家，用这样的方式来考验妈妈对自己的爱，而这个小兔子的经历就像他们自己的游戏一样，给他们带来了一种妙不可言的安全感。

研讨后我反而觉得，故事里的这场追逐游戏就发生在我们身边：不仅出现在我们的童年时期，还会出现在我们少年时期、青年时期，甚至是老年时期。无论何时，无论何地，这样的游戏总会伴随我们一生。所有母亲总是脚步轻轻地在你身后，你上了高山，她也正在跋涉；你下了大海，她就是上空温柔的月。月伴终生，希望孩子们的心能感知到！

刘施兰

《爷爷变成了幽灵》是一本关于生命教育的绘本。书中蕴含了对死亡的思考,并教我们面对死亡应该有的态度。然而,如何让孩子接受亲人的死亡,仍然让我感到十分棘手。电影《寻梦环游记》中说:"真正的死亡是世界上再没有一个人记得你。"但是,我们如何记得一个人,我们如何被一个人记得呢?课堂上,我该怎么和孩子们展开对话?

后来的集体研读,大家以"告别"为关键词探讨:生者如何向逝者告别,逝者如何向世界告别。

与逝者告别,生者要采用积极的告别方式,如对生前共同生活的怀念,避免过度悲伤。逝者如何向世界告别呢?在生时要给人帮助和关注,努力实现自身价值。

伍琳

读着读着,说着说着,大家又翻开了《獾的礼物》和《活了100万次的猫》。在这些关于生命教育的绘本中,我们发现,生命的意义其实很朴素,如果你幸福了,你就享受了生命的意义,如果你让别人幸福了,你就创造了生命的意义。

经过集体研读,我的授课方向越来越清晰。

初读时,我认为《艾莉丝的树》是一个温情有爱的故事。绘本用平实沉静的文字和极具情感渲染力的水彩画,带我走进故事。大树虽然因为人为因素病了,但是各种各样的人对大树表现出的关爱,着实令人感动。共读研讨后,我才发现《艾莉丝的树》蕴含着深刻的生命观。它是生命与自然的思考,是生命与希望的展现。面对老橡树由枝叶茂盛到枯萎凋零的过程,主人公的不舍与悲伤,让我们对自己和不同物种的生命价值有新的思考和认知。主人公面对古老橡树死亡时的情绪和情感,以及她如何从悲伤中看到希望。这些阅读价值让我在阅读中思考,除了快乐、温情,纷繁复杂的人世也有悲伤、无助、别离。我们应该让孩子们看到社会的多元,以及生命的多面。

李梦

我们常说,弹钢琴需要修长的手指,跳芭蕾的关键在于柔韧的脚尖,可是一个大脚女孩,她能跳芭蕾吗?研讨前,我带着疑惑走进这个充满生趣和幽默的故事——《大脚丫学芭蕾》，我看到了大脚丫贝琳达的追梦过程。

与大家共读研讨后，我深刻地认识到绘本通过大脚丫女孩的故事，展现了孩子成长过程中因为自身与众不同而产生的敏感、困惑等情绪。书中画面鲜明的对比和浪漫而梦幻的色彩映射出孩子对于美好梦想的向往以及对外界打压的委屈难过。我们的孩子在成长过程中会遇到很多的烦恼，或许是因为比同龄人长得高了一些矮了一些，或许是因为外貌的不同，这让孩子们会感到自卑，而外界贴标签的行为更会让孩子感到沮丧不安。

所以，我们应该教会每个孩子，自己生来就如此特别。无论是大脚丫，还是大眼睛，大鼻子，他们都是自己的一部分，应该接受自己与众不同的地方。而作为老师也不能给孩子贴标签，每个人都有无限的可能性，要打破偏见，告诉孩子：做你自己就很美。

从中可见教师的阅读都真正成了一次思考的过程。更为可贵的是大家通过在"互动式精读"活动中的共阅、共悦、共跃，实现了思维的碰撞，得到了全新的视角，获得了智慧的心育策略。

C. 第三周——任务式设计，务求细化落实

第三周，课程研发团队选定一位老师为执教者，针对大家共研出的教学思路潜心进行教学设计，其余成员进行网上研讨与指导，帮助其进一步丰富和完善教学设计的内涵与外延。

D. 第四周——案例式研读，调整教育行为

第四周是一课多上、调试设计的环节。执教者将研读出的知识和技能有效地渗透在教学实践中，使之转换成自己必备的专业能力。除执教老师外，研发团队其余成员为任务观察者，从绘本的选择和使用、学生心理发展情况、综合能力的提升等项目中选择一个作为观察视角，对学习中的孩子进行观察解读，在科学解读的基础上再思考如何提供进一步的支持策略。大家在一课多上的实践中不断调整教育行为，实现了对阅读内容的再理解，真正使"阅读+实践"成为教师的一种思维方式、一种专业习惯。

一月一书，育英这一特殊的绘本研读、心育树人的进程，扩大了教师专业阅读的宽度和深度，丰富了教师专业阅读的路径和方法，提升了教师教育研究的能力，加速了教师的专业成长。

2022 年，育英申报省级课题《以哲学绘本为载体的小学生心智教育对话模式研究》务求引领老师在过程中积累研究问题的实践经验，在结果中体验解决问题的成功价值，为哲学课程发展，教师专业发展铺就快车道。

儿童心智教育的哲学课程现状是——目前有极少部分教改前沿学校正尝试进行，并开发出了儿童哲学校本教材，对不同区域的儿童哲学校本化研究产生了一定的借鉴作用，其中绘本阅读是一个重要资源板块，但由于实践上的尝试还处于初级阶段，深度的反思与总结仍比较缺乏。如存在偏好辩论、未能充分运用探究团体这种核心方法；团体探究中存在注重言说的文化，对不太爱说话的儿童构成了某种压迫；以儿童哲学之名实施知识或价值观灌输之实等比较显著的问题。

在未来的研究过程中，育英拟从以下两个目标出发，实现教育创新：

①探究系列的话题群，助力儿童心智全面提升。

深入研究儿童心智现状和发展需求，从绘本资源中找到优质的话题故事，引导学生对自我、他人、世界三大维度的认知与思考，帮助他们在思考和交流中认识和解释问题，发展逻辑思维，提高心智水平，培养独立的探究精神。

②探究"群体探究"对话模式，在自主与同行中寻找答案。

变传统的"单向传递"心智教育课堂为"群体探究"对话模式，引导学生互相倾听，尊重不同的想法，在思考和对话中育心启智。

对育英课程研发团队来说，这是一次关于心育革新的战役。我们的战略目标是：通过教研，构建出适合不同学段心智教育开展的哲学绘本体系；通过心智教育对话教学实践研究，形成心智教育对话模式；通过课题的研究，建设成一支能够通过哲学绘本实施心智教育对话教学的教师团队。期望未来三年的不懈探索，大家按照统一的战略计划，在一定的方向上和一定的时间内进行好一系列创改，为百年育英的教育格局带来清新的活力和深刻的变化。

（三）开启财富密码——以财商作核心

财经素养作为人们在现代生活中必备的一种核心素养，是素质教育的重要内容。财经素养教育符合立德树人的育人目标，符合学生素质全面发展的要求，对于个人发展、家庭幸福、社会稳定和国家安全都有着重要意义。

相关研究表明，青少年金钱观的形成期是6～12岁，可见小学阶段正是财商培养的黄金期。目前依托某一学科培养财商的研究不是很多，各科教师在课堂教学中渗透财商教育的更是少之又少。根据学科教育的内容和形式，在小学道德与法治学科、数学学科融入财商教育相对来说比较直接、方便一点。其中数学学科更应发挥自身的学科优势，在众多学科中率先承担起财商教育的重任。在日常的数学课堂教学中，结合数学教学内容渗透理财知识、消费观、价值观等教育，从而促使学生掌握基础性的财商知识，形成初步的理财能力和良好的理财习惯。

但是目前来看，在小学数学学科教学中，大多数教师至多结合人民币教学渗透节约用钱的教育，偶尔也根据优化策略、合理安排等教学内容渗透一下消费合理性教育。折扣、税率、利息等内容的学习虽然是很好的财商教育的内容，但大多数教师的财商意识和财商教育意识缺乏，仅仅是从数学的角度来传授知识，较少能拓展到财商知识、财商意识、财商能力的角度上来。更谈不上有计划、有目的、系统地在小学阶段对小学生实施财商培养。

为了抓住儿童财商培养的黄金期，为了更系统、更科学地培养儿童财商，为了更好地利用小学数学这一优质的财商培养资源，培养儿童的财富思维和理财能力，帮助儿童从小树立正确的金钱观、价值观，育英小学结合小学数学课堂教学开展了一系列财商教育实践。

1. 建立目标体系，财商教育有章可循

2016年11月18日，由中国教育科学研究院主办的"中国青少年财经素养教育标准研讨会暨中国财经素养教育协同创新中心成立大会"在京举行，首次公布了中心项目的阶段性成果《中国青少年财经素养教育标准框架》（讨论稿），这是我国第一份青少年财经素养教育标准。2018年1月由中国财经素养教育协同创新中心组织研制的国内首份《中国财经素养教育标准框架》全面呈现了幼儿园、小学、初中、高中、大学各学段的《中国财经素养教育标准框架》内容及其研制思想和研制过程，并对所涉及的知识点进行了详细、专业的解释。根据这两份财经素养教育标准研究成果，育英财商教育课题组结合地区特点和学校基础，制定出了《育英小学财商教育目标体系》，具体内容如下：

育英小学财商教育目标体系

年级	一年级	二年级
主体目标	货币与消费	劳动与消费
具体目标	1. 初步了解货币的产生及演变史	1. 初步了解钱从哪里来
	2. 认识人民币、了解其他国家货币	2. 学会独立购物
	3. 初步了解钱币的功能	3. 养成攒钱的好习惯
	4. 初步认识银行	4. 学会记简单的流水账
	5. 学会购买简单商品	5. 了解商家的满减等优惠活动
年级	三年级	四年级
主体目标	规划与消费	预算与开支
具体目标	1. 分清想要与需要	1. 了解家庭日常消费
	2. 初步了解几种常见的支付方式	2. 初步探索了解价格的秘密
	3. 养成节俭的消费习惯	3. 认识广告
	4. 养成记账的习惯	4. 学习一些科学的省钱方法
	5. 为某一目标制定简单的储蓄计划	5. 尝试参与集体活动的预算与消费
年级	五年级	六年级
主体目标	理财与投资	银行与市场
具体目标	1. 尝试参与家庭日常经济预算与管理	1. 了解税收、利率、利息、汇率等
	2. 了解打折、团购、抽奖等，能合理消费	2. 了解促销的本质
	3. 了解生活中的分段计费现象，能准确计算价格	3. 体验买和卖
	4. 初步了解常见的投资形式并尝试投资	4. 初步认识股票

2. 梳理教材内容，财商教育有米可炊

学校通过数学学科课程渗透财商教育，分析小学数学各册教材中适合渗透财商教育的内容，有计划地进行教学，主要针对财商意识、财商知识、财商能力等几个方面的内容进行。教师在数学教学上结合学生的生活实际，对教材的内容进行恰当的处理，使学生在学习数学知识的同时，财商素养得到培养和发展，并具备一定的财商知识和能力。下面是小学数学教材中与财商教育相关的教学内容。

◆人教版一年级上册

财商知识（一）：人民币的认识

财商目标：

1. 通过展示不同版本的人民币，感知数字在人民币中的运用。

2. 知道购买物品时要用到人民币，且人民币的数量要与物品等价。

教材相关内容：

1. P14、P15："1~5 的认识"（第一单元）

2. P59："10 的认识"（第五单元）

3. P73、P74：例1、例2"11~20 的认识"（第六单元）

财商知识（二）：购物、人民币在购物中的运用

财商目标：

1. 对购物活动有一定的了解。

2. 能运用已经学习的数学知识解决购物中的问题。

教材相关内容：

1. P46、P47："求总数和求部分的问题"（第五单元）

2. P78：例4、例5"十几加几及相应的减法"（第六单元）

3. 补充一些在购物过程中经常出现的求总数和求部分的问题练习题。

财商知识（三）：购物、人民币在购物中的运用

财商目标：

学会解决在购物过程中求总钱数和求还剩多少钱的问题。

教材相关内容：

P65："连加连减"（第五单元）

教学建议：

将"连加、连减"这一内容的教学情境改为购物消费。连加的情境为购买两件物品需要多少钱，连减的情境为应找多少钱。

◆人教版一年级下册

财商知识（一）：购物的初步认识

1. 购物时可以讨价还价

2. 钱是私人物品，保管零花钱

财商目标：

1. 合理利用主题图中公园买气球这一情境，让学生了解到购物时讨价还价和货比三家等生活经验。

2. 渗透购物时保管好自己零花钱的理念。

教材相关内容：

P10：例1"十几减九"（第二单元）

教学建议：

教师可适当增加一些背景内容，有意识地渗透购物时保管好自己零花钱的理念。

财商知识（二）：劳动才能有收获、劳动创造财富

财商目标：

让学生知道劳动可以得到收获，让学生认识到金钱获得的正确途径是通过劳动。

教材相关内容：

P12："练习二第9题"（第二单元）

教学建议：

在学生解决数学问题后，有意识地引导学生像图中的小兔子和老奶奶那样通过自己劳动得到收获。

财商知识（三）：商品价格的比较

财商目标：

1. 掌握求一件商品比另一件商品贵或便宜多少钱的方法。

2. 学习求比较商品价格的基本方法，培养价格比较的意识。

教材相关内容：

P21：例6"求一个数比另一个数多几或少几"（第二单元）

教学建议：

设计几道比较商品价格的练习题。

财商知识（四）：人民币的认识

财商目标：

进一步熟悉人民币。

教材相关内容：

P28：例2"按不同的标准分类与整理"（第三单元）

教学建议：

设计将人民币按不同标准分类的练习。

财商知识（五）：整理零花钱的基本方法

财商目标：

1. 了解整理人民币的一般方法。

2. 了解到整理零花钱的重要性。

教材相关内容：

P46：例7"解决问题"（第四单元）

教学建议：

通过主题图中10个穿一串的问题把练习延伸到我们生活中，让学生了解，在整理人民币时我们习惯把相同面值的放在一起，而且会把十张放成一摞。

财商知识（六）：合理消费

财商目标：

通过解决问题，让学生了解：人数可以作为购物数量的依据，一一对应，做到不浪费，但有些场合也需要灵活处理，要稍微多准备一些，渗透合理消费的教育。

教材相关内容：

P49：练习十一第2题（第四单元）

财商知识（七）：人民币的初步认识

财商目标：

1. 认识各种面值的人民币，认识人民币的单位以及单位之间的进率。

2. 会进行人民币之间的简单交换和简单计算。

3. 会进行简单的购物。

4. 渗透爱护人民币的观念。

5. 渗透节约、存储零花钱的意识。

教材相关内容：

P52~P60：第五单元《认识人民币》

财商知识（八）：丰富购物经验

财商目标：

解决购物中的数学问题，巩固购物中最基本的人民币相关计算，丰富购物经验。

教材相关内容：

1. P63：练习十四第 5 题（第六单元）

2. P73：练习十六第 13 题（第六单元）

3. P80：练习十八第 7 题（第六单元）

4. P96：练习二十一第 9、10 题（第八单元）

◆人教版二年级上册

财商知识（一）：丰富购物经验

财商目标：

巩固解决购物中的问题方法，丰富购物经验。

教材相关内容：

1. P16：练习二第 11 题（第二单元）

2. P30：练习五第 9 题（第二单元）

3. P87：练习二十二第 3、4、5 题（第六单元）

4. P104：练习二十五第 5 题（第九单元）

财商知识（二）：购物中的优惠形式、理性消费

财商目标：

1. 购物前了解商家的购物优惠形式，能根据实际情况灵活采用不同的购物方式。

2. 合理购物，理性消费。

教材相关内容：

1. P26：练习四第 7 题（第二单元）

2. P37：练习七第 9 题（第二单元）

财商知识（三）：销售中的学问

财商目标：

能根据销售情况分析原因，模拟当老板，设计进货清单。

教材相关内容：

P31：练习五第 13 题（第二单元）

财商知识（四）：购物中"单价×数量＝总价"

财商目标：

学会并熟练运用"单价×数量＝总价"，解决购物中的实际问题。

教材相关内容：

1. P78：例 3 "用乘法的意义解决问题"（第六单元）

2. P79：练习十九第 1、3、4 题（第六单元）

财商知识（五）：合理购物

财商目标：

根据实际情况灵活采用不同的方式去购买门票，会合理购物。

教材相关内容：

P79：练习十九第 5 题（第六单元）

教学建议：

可增加购买团体票的练习。

财商知识（六）：定价、销售、购买

财商目标：

学习给商品合理定价、设计促销形式、合理购物等。

教材相关内容：

P86："整理和复习"（第六单元）

教学建议：

在整理复习练习中，利用第四单元主题图中右下角的"快乐便利店"设计开店和购物的情境。

◆人教版二年级下册

财商知识（一）：合理消费

财商目标：单价、数量、总价的概念和三者之间的联系

学会并巩固用"总价÷单价＝数量""总价÷数量＝单价"解决购物中的实际问题。

提高学生理财意识，能合理安排及使用金钱，学会合理消费。

教材相关内容

1. P42：例题 3 "解决问题"（第四单元）

2. P43：练习九第 2、4 题（第四单元）

3. P46：练习十第 3 题（第四单元）

财商知识（二）：合理安排和消费

财商目标：选择最佳（购物）方案

通过分析和比较，选择最佳（购物）方案，能合理安排及使用金钱，学会节约，学会合理消费和理财，节约开支。

教材相关内容：

1. P44：练习九第 6 题（第四单元）

2. P55、P56：练习十二第 1、7 题（第五单元）

3. P71：练习十五第 10 题（第六单元）

4. P119：练习二十二第 16 题（第十单元）

财商知识（三）：估价和估算

财商目标：

培养学生对商品初步的估价意识，能通过估算对购买商品进行价格计算，正确选择各方面合适的商品。

教材相关内容：

P96：例 13 "用估算解决问题"（第七单元）

财商知识（四）：价格意识

财商目标：

通过调查了解生活中常用物品的价钱，培养市场调查能力，有初步的价格意识。

能根据已学数学知识解决日常购物中的问题。

教材相关内容：

P119：练习二十二第 17 题（第十单元）

◆人教版三年级上册

财商知识（一）：合理安排 节约资源

财商目标：

通过活动学习合理安排，设计、选择最佳方案，花最少的钱，从而节约资源。

教材相关内容：

1. P33：例9"解决问题"（第三单元）

2. P35：练习七第7题（第三单元）

财商知识（二）：节约用水

财商目标：

调查了解本市的水价、家里一个月的用水量及水费，找到一些节约用水的好方法并和家人一起实施。

教材相关内容：

P34：练习七第5题（第三单元）

财商知识（三）：想要和需要

财商目标：

了解想要和需要，培养理性消费意识和延迟享受意识。

教材相关内容：

P40：练习八第8题（第四单元）

财商知识（四）：了解电器等商品的价格，并培养价格意识与估算意识

财商目标：

1. 通过各种方式初步了解生活中常用电器等商品的价格，有初步的价格意识。

2. 在购物过程中能通过估算解决一些实际问题，有估算意识。

教材相关内容：

1. P43：例4"解决问题"（第四单元）

2. P49：练习十第6题（第四单元）

3. P70：例7"用估算解决问题"（第六单元）

4. P73：练习十五第6题（第六单元）

财商知识（五）：节约资源

财商目标：

通过学习，让学生设计寻找最佳方案，花最少的材料解决同样的问题，从而节约资源。

教材相关内容：

1. P86：例 5 "怎样拼周长最短的解决问题"（第七单元）

2. P87：练习十九第 4 题（第七单元）

◆人教版三年级下册

财商知识（一）：最合算的购物方案

财商目标：

能结合各方面的情况设计选择最合算的购物方案，节省开支。

教材相关内容：

P28：练习五第 12 题（第二单元）

财商知识（二）：理性消费

财商目标：

能根据实际需要、自己的购买能力等理性消费，不一味地贪图便宜，盲目消费。

教材相关内容：

1. P23：例 6 "商中间有 0 的除法"（第二单元）

2. P31：练习六第 3 题（第二单元）

3. P56：练习十二第 13 题（第四单元）

财商知识（三）：商品的生产日期、保质期等

财商目标：

购买商品时学会关注商品的生产日期、保质期等，培养良好的购物习惯。

教材相关内容：

P80：练习十七第 2 题（第六单元）

财商知识（四）：分段计费

财商目标：

1. 通过解决坐公交车付车费的问题，了解生活中另一种计费形式——分段计费。

2. 有意识关注生活中其他的分段计费现象。

教材相关内容：

P99：练习二十一第7题（第七单元）

财商知识（五）：根据预算设计方案

财商目标：

1. 根据预算设计出不同的方案。

2. 通过比较不同方案优劣选择更合适的方案。

教材相关内容：

P106："我们的校园"（数学活动）

财商知识（六）：家庭用电、用水量，电费水费等

财商目标：

关注家庭用电、用水等情况，节约资源，减少浪费。

教材相关内容：

P110：总复习第2题（第九单元）

◆人教版四年级上册

财商知识（一）：GDP及相关知识

财商目标：

1. 初步了解GDP的概念。

2. 初步了解影响经济发展的常见因素等。

教材相关内容：

P20、P21例3、例4"亿以上数的认识"（第一单元）

教学建议：

第一单元"亿以上数的认识"例3、例4之后，加入对"近年湖南省各市州GDP"的了解。

财商知识（二）：计算工具算盘、电子计算器、计算机等

财商目标：

认识计算工具算盘、电子计算器、计算机等，会进行简单的计算操作。

教材相关内容：

P23~P27："计算工具的认识"（第一单元）

财商知识（三）："单价、数量、总价"三个数量之间关系的认识和运用

财商目标：

1. 在不同的购物情境中，熟练运用"单价、数量、总价"三个数量之间的关系解决实际问题，丰富购物经验。

2. 根据实际情况及需要设计、实施不同的购物方案，渗透购物优化的思想。

教材相关内容：

1. P50：练习八第9、10、11题（第四单元）
2. P52：例4"单价、数量、总价的数量关系"（第四单元）
3. P55：练习九第8题（第四单元）
4. P76：例3"两位数除以两位数笔算除法"（第六单元）
5. P91：整理与复习第4题（第六单元）
6. P93：练习十八第9题（第六单元）

财商知识（四）：本市常见快递公司的收费标准

财商目标：

了解本市常见快递公司的收费标准，会计算快递费，并尝试寄快递。

教材相关内容：

P78：练习十四第9题（第六单元）

财商知识（五）：农民播种收获的工作历程；劳动创造财富

财商目标：

了解农民播种收获的工作历程，试着算一算某项农事所付出的劳动力、投入本钱与收获价值等，进一步感受劳动创造财富。

教材相关内容：

P86：练习十六第10题（第六单元）

财商知识（六）：零花钱的管理与合理使用

财商目标：

通过调查和统计班上同学零花钱的使用情况，统计同学们的零花钱大都花在了哪些方面；对同学们零花钱的管理和使用有哪些合理化的建议。

教材相关内容：

P94：例1"条形统计图"（第七单元）

教学建议：

可以调查班上同学零花钱的使用情况，用条形统计图进行统计和分析，对同学们零花钱的使用给出一些合理化的建议。

财商知识（七）：电话费、手机话费

财商目标：

调查了解每个月家里电话费或爸爸妈妈手机话费及其费用构成，能提出节省话费的方案或更加合理化的建议。

教材相关内容：

P113：练习二十一第8题（第九单元）

◆人教版四年级下册

财商知识（一）：合理安排、节省开支

财商目标：

1. 合理安排及使用金钱，学会合理消费，节省开支。

2. 提高学生理财意识，能设计最佳方案。

教材相关内容：

1. P10：例5"解决问题：怎样租船最省钱"（第一单元）

2. P11、P12：练习三第4、5题（第一单元）

财商知识（二）：银行汇款单

财商目标：

1. 了解银行汇款单各项内容的填写，汇款的一般要求和步骤；

2. 了解现在常用的转账汇款方式；

3. 拓展了解现代生活中常见的转账、汇款方式及其利弊。

教材相关内容：

P22：练习六第2题（第三单元）

财商知识（三）：货比三家

财商目标：

购物时有货比三家的意识，能通过分析和比较，综合各方面的情况让选择更优惠、更合理，学会节约。

教材相关内容：

P42：练习十第8题（第四单元）

财商知识（四）：外币的兑换

财商目标：

初步了解汇率的概念及货币兑换的基本知识。

教材相关内容：

P45：例3"小数点移动引起小数大小变化规律"（第四单元）

财商知识（五）：购物小票

财商目标：

读懂购物小票上的各项信息，了解购物小票的作用。

教材相关内容：

P80：练习十九第2题（第六单元）

财商知识（六）：调查、统计和分析房价

财商目标：

调查和了解近四年长沙和常德两地某一区域的房价，并用复式条形统计图进行统计和分析，得出相关分析结论。

教材相关内容：

P95：例3"复式条形统计图"（第八单元）

教学建议：

可将统计数据改为近四年长沙和常德两地某一区域相同面积的房屋总价，再用复式条形统计图进行统计和分析。

◆人教版五年级上册

财商知识（一）：节约能源、节省开支

财商目标：

1. 调查了解节能产品在现代生活中的应用。

2. 培养节能意识，养成勤俭节约的好习惯。

教材相关内容：

P10：练习二第13题（第一单元）

财商知识（二）：分段计费

财商目标：

1. 了解分段计费在生活中的应用。

2. 学会合理消费，节约资源。

教材相关内容：

1. P16：例9"分段计费解决问题"（第一单元）

2. P18：练习四第 7、8、9、10 题（第一单元）

3. P38：练习八思考题（第三单元）

财商知识（三）：货比三家

财商目标：

1. 培养购物时货比三家的意识。

2. 能通过分析和比较，综合各方面的情况让选择更优惠、更合理，学会节约。

教材相关内容：

P37：练习四第 10 题（第三单元）

教学建议：教师要引导学生在比较价格的基础上综合考虑时间、人力成本等。

财商知识（四）：货币兑换的定义、概念、计算方法

财商目标：

1. 通过学习，初步了解货币兑换中汇率的概念，及汇率换算的基本知识。

2. 不同国家货币之间兑换的计算方法。

教材相关内容：

P42：整理与复习第 2 题（第三单元）

财商知识（五）：买彩票、商家抽奖等活动的秘密

财商目标：

1. 分析研究彩票、商家抽奖等活动中奖的可能性大小，揭晓其中的秘密。

2. 学会理性消费，不冲动、盲目消费。

教材相关内容：

P50："掷一掷"（数学活动）

财商知识（六）：认识购物小票

财商目标：

1. 能读懂购物小票上的信息。

2. 了解购物小票的用途。

教材相关内容：

P83：练习十八第 7 题（第五单元）

◆人教版五年级下册
财商知识（一）：对数字的敏感性及算账能力
财商目标：
掌握奇偶数规律，提高对数字的敏感性和计算能力，能够准确作出判断，提升算账能力。

教材相关内容：
P12：练习三第 7 题（第二单元）
财商知识（二）：实用意识、节约意识的培养
财商目标：
除了掌握长方体棱的特征之外，更让学生体会到现实生活中解决问题要考虑实用性，此练习中，明确要求地面的四边不用装饰彩灯，可以节省材料。

教材相关内容：
P21：练习五第 6 题（第三单元）
财商知识（三）：节约意识、能源意识、环保意识
财商目标：
研究不同的包装方法，通过数学的优化策略选择出最节约的包装方法，初步形成节约意识、能源意识、环保意识。

教材相关内容：
P24：例 1、例 2 "长方体正方体的表面积"及"做一做"（第三单元）
财商知识（四）：购物时，如何做预算，确保不浪费或少浪费
财商目标：
通过该练习，学生得到启发，购买油漆的数量是由教室需要粉刷的面积决定的，且教室的面积不是简单的求长方体的几个面有多大，要把实际因素考虑进去，如门窗、地面不必粉刷等。进一步引导学生在购物做预算时，要考虑全面，以免造成浪费。

教材相关内容：

P26：练习六第 11 题（第三单元）

财商知识（五）：节约意识、能源意识、环保意识

财商目标：

调查了解现阶段的汽油价、家里汽车的相关消费、新能源汽车的相关消费等等，初步形成节约意识、能源意识、环保意识。

教材相关内容：

P38：例 5 "容积和容积单位"（第三单元）

财商知识（六）：初步感受打折

财商目标：

通过现价与原价的对比，初步感受商家的打折活动，以及优惠力度的大小。

教材相关内容：

P52：练习十二第 9 题（第四单元）

财商知识（七）：环保意识、垃圾分类习惯、资源循环利用

财商目标：

从该例题中，学生发现可回收利用的纸张和废金属在生活垃圾中的占比高达二十分之十一，超过半数，如果合理地进行垃圾分类则能使它们循环利用，节约资源。

教材相关内容：

P93：例 1 "异分母分数加减法"（第六单元）

财商知识（八）：市场调查和数据分析

财商目标：

利用折线统计图了解市场信息，通过相关数据分析，能给出一些合理化的商业投资建议。

教材相关内容：

P117：总复习第 4 题（第九单元）

◆人教版六年级上册

财商知识（一）：家庭收入与支出

财商目标：

通过了解父母的工资收入及家庭开支情况，知道赚钱不易，开支要有规划，能有计划地消费。

教材相关内容：

P40：练习八第6题（第三单元）

财商知识（二）：商品价格的涨与跌

财商目标：

通过调查分析，了解商品价格涨跌的一般原因，初步感知市场因素。

教材相关内容：

1. P90：例5"用百分数解决问题"（第六单元）

2. P93：练习十九第11、12、13题（第六单元）

3. P94：整理与复习第3题（第六单元）

财商知识（三）：家庭开支

财商目标：

1. 通过扇形统计图各部分数量与总数之间的关系，了解家庭开支的构成及各项所占比例。

2. 能简单地对家庭开支进行分析，对不合理的开支提出调整建议。

教材相关内容：

P100：练习二十一第2题（第七单元）

财商知识（四）：节约用水，节约资源

财商目标：

通过调查、测量、统计等活动，让学生意识到水资源的宝贵与重要性，能节约用水、不浪费资源。

教材相关内容：

P103、P104："节约用水"（数学活动）

◆人教版六年级下册

财商知识（一）：负数

财商目标：

1. 结合正负数的知识引导学生学会记录收支情况。

2. 学会利用这些财商知识制订收支计划。

教材相关内容：

1. P3：例2"负数的认识"（第一单元）

2. P7：练习一第6题（第一单元）

财商知识（二）：折扣、成数

财商目标：

1. 明确折扣的含义，能熟练地把折扣写成百分数。

2. 正确解决有关折扣的实际问题，体会到折扣的好处。

教材相关内容：

1. P8：例1"折扣的认识"（第二单元）

2. P9：例2"成数的认识"（第二单元）

财商知识（三）：税率

财商目标：

通过对纳税的认识，体会依法纳税的光荣及储蓄对国家和社会的作用。

教材相关内容：

1. P10：例3"税率的认识"（第二单元）

财商知识（四）：利率

财商目标：

1. 使学生知道储蓄的意义，明确本金、利息和利率的含义，会进行简单的计算。

2. 对学生进行勤俭节约的财商教育。

教材相关内容：

P11：例4"利率的认识"（第二单元）

财商知识（五）：促销活动、货比三家、理性消费

财商目标：

能通过数学计算了解商家促销活动的本质，做到货比三家，理性消费。

教材相关内容：

1. P12：例5"解决问题"及"做一做"（第二单元）

2. P13、P154：练习二第1至5题、第13、14题（第二单元）

财商知识（六）：购房中的相关知识

财商目标：

初步了解本地房价及购房过程中的相关知识。

教材相关内容：

P14：练习二第 11 题（第二单元）

财商知识（七）：常见的理财产品

财商目标：

了解常见的理财产品，能通过计算、比较各理财产品的优劣，给出相对合理的理财建议。

教材相关内容：

1. P14、P15：练习二第 9、12 题

2. P16："生活中的百分数"（数学活动）

财商知识（八）：绿色出行　节能减排

财商目标：

1. 通过解决实际问题，感受"绿色出行"的重要性。

2. 增强节能减排意识和环保观念。

教材相关内容：

P105、P106："绿色出行"（综合与实践）

财商知识（九）：规划方案、合理预算

财商目标：

1. 通过调查、收集信息，综合比较，能设计较合理的方案。

2. 根据方案进行合理预算。

教材相关内容：

P107、P108："北京五日游"（综合与实践）

财商知识（十）：邮票、邮资

财商目标：

1. 通过寄信活动，初步了解邮票、邮资的资费标准，探究如何确定邮资。

2. 如何根据信函质量支付邮资。

教材相关内容：

P109、P110："邮票中的数学问题"（综合与实践）

3. 研究课堂教学，财商教育有样可学

数学学科的特点决定了其在小学生财商教育上有着独特的优势。数学课程标准关于数学教学的总体目标第二、三两条是：初步学会运用数学的思维方式去观察、分析现实社会，去解决日常生活中和其他学科学习中的问题，增强应用数学的意识；体会数学与自然及人类社会的密切联系，了解数学的价值，增进对数学的理解和增强学好数学的信心。可见，学会运用数学去分析思考现实社会中的理财消费现象，解决相关的问题，是国家课程标准的目标要求。

自 2017 年 9 月开始，财商教育课题组以小学数学教学为基础，尝试开设财商课，组织老师们研究如何结合数学课堂教学落实对学生的财商教育，力求探索出有效的财商教育途径。我们的研究主要从"在常规数学知识课堂教学中渗透财商教育"和"在数学综合活动教学中落实财商教育"两大板块，结合数学教学中的"计算""解决问题""统计与概率""空间与图形"等内容，根据各教学内容的特点和教育能力，落实对学生财商知识、财商意识、财商技能的培养。

目前已经形成了丰富的研究成果，财商教育论文《小学数学教学中财商教育的现状研究》《"财商教育"数学课堂教学改革》《财商培养与小学数学教学契合点的实践与研究》《巧设练习，让财商培养于数学课堂落地》《小学数学课堂教学中财商培养的案例研究》《小学数学教学中财商培养的资源开发与应用》《小学数学教学中培养财商的主要方法》等分别获奖或发表。

4. 开展财商活动，财商教育有台可练

学校在《育英小学财商教育目标体系》的引领下，结合各年级学生的特点及财商课程培养的需要，策划开展了不同层次、不同主题、成序列的财商系列活动，活动涵盖每一学年的上学期、寒假、下学期、暑假。通过这些活动，学生更加深刻地体会到金钱的来之不易、合理规划金钱的重要性等。这些活动为学生平时所学的财商知识、财商技能提供了应用舞台，让学生的财商能力和基本财经素养得到了进一步提升。各年级财商实践活动具体内容见下表。

育英小学学生财商实践活动安排

年级	时段	财商实践活动	
一年级	上学期	活动主题	以物易物
		活动目标	1. 通过自愿、自由的交换，将手头闲置的文具、玩具、书籍等东西进行交换，通过和同伴之间的语言交流，换到自己喜欢的物品，培养孩子们的沟通交流能力及市场交换和物质交换意识。 2. 在交换过程中获得快乐、友谊，促进同学们之间的沟通、交流。 3. 宣传环保理念，从身边的小事做起，不浪费自己的物品，养成节约资源、爱护环境的意识和良好的行为习惯。
	寒假	活动主题	压岁钱助力财商培养——认识人民币
		活动目标	1. 了解"压岁钱"传统习俗的来历。 2. 认识各种面值的人民币。 3. 在家长的陪同下到超市购物、认识价签上的标价是几元几角几分、尝试付钱。 4. 和家长一起走上大街，认识常见的银行。
	下学期	活动主题	我有10元钱
		活动目标	1. 理解商品的分类、生产日期、保质期、价签、花费、剩余等基本购物概念。 2. 能准确找到自己想要的商品，能查看商品上基本的信息，能读懂价签，能准确计算自己的购物情况。 3. 体会金钱的支配与使用。
	暑假	活动主题	我的小小超市
		活动目标	1. 了解生活中各种物品的市场价格。 2. 根据物品价格，学习尝试给商品定价。 3. 通过亲子互动，体验买卖过程中老板和顾客的不同身份。

（续表）

年级	时段	财商实践活动	
二年级	上学期	活动主题	我的零花钱
		活动目标	1. 通过活动，认识到手中零花钱来之不易，了解该怎样合理地使用零花钱，树立正确的消费观念，养成勤俭节约的良好习惯。 2. 让学生在活动中获得亲身参与、体会父母辛劳、增强合理使用零花钱的意识。 3. 学生通过了解零花钱使用的情况，培养发现问题、思考问题的能力。
	寒假	活动主题	压岁钱助力财商培养——我的购物我做主
		活动目标	1. 学会拟购买计划，尝试估计商品的价钱，尝试做预算。 2. 能独自购买简单的商品，会计算购物费用和付款。 3. 能通过对比购买计划和实际购物情况，对商品价格和自己的购物行为等进行简单的分析小结，收获自己的购物感受。
	下学期	活动主题	钱从哪里来
		活动目标	1. 了解身边常见物品的生产过程；掌握金钱的几种获得方式；知道父母的职业及其报酬的获得途径；知道"利润"与"服务"等基本概念。 2. 体验简单的调查活动；能与大家交流和分享自己的调查结果；认真聆听别人的发言，能从别人的发言中有所收获或得到启发。 3. 体会物品与金钱都来之不易，要珍惜、节俭。
	暑假	活动主题	我的ATM机初体验
		活动目标	1. 通过此次活动，学会在ATM机上存款和取款，知道ATM机的其他功能。 2. 在活动中培养学生的独立性和自主性，增强学生的生活实践能力。 3. 通过在ATM自助终端上查询银行卡的交易记录，培养学生勤俭节约、有计划消费的消费观念。

（续表）

年级	时段		财商实践活动
三年级	上学期	活动主题	"双十一"购物体验
		活动目标	1. 了解网络购物流程，知道如何将自己喜欢的物品放入购物车，并在家长的帮助下体验网络购物。 2. 学会理性消费，能分析比较网络购物与实体店购物的优、缺点。
	寒假	活动主题	压岁钱助力财商培养——压岁钱小账本
		活动目标	1. 会做自己的"压岁钱小账本"。 2. 能通过自己的"压岁钱小账本"分析自己的消费哪些消费是必要的，哪些是冲动消费、盲目消费，并指导以后的消费。 3. 尝试和家长一起做自己家里的"消费账本"。
	下学期	活动主题	想要与需要
		活动目标	1. 区分需要和想要之间的不同，明白"资源有限、欲望无穷"的道理，在进行消费行为时必须学会理性消费。 技能目标： 2. 根据"需要—想要"的表格，能为各种选择分析优缺点，列出消费的优先顺序，来进行财务规划，提高全面看问题的能力。 3. 培养学生养成节俭、理性消费的品质，明白梦想应该靠自己的努力完成。
	寒假	活动主题	我生活中的电子支付
		活动目标	1. 了解生活中常见的电子支付形式。 2. 通过调查身边不同年龄层次的人使用电子支付的情况，了解传统支付和电子支付的优、缺点，培养学生的社会活动和沟通能力。 3. 尝试经历一次电子支付，感受电子支付的便捷。

（续表）

年级	时段		财商实践活动
四年级	上学期	活动主题	价格的秘密
		活动目标	了解商品的价格会因自然因素和人为因素发生变化，能够利用价格的变动选择适当的消费。
	寒假	活动主题	压岁钱助力财商培养——压岁钱小调查
		活动目标	1. 通过调查，了解小学生获得压岁钱的情况，客观地作出评价，并能提出中肯的建议。 2. 通过调查，培养学生与人沟通交流、发现问题、分析问题的能力。
	下学期	活动主题	广告知多少
		活动目标	1. 通过活动使学生了解广告的作用、特点、形式。 2. 通过收集、调查使学生认识到广告对激发消费、促进经济发展的巨大作用。 3. 了解广告法，学会辨别虚假广告和广告陷阱。
	暑假	活动主题	我身边的浪费现象
		活动目标	1. 增强学生的节约意识，养成学生勤俭节约的好习惯，培养学生的环保意识，增强社会责任感。 2. 通过活动，使学生了解浪费现象对生活的影响和危害性，培养学生提出问题、分析问题、解决问题的能力。 3. 学生收集相关信息，对信息进行整理和应用的能力。

（续表）

年级	时段	财商实践活动	
五年级	上学期	活动主题	生活中的分段计费
		活动目标	1. 了解生活中分段计费的现象，知道分段计费的意义，会解决生活中分段计费的数学问题。 2. 能根据不同的分段计费标准，制定更合理的消费或理财方案。 3. 培养学生节约意识和能源意识。
	寒假	活动主题	压岁钱助力财商培养——压岁钱来投资
		活动目标	1. 向爸爸妈妈了解家里目前的投资理财项目。 2. 上网查阅或向其他人初步了解一些常见的投资理财形式。 3. 跟爸爸妈妈商量，选择一种合适的投资理财形式，试着将自己的压岁钱进行一点投资理财。
	下学期	活动主题	学做理性竞买人
		活动目标	1. 通过参与模拟拍卖活动，感受到拍卖活动中的不理性行为。 2. 学会给拍卖标的合理定价。 3. 学会做理性竞买人。
	暑假	活动主题	市场促销活动调查
		活动目标	1. 通过调查了解商场中常见的促销活动。 2. 通过调查活动懂得购物前要三思而后行，知道如何货比三家。 3. 学会理性、合理消费，认识到学会理财的重要性。

(续表)

年级	时段	财商实践活动	
六年级	上学期	活动主题	节约用水
		活动目标	1. 借助网络资源，通过实践调查和分析，熟悉生活中水资源的铺张浪费现象，熟悉节约用水要从节约每一滴水做起；培育同学节约用水的行为习惯。 2. 通过调查、测量、网上搜寻等方式收集、整理节水资料，明白水资源状况，懂得节约用水的重要意义。 3. 充分利用网络，感受一滴水的作用，培育节水意识和能源意识。
	寒假	活动主题	压岁钱助力财商培养——压岁钱理财计划
		活动目标	1. 能制订"我的压岁钱理财计划表"。 2. 走进银行，了解不同银行、不同储蓄形式的不同利率。 3. 一张属于自己的银行卡（已办的忽略此过程），选择一种储蓄形式存入压岁钱，计算一年之后能收到多少利息。
	下学期	活动主题	探秘信用卡
		活动目标	1. 初步认识信用卡，知道信用卡的功能。 2. 初步了解信用卡的使用方法。 3. 知道使用信用卡是有风险的，培养学生的诚信意识。
	暑假	活动主题	我看地摊经济
		活动目标	1. 通过深入了解地摊经济，丰富社会经历，体验生活不易，养成"勤俭、节约"的好习惯。 2. 通过实践活动，培养学生的观察、分析能力。

回顾小学数学教学中渗透财商教育的研究历程，我们深感欣慰。一方面学生的财商意识有了明显的改变，财商知识得到了丰富，财商能力得到了提高。

另一方面促进了数学教师素质的提高。在务实、创新的研究作风引领下，教师们更多地在实践中研究，在实践中反思、总结。数学教学渗透理财教育的理念逐渐深入人心，教师在实际教学中精心设计、试教，形成了很多好课例。教师的研读教材能力、设计教学方案能力、执行课堂教学能力、总结反思能力都有了极大的提高。

（四）汗水里结果实——以劳动作锻炼

教育部最新发布的《义务教育劳动课程标准（2022年版）》规定劳动课每周不少于1课时，并于2022年9月开始施行。这就意味着，从此，劳动课将成为义务教育阶段的独立课程。

但在此之前，育英的劳动课就已经是一门独立的课程了。学校按低、中、高三个年段设置好教学内容，由浅入深，由易到难。在总的劳动项目上，低年级主要安排一些自我服务劳动；中年级除继续安排自我服务劳动外，主要安排一些力所能及的家务劳动；高年级除继续安排家务劳动外，主要安排简单的生产劳动。学生动手实践、出力流汗、接受锻炼、磨炼意志，养成正确的劳动价值观和良好的劳动品质。

怎样让学生爱上劳动？育英有如下方法：

1. 讲练结合，形成热爱劳动的导向

以班队会为主阵地，开展热爱劳动的主题队会，如诵读中华传统文化中劳动内涵的古诗文，宣讲名人爱劳动的小故事等，深入理解"劳动"的含义。

2. 榜样激励，催生对于劳动的向往

充分利用现实生活中有关热爱劳动的典型案例、典型人物，通过报告会、座谈会、上门参观、走访等多种形式，以德育德，以行导行，用爱和诚感染学生，用言和行引导学生，催生对劳动的向往。

3. 区域联动，共造崇尚劳动的环境

绝知环保要躬行。学校组织学生参与校园卫生保洁和绿化，划分劳动责任区，分班认领责任地，精心呵护、美化。每周升旗仪式上，表彰最美责任地、最美劳动之星。看到校园因为自己的劳动变得整洁美观，孩子们就像艺术家欣赏自己的作品一样，充满了自豪感。

4. 社会体验，强化社会劳动的意识

社会劳动实践是引导学生走出校门，走向社会，接触社会，了解社会，投身社会的良好形式。育英将校外劳动纳入学校的教育工作计划，充分利用劳动教育实践基地开展社会劳动实践活动。2022年上学期，学校定期组织学生赴常德市农科所，观摩、学习、体验水稻的育种、插秧、收割，感受现代农业的发展，聆听杂交水稻之父袁隆平院士的故事，既拓宽了学生的劳动渠道，又树立了服务社会的思想。

5. 技能比拼，飞扬参与劳动的激情

每年五一国际劳动节来临之际，为了丰富学生的课余生活，培养学生的动手、动脑和生活实践能力，增强学生的劳动意识，学校举行"中国梦、劳动美"劳动技能大赛：1分钟系好自己的鞋带、2分钟叠好一床被子、3分钟洗完一双袜子、5分钟缝完一颗纽扣、10分钟切出一份创意果盘……在比赛中通过劳动实践，让学生体验到劳动的快乐，为他们打开劳动创造美的生活大门。

6. 习惯养心，深植乐于劳动的种子

教育学生自己事情自己做，家里事情帮着做。学校编写《好习惯成长手册》，分年级分主题拟定劳动清单，规定学生每日进行劳动打卡，家长每日考核并记录在《好习惯成长手册》上。学校组织大队部对各个中队进行综合评比，评选出劳动小能手，营造爱劳动乐劳动的校园氛围。下面是育英小学《好习惯成长手册》劳动清单。

育英小学《好习惯成长手册》劳动清单

第一学段（1~2年级）

任务群1：清洁与卫生

开展简单的清洁劳动，用笤帚扫地，用拖把拖地等。

用合适的洗涤用品洗碗筷等餐具，用肥皂、洗衣液等洗红领巾，辨别不同类型垃圾桶，知道垃圾分类投放要求。

坚持用科学方法洗手，独立完成与个人卫生相关的劳动。

任务群2：整理与收纳

根据需要，整理自己的生活用品、学习用品，如衣物、玩具等，整理自己的书包、课桌和居室的书柜及书桌，能按照物品类别、形状等整齐摆放。

任务群3：烹饪与营养

参与简单的家庭烹饪劳动，如择菜、洗菜等。根据需要选择合适的工具削水果皮，用合适的器皿冲泡饮品。

初步了解蔬菜、水果、饮品等食物的营养价值和科学的食用方法。

任务群4：农业生产劳动

根据实际情况，种植和养护1～2种当地常见的水培或土培植物，如绿萝、文竹等，或饲养1～2种小动物，如金鱼、蚕等。

观察植物的生长发育情况，了解小动物的生长发育情况与生活习性，知道身边常见动植物的养护方法。

任务群5：传统工艺制作

选择1～2项传统工艺制作项目，如纸工等。了解制作需要的基本材料和常用工具，在教师指导下按照要求和步骤进行简单作品制作，体验传统工艺制作过程。

初步话用文字及图画表达自己的方案构想，对工艺作品进行简单的评价。

第二学段（3～4年级）

任务群1：清洁与卫生

用合适的洗涤用品清洗自己的鞋袜、内衣和书包等。

正确使用卫生工具，参与教室卫生打扫，将桌椅摆放整齐，分类投放垃圾。

正确使用消毒纸巾、棉球和洗手液，在公共场所能自觉做好个人防护。

通过清洗、打扫、消毒等活动，创设洁净的生活环境和学习环境。

任务群2：整理与收纳

定期整理居室里的书柜、衣橱、鞋柜和教室里的"图书角"、卫生柜、讲台桌面。

将物品摆放整齐，归类收纳，做到有序、合理、便于取用。

任务群3：烹饪与营养

使用简单的烹饪器具对食材进行切配，按照一般流程制作凉拌菜、拼盘，学习用蒸、煮方法加工食材。例如：制作凉拌黄瓜；做水果拼盘；加热馒头、包子；煮鸡蛋、水饺等。

任务群4：家用器具使用与维护

正确使用1~2种家庭常用小电器，如吹风机、吸尘器等，完成劳动任务。

认识、了解厨具的种类和作用，正确使用厨房小家电参与家庭烹饪劳动，如用电饭煲煮饭。

操作流程要规范、安全。

任务群5：农业生产劳动

选择当地1~2种常见的蔬菜，如大白菜、番茄等进行种植，或根据规定，合法合规选择1~2种家禽，如鸡、鸭等进行饲养。

任务群6：传统工艺制作

选择1~2项传统工艺制作项目，如纸工、泥工、布艺、编织等，了解制作的技能和方法。

识读简单示意图，尝试设计简单作品，并参考规范流程进行制作。

任务群7：现代服务业劳动

在批发和零售业，文化、体育和娱乐业等现代服务行业中，选择1~2项与自身日常生活密切相关的项目进行实践、体验，如开展班徽设计等文化创意服务活动。

任务群8：公益劳动与志愿服务

以校园、社区为主，参加1~2项力所能及的公益劳动与志愿服务。例如：担任学校校史馆小向导；担任校运动会、艺术节志愿者；参与社区环境维护。

初步了解学校与社区中公益劳动与志愿服务的需求、形式与内容，体验多种服务性劳动过程。

第三学段（5~6年级）

任务群1：整理与收纳

通过对物品的整理与取舍，清理自己的学习与生活空间，初步掌握对物品、居室进行整理、清洁的方法，较为充分、合理地利用家居空间。

任务群2：烹饪与营养

用简单烹饪方法制作2~3道家常菜，如番茄炒鸡蛋、煎鸡蛋、炖骨头汤等，参与从择菜、洗菜到烧菜、装盘的完整过程，能根据家人需求设计一顿午餐或晚餐的营养食谱，了解不同烹饪方法与食物营养的关系。

任务群3：家用器具使用与维护

了解家庭常用电器，如电视机、电冰箱等的功能特点，掌握基本操作方法。

根据需求选择使用功能，规范、安全地操作。例如：使用洗衣机不同功能洗涤不同材质衣物；使用电饭煲各项功能满足食品制作需求。

任务群4：农业生产劳动

种植与养护1~2种当地常见的蔬菜、盆栽花草、果树等，或根据相关规定，合法合规饲养1~2种常见家畜，如兔、羊等。

体验简单的种植、饲养等生产劳动，初步学习种植、饲养的基本方法。

任务群5：传统工艺制作

选择1~2项传统工艺制作项目，如陶艺、纸工等，了解其特点及发展历史，初步掌握制作的技能和方法。

读懂基本的实体图、示意图、装配图等

根据劳动需要，设计方案并选择合适的材料和工具制作简单作品。

任务群6：工业生产劳动

选择1~2项工业生产项目，如木工、金工、电子等，进行简单产品模型或原型的加工，初步体验工业生产劳动过程。

熟悉所选项目的工具特点、设备特点。识读简单的产品技术图样，根据图样制作产品的模型或原型，完成产品模型或原型的组装、测试。

任务群7：新技术体验与应用

选择1~2项新技术，如三维打印技术等，初步进行劳动体验与技术应用。

熟悉某项新技术的主要功能及简单的使用方法。

识读简单的产品技术图样，并应用某项新技术进行简单产品的加工，记录在提高生产效率等方面带来的主要变化。

任务群8：现代服务业劳动

选择1~2项现代服务业劳动项目进行参与、体验，如体验现代物业管理，开展学习用品设计等文化创意服务劳动。

初步了解新兴现代服务业的类别、内容及其劳动过程与特征。

任务群9：公益劳动与志愿服务

参与1~2项公益劳动与志愿服务劳动项目

例如：参与校园绿化环境维护等学校事务管理，为当地养老院老人制作节日食物等。

7. 文化育美，体会热爱劳动的趣味

学校的劳动文化课程不仅仅培养学生的劳动技能，更应与德育、美育相融合，传承中华传统文化，培养学生文化自信，把学生的根留在中国，培养具有中国灵魂、国际视野和跨文化交流能力的社会主义接班人。

育英劳动文化特色课程如下：

一年级主题活动：中华职业文化——以梦立人

国内外一致认为，职业体验是劳动教育的重要内容。育英努力为学生搭建职业体验的平台，开展了一系列学生力所能及的职业体验活动。如定期组织孩子前往"艾肯梦想城"职业体验中心进行职业体验。在这里，学生们可以选择当糕点师、审判长、记者等。除此之外学校提倡孩子们以小组合作体验模式，在家长的带领下，来到其职业岗位进行实地体验、考察，每组2~3位家长志愿者护航，全程跟踪记录及监管，在确保学生安全的同时，指导学生完成对不同职业的认知实践任务。

因为有了职业的体验，育英的孩子开始明白了每个职业的光荣与不易，得到职业价值的洗礼，建立起了最初的职业梦想。

二年级主题活动：中华美食文化——以食养人

这一主题是结合小学语文统编教材二年级下册第三单元第四课《中国美食》开展的。《中国美食》一课学习目标中不仅要了解中国美食，还要求了解基本的烹饪方法，鼓励学生了解更多家乡美食。而劳动主题之下，我们延伸出对更多传统美食的了解和体验，如对鲁菜、川菜、粤菜、闽菜、苏菜、浙菜、湘菜、徽菜"八大菜系"菜谱的了解，以及经典菜品的尝试制作。这场"以食会友"主题的美食之约是对中国传统文化的传承，引领

孩子们在劳动实践中感受传统文化的魅力。

三年级主题活动：中华服饰文化——以服塑人

从远古传说时代的帝王冕服，到满朝文武百官的金紫雍容，从竹林七贤洒脱的宽衫大袖，到盛唐女子妖媚的玉颈粉胸……

三年级的主题活动围绕"服饰制度与等级象征"，带领孩子们走进每一个朝代服饰的展示和赏析，从而了解中华传统服饰的演变史：

（1）金紫雍容富贵身——以服色辨官品

（2）古之君子必佩玉——由佩饰看等级

（3）顶珠花翎——由帽子观尊卑

（4）夫贵妻荣——命妇服饰与女子地位

（5）贵贱分明——平民服饰的禁忌与限制

除此之外，该课程还拓展到旗袍、唐装，少数民族服装的赏析等。这些内容使学生对独具特色的民族服饰产生了浓厚的兴趣。之后，学校组织了创意主题活动：中式改良服饰展。孩子们用彩纸、彩带等素材，一针一线表达着"小小的衣服里蕴含着我的着装艺术"的想法。

四年级主题活动：中华田园文化——以土育人

四年级的劳动文化主题活动，在课程体系中是最受欢迎的，因此作为重中之重细化地讲述和呈现：

（1）缘起：心之所向

"民以食为天，食以土为源"，土地是生命的连接体，滋养万物。小学生们年龄虽小，却明白这个道理。他们会在周末选择去乡下、有机农场进行种植、采摘。他们在日记中写道："羡慕菜花地里的蝴蝶，它们能够自由地欣赏大自然的配色，闻着花香翩翩起舞；羡慕农村里的孩子，他们能够和家人一起播种、收获，能够看到番茄从青变红，他们的食物'肉有肉味、菜有菜香'。"城市里的孩子也希望离泥土更近一些。因此四年级的老师们决定因地制宜，将楼顶的土地一一"承包"，决心让一垄垄菜园铺满、一棵棵果蔬立稳，让北校区的楼顶绿意葱葱、生机勃勃。

（2）实施

①家长申报项目负责人

学校处于城市，教师群体中少有擅长种植者。经前期调查，有少部分学生的爷爷奶奶擅长或者爱好种菜，他们希望有机会能够为"劳动教育"

发光发热，让自己的种菜技能隔代传承。学校小菜园正好可以给他们提供机会，选择家长为本班菜园项目负责人的操作方案便应运而生——要求家长"有技术、有意愿、有时间"。招募消息一出，家长们热情高涨、纷纷报名，学校只好将报名的家长们分组，让他们轮流负责。

这一举动让家长有机会参与到学校工作中来，更重要的是让家长换了一个身份——不再仅仅是孩子学习、生活的监督者，更是合作者。有了一块小菜园，就有了很多不一样：老师主导、家长协助、孩子参与，亲子合作、家校共育的场景其乐融融。班级菜园叫什么名字？不同的季节种什么蔬菜？不同的蔬菜种植时又有什么注意事项？小组内部如何分工？这些都由家长、孩子、老师三方商量决定，孩子真正站到了教育的中央。

②学生自愿申报子项目：

为让更多的孩子能接受到依托楼顶小菜园实施的劳动教育，学校将整个菜园种植的工作分成了四个子项目：

种植组：负责查阅资料，根据季节及特色需要，选择园内该播的种子。

筹备组：负责思考采取什么形式分享成果，需要哪些支持。

整理组：负责整理各组书面成果，为班级的交流做准备。

日常管理组：负责园内的拔草、施肥、浇水、采摘、烹饪。

为让同学们都有机会观察、接触到菜园，日常管理工作由其他三组同学轮流完成。不同组别共同参与日常管理，孩子们乐在其中、互通共进。

五年级主题活动：中华节气文化——以时导人

二十四节气，是历法中表示自然节律变化以及确立"十二月建"的特定节令。一岁四时，春夏秋冬各三个月，每月两个节气，每个节气均有其独特的含义。它准确地反映了自然节律变化，在人们日常生活中发挥了极为重要的作用。它不仅指导农耕生产，更包含丰富民俗。

每逢节气来临，老师带领孩子们从四个维度：节气知识、节气习俗、节气农耕、节气实践进行中华节气文化的了解和探寻。学生亲自走进田园、郊外去参与春种秋收等劳动实践，既丰富了校园文化生活，又锻炼了综合能力。

六年级主题活动：中华技艺文化——以技传人

主题下设分主题：

（1）中国民间技艺课

中国民间技艺是中华民俗文化的重要组成部分，也是中华儿女沟通情感的纽带，是世世代代锤炼和传承的文化传统。育英的中华民间技艺劳动文化课涵盖：剪纸、年画、皮影、变脸、空竹、绣花鞋等六个板块，教师利用课件，将民间技艺中的优秀作品展示给孩子们赏析，再深入解读作品内涵，使他们对优秀文化怀有更深刻的眷恋和崇敬。最后孩子们再投入实践，将民间技艺展现出来。

（2）现代创新技艺课

现代创新技艺课上，秉承可持续发展理念，孩子们利用废弃的纸盒、纸片、塑料等材料，制作京剧脸谱、陶艺、布艺等，变废为宝，用劳动创造美好。

教非探其花，需触其根。劳动教育的回归，不能简单等同于培养"动手能力"，而是要回归育人的教育初心——通过劳动实践培养学生正确的价值观，塑造全面发展的人。这是育英的教育实心。

二、选修课程——各美其美，激扬生命

苏霍姆林斯基提出：必须使人的多种多样的才能、天赋、意向、兴趣和爱好等个性特点得到充分发挥。正如翰墨艺术中的"颜筋柳骨""胡肥钟瘦"，育英的每个孩子都有自己独特的个性、趣味、特长，并且都在选修课程（社团）中得到了个性的释放与修为的精进。育英选修课程具体构建过程如下：

（一）原则导向，增强组织力

育英深知社团发展建设应当遵守一定的构建原则，在社团组建、社团管理以及社团课程等方面精心部署，才能培养出各美其美的个体。

1. 合理定位，精心筛选

在充分调研社会期盼、学生需求、家长支持的诸多因素后，育英转变以往追求才艺提质、成绩辅助、获奖助力等观念，将着力点放在了丰富校园文化生活、培养学生个性之美、提高教师专业水平这三个发展方向。其中培养学生个性之美又着力于生活化、能力化两个方面，创新两大板块社团活动——迎向生活，多姿多彩；迎向时代，未来可期。

2. 以生为本，分级设置

小学生身心发展速度快，低年级、中年级、高年级学生在动机、兴趣、

态度、能力等方面存在很大差异。因此学校在社团设置上结合这一身心发展特点，分低、中、高段实施分级设置，如书法社团，低段为硬笔研习；中段为软笔研习；高段为数字书法研习。

3. 适度介入，适量配备

指导老师在社团活动过程中的介入程度，应与社团性质、成员以及学生的自主管理程度相关，这样才能保障社团活动的有效性。因此学校综合考量，按需分配社团老师，需要社团老师占主导地位的社团相应增设辅导员，能够自主管理的社团则适量安排，因此各社团辅导员人数呈现出1~3人的匹配差额；而各社团招募的学生人数，也因活动内容、活动方式等不同，而进行合理编排。

4. 体系规划，开拓落实

学校规定各社团辅导老师每学期提前制定好体系规划（十六次活动总体规划、分层方案），做到前有计划，明确活动目的、学生角色定位、开展方式、具体内容等；后有总结，做好全面记录、过程说明、经验反思等。除要求在准备上做到科学有序以外，还要求老师在具体实施过程中，结合学生兴趣变化、能力变化等，适时调整教学安排，务求提高教学实效。

（二）优胜劣汰，充满生命力

学校建立社团评价体系，对社团实施全程督导、评价，主要途径一是辅导老师每期整理一册社团成果手册，附上活动教学精彩瞬间及学生成长见证，学校教导处组织评优；二是每期办好一次社团文化展示月，鼓励每个社团以多元形式呈现活动成果，并诚邀家长代表任评委，优秀社团脱颖而出，形成良好的示范效应，带动整个社团生态繁荣；三是每期初举办一次优质社团申报会，由学校行管人员任评审，在保持学校社团结构相对稳定的情况下，进行甄别和取舍，打造精品社团。

（三）引导势态，提升吸引力

育英的社团活动辅导老师分为校内教师和外聘教师，外聘教师一般是从事本行业、领域的专业人员；校内教师分为专业教师（组织开展与本学科相关的社团活动）和非专业教师（以兴趣和特长为出发点，组织相关社团活动）。育英的社团活动要实现可持续发展，必须探索有效的激励机制，才能提高团队凝聚力，激发教师的工作热情。

1. 校内教师——激励与培养

学校多次强调社团不是为给老师增加负担，而是为教师发展提供一个更好的平台，希望老师们可以借助这个平台让自己在专业发展上有一个质的提高，学校一定全力给予各方面的支持。

作为管理者，学校对优秀的辅导老师从成果展示、开展比赛、扩大宣传、评先评优等方面给予支持，加强激励。如学校航模社团辅导员王欣带领学员从校园走向赛场，在全国赛、省赛中频频取得佳绩，学校通过微信公众平台大力宣传扩大影响，并推荐其为常德市十佳科技辅导员，以此提高社团师资的凝聚力和吸引力。

对有辅导志愿及热情，但辅导能力不足的老师，学校提供进修、学习的机会，帮助其成长为能手。如学校戏曲社团辅导员杨玲，学校安排其周末前往湖南师范大学音乐学院（学校为"湖南师范大学音乐学院少儿艺术培训基地"）学习戏曲，进修器乐。

2. 外聘教师——联动与连心

为了更好地实现社团活动的教育价值，学校积极发掘各方资源，构建社会、学校、家长三位一体的社团发展资源库，共同推进社团建设。如长期在学校泥塑社团担任辅导老师的正是一位学校家长，孩子们亲切地称他"宫爸"，尽管自己的孩子已经毕业，但"宫爸"没有离开，他说只要孩子们爱玩泥塑，他就愿意陪他们一起长长久久地玩下去。

除了家长的助力，各社会机构也给予了育英大力支持。如汉剧高腔社团的辅导老师是来自常德市汉剧高腔保护传承中心的专家。对这群特殊的外聘辅导老师，学校每年会组织"感谢有你"主题会，真心感谢、大力褒扬，形成良好的示范效应，拥有更多的资源保障，让学生社团发展真正走上了良性循环。

顾明远先生说：没有兴趣就没有学习。给学生提供适合的教育才是最好的教育、最公平的教育。如今每周五的下午都是孩子们翘首企盼的节日，每个孩子都能到自己喜欢的社团去学习。如今育英的精品社团日趋增多，每个孩子都找到了自己的最爱，特别是"迎向生活，多姿多彩"板块，孩子们沉浸其中，其乐融融：

美食团——人间烟火

摄影团——浮光掠影

　　　　　　刺绣团——飞针走线

　　　　　　泥塑团——万象更新

　　　　　　茶艺团——静水清心

　　　　　　剪纸团——灵心巧手

　　　　　　插花团——相约春天

　　　　　　动漫团——不笑不归

　　　　　　　……

"迎向时代，未来可期"社团板块，孩子们更是立足今日、信心百倍；展望未来，一路高歌：

　　　　　　魔方团——转出精彩

　　　　　　建模团——灵动指尖

　　　　　　创客团——创意无限

　　　　　　航模团——梦翔蓝天

　　　　　　车模团——驾驭未来

　　　　　　编程团——漫步云端

　　　　　　机器人团——缔造强者

　　　　　　电脑绘画团——畅画人生

　　　　　　　……

课程·剪影

美食团

　　今天，不同形状的玛格丽特小饼干受到了"美食粉"的追捧。在充盈着奶香味的美味天堂里，孩子们身着卡通围裙，头戴厨师帽，从"美食粉"化身"小小烘焙家"。在我的指导下，孩子们将熟蛋黄碾碎，有的孩子小心翼翼的，有的孩子急切地碾着，蛋黄飞溅了出来，笨拙又可爱。黄油软化后与糖搅拌均匀，加入碾碎的熟蛋黄、低筋面粉、玉米淀粉和少许盐，将其揉成面团，分成小圆球，用拇指压出裂纹，放入烤箱，一双双亮晶晶的眼睛期待地盯着烤盘上的小饼干，用心感受着它们的变化。香味从烤箱中溢出来，这一瞬间，是小烘焙家们最快乐的瞬间了。大家围在一起，看着成型的各种饼干，忘记了一切烦恼，除了笑还是笑。在人间烟火中，我教孩子们制作创意美食，带他们进入美食天堂，让他们明白食在舌尖，巧在手上，乐在心间。

刺绣团

刺绣是中国优秀的民族传统手工工艺品之一，今天我第一次领着孩子们走近它。在领着孩子们观看多媒体展示的刺绣作品时，对于丰富的色彩和细腻的质感，学生惊叹连连。后来，我展示了自己创作的花朵绣作，孩子们轻轻抚摸着，对我充满了敬佩。今天我只教大家如何选择绣线，同时展示绣绷、针线、剪刀、绣布、铅笔，并用投影让他们认识"轮廓绣绣法"。因学生初步接触刺绣，在活动过程中，我提醒大家注意用针安全，避免扎伤自己。在实践过程中，孩子们先从绣布底出针，然后在约1厘米的地方入针，接着再出针。看似简单的针法，孩子们做起来却困难重重。他们深深地体会到，做刺绣必须要有耐心、恒心。刺绣课的开设让孩子们克服了浮躁情绪，做事情更加细心了，同时也锻炼了孩子们双手的灵活性和协调性，缓解了压力，美化了心灵。

插花团

"认真选配植物，搭配色彩，修枝剪叶，设计造型，用心创作出各具特色的指尖美景。"这就是每周我和孩子一起进行的事。活动开始，总是我讲解插花中的一些基础知识，有时是插花的形式，有时是色彩的搭配，有时是花卉的花语等。讲解完毕后，孩子们自行分组，协商一个主题，进行花卉的分配与选择。活动中，有的组用万寿菊搭配芒草，给大家带来了金色的希望；有的组用向日葵搭配蓝色绣球，大胆撞色，别有风味；还有的组用满天星与百合相呼应，同色系中增添温馨与和谐。设计完成后，每组选派一名代表对作品进行艺术命名及意义讲解。最后，由我对每组作品进行评价，在学生共同参与下，评选出优秀作品。插花融艺术、自然、审美为一体，通过插花活动，孩子们掌握了插花的基本技能，增强了美感体验，提升了欣赏美、创造美的能力。

我想，你一定会认为这里是"未见社团，先闻花香"吧，呵呵，其实我们练习用的很多是塑料花。有什么关系呢，在我们心里照样溢满了春天的气息。

创客团

变色游戏是创客社团的"常客"了，一届又一届学生的喜爱让它长盛不衰。利用淀粉遇碘变蓝，碘遇维C褪色，以及花青素与酸碱的变色反应原理，我化身魔术师，设计了三个"小魔术"。孩子们眼见我将红棕色的碘酒喷向含有淀粉的白纸，纸上渐渐呈现出蓝紫色画作，演示过程赢得了他们的连连惊叹。当到了孩子们操作的环节，场面就更热闹了！实验成功的孩子欢呼雀跃，失败的也连连举手召唤我或同伴请求快点解决，完成了的凑到未完成的旁边"指指点点"……变色游戏不仅让孩子们感受到了实验世界的神奇魔力，更培养了他们实事求是、敢于创新的科学精神。

航模团

航模社团是广受孩子们欢迎的社团，作为辅导老师我很骄傲！我不仅领着孩子们亲手制作航空模型，还带着它们奔上赛场。航模的操作基本是通过手中的遥控器来实现，操作遥控器上面的摇杆与拨杆，通过遥控器的发射机将对应操作的信号发射出去，飞机上的接收机接收到相应信号，再转化成指令传递给对应的舵机动作，从而让对应的舵面按照需要运动。操作中，有的孩子比较急躁，拿着遥控器不停地拨弄操作杆，飞机却从空中急转直下，摔在草地上，看着他们懊恼得满脸通红，我总是边安慰边耐心指导，孩子调整了心态和操作规则后，草地上的飞机总是能重归蓝天，越飞越高。

电脑绘画团

本学期电脑绘画社团的课题是 Sketch Book（新一代的自然画图软件）的使用。第一堂课，我用软件演示图画《金色的秋天》。"好快啊！""这种线条真的可以画出来呀！"学生们的赞叹声此起彼伏，学习兴趣立马被调动了。自己动手练习时，他们对这款软件绘画的优势体会就更深了。"蜜蜂是左右对称的，在软件上选左右对称这个功能，只需要在电脑上把蜜蜂的一半画出来，另一半就会自动出现，节约了一半时间呢！"一位小朋友在画完一只小蜜蜂后兴奋地说。有的学生软件操作不熟练，往往要花费更多的时间来练习，可他依然不厌其烦："我喜欢画画，在电脑上重画又不浪费材料，多画几次没关系。"无论是技巧还是知识，他都有着许多新感悟。

学校课程改革是一项整体的、复杂的、系统的工程，必须有历史考量、当代立场和科学视野。如何在条件允许的范围内"做好自己的事"，育英有两个维度的思考与践行。

一是国家课程校本化。国家课程是面向全国所有地区的统一性课程。它不可能面面俱到，也不可能全面考虑到所有学校，这就决定了各个学校要结合本校的传统和优势，以自身所具有的特色与条件使国家课程校本化，其实它也是学校拥有的办学自主权。

权利伴随着责任,我校首先树立的是明确而独特的教育哲学观,即三个价值取向:忠实取向,即关注国家课程对于所有学生的共同要求;相互调试取向,关注现有教材与学生需求间的融合统一;创新取向,关注学校情境中的特殊情况,自主地创造和生成新的课程计划、课程内容和课程实施方式。

二是校本课程序列化。每个课程都是实践性的,我们正通过教学实践检验着课程的正确推进。

每一个课程项目都成立课程开发中心。鉴于课题研究有利于课程科学性、深入性推进,学校鼓励积极申报相关课题。目前,财商、国学、哲学课题分别是省规划课题,电影课题是市级规划课题。在专家的指导下,在课题组的共同努力下,育英的课题正取得丰硕的成果,课程正滋养着每一个孩子。

每一个课程项目都加强课程内容和学习方式的科学筛选。依据年段上升的阶梯性,精选适合学生学习的基本内容。

每一个课程项目都实现规范而灵活的管理制度,并责任到人,确保课程有序、有效实施。

其实有关教育的问题,从来都没有"标准答案"或"完美方案",更没有"一招制胜""一劳永逸"的教育模式。育英坚信能做好的便是以眺望未来的姿态冷静地、踏实地做当下之事,这也就是:因文化设计课程,以课程担当未来。

第三章
扬翰墨之韵，活动充实童年

多年来，育英坚持以活动帮助孩子形成对事物的立体认知。如组织全体学生每天练习自己创编的书法操，少先队举办"讲书法家故事""演书法小品""中国人写好中国字""规规矩矩写字，堂堂正正做人"等一系列主题班队活动，让学生感受中华民族的悠久历史和灿烂文化。然静思翰墨之韵，或古朴沉静，或跳跃欢腾，写满了自我创造。以此认知，我们的活动不能仅仅停留在书法或其他传统活动之上，我们应该给活动注入更富于创造性的元素，科学设计学校传统的"三礼四节七风"活动，让学生在参与中真正收获、体验到翰墨艺术中蕴含的创造激情。

第一节 崇·礼——"三礼"见证童年圆满

中华文化，源远流长。近年来，学校在"立字立人"的办学理念的指引下，创建了以翰墨文化为主题的特色校园文化。学校坚持古为今用、去粗取精、因势利导的原则，创新性地开展了"三礼"教育——入学礼、成长礼、毕业礼。

"三礼"遵循循序渐进的教育规律，建立起一个由低到高、不断发展，既有理想、更具现实的目标体系。"三礼"不是三个孤立的仪式，而是三个鲜明的节点，连接这三个点就形成了一条完整的德育之线，将整个小学阶段的学校思想道德教育串起来，构成了我校德育发展的三部曲，让学校德育教育落到实处。

同时，学生通过参与入学礼、成长礼、毕业礼这些庄严的仪式来接受爱国主义教育、家国情怀教育、社会关爱教育和人格修养教育，最终完善道德品质，培育理想人格，提升政治素养，让中华优秀传统文化——德文化的种子在心中落地生根。

一、入学礼——萌娃立字

每年的九月都会有萌童正式成为育英娃，学校为他们精心举办入学礼。在入学礼上，可敬的老师教孩子们写开笔字"人"，书写的慎重启示了做人的郑重。亲切的学长带孩子们行"拜师礼"；可爱的同学一起走"入学门"，学校还会送给新生特别的礼物——文房四宝：笔袋、铅笔、转笔刀、橡皮擦，样样印有学校专属 LOGO；书法卷轴舒展开，育英娃亲笔书写的"人"字立中间，立字立人，意义永存。

（一）家校合力，面向未来

教育是一场家校的双向奔赴，借入学礼契机，家长、师生形成合力助力孩子成长。学校、家庭对一年级萌娃殷切寄语，新生表态回应——

1. 学校迎新，润物无声

小学学子初入校园是引导孕育梦想、蓄积成长能量的绝佳时机。利用入学礼，我们期待给予孩子满满的学习热情。这个时候，校长寄语格外响亮：一是恭祝惜时。祝贺各位小朋友成为育英学子，各位大朋友成为育英小学家长学校的一员。在每一个全新的起点，我们每个人都会有新的期盼，珍惜时光去追寻更精彩的明天。二是憧憬童年。小朋友们开始描绘六年的学习生活，希望你们阳光锻炼、活泼开朗，自信、自律、自尊、自强，做独一无二的自己。三是未来可期。学校将结合翰墨文化提供丰富多彩的课程，全面培养每一位小朋友，祝愿同学们成为一个为人守信守法、为事认真尽责、为学认真刻苦的小学生！

2. 家长送新，种因种福

小学学子初入校园是丰富学习感知、提笔习字的最佳时机。借用入学礼，我们期待激发起孩子满满的求知欲。这个时候，家长寄语铿锵有力：一是新校园新起点。我们将孩子送到学校种下因缘，愿大家在新学校、新学期，有新气象、新计划，创新成果、新辉煌。二是新身份新责任。我们在送孩子入校的同时自己也进入了家长学校，一个全新的身份，也代表着不同的责任，家长应该做好老师与孩子之间的桥梁，让学校教育与家庭教育相辅相成，形成合力打通家校共育的最后一公里。三是新祝福新愿景。祝福每一位小朋友在浩瀚的学海里，汲取知识养分，从内到外焕然一新，由弱到强步步革新，学习生活全面刷新，争做一名遵纪守法、诚实守信、乐学善思的小学生！

3. 代表领新，扬帆起航

小学学子初入校园是提升认知、启智明理的第一时机。借用入学礼，我们期待孩子们在校园里昂首挺胸。这个时候，学生表态发言刚劲有力：一是向榜样学。学校是开启智慧的大门，作为一名一年级学生，我要以哥哥姐姐为榜样，尊敬师长勤奋学习，做一个讲文明懂礼貌的学生。二是向纪律学。我们是快乐的少年，来到学校，更要成为遵守纪律的典范。按时到校、遵守纪律、关心集体、爱护公物，做一名有理想、有道德、有纪律的合格学生，给学校和家长交一份满意的答卷。三是向创新学。作为新时代的学生，我们不仅仅是要学好现有的文化知识，更要开阔思维守正创新，追求努力学习的新风尚！

（二）领入学卡，佩戴校徽

仪式感是走心的教育。学校结合翰墨文化设计入学卡、校徽，在入学礼上赠送给学生，点燃学生入学热情。

1. 入学萌新，铮铮誓言

入学一刻，终生难忘。学生迈进校园，领取入学纪念卡。卡面上方印有学生誓词：我是育英人，一位自豪的育英学生。我宣誓：恪守"团结、守纪、勤奋、向上"的校风，不负育英学子之名誉，做到"凝神一笔一画静思一言一行"！

后续入学礼上，学生在学长领誓下，初次宣誓校风校训，内心种下一颗静思言行的种子，这颗种子引导学生乐学善思，写好字、做真人！

卡面下方贴有新生合照，为师生第一次合影，以笔架城为背景，沐浴传统，魁星点斗，赋予新生第一抹校园文化。合影两侧为迎新文字和书法名帖，一是欢迎祝贺新生，二是启蒙翰墨文化，寄望育英学子传翰墨精神，承文化血脉！

2. 校徽润新，风化于成

佩戴校徽，润泽灵魂。教师为学生赠送并佩戴育英校徽，校徽远景是笔架城，近景是厚厚的书本呈翻开之状，书本中央，两株嫩绿的新苗呈挺立之姿。学生佩戴校徽，抬头挺胸展现育英学子精气，寓意育英学子承袭文脉，扎根书本，勤奋汲取知识养分。今日是茁壮小苗，明天长成参天大树。

校徽润新，指引方向。校徽是形象和灵魂的象征，一所历史悠久的学校，其校徽见证了历史的变迁，蕴含着丰富的文化内涵和精神底蕴。教师为其讲解校徽含义，学生理解母校的人文精神和办学理念，认真倾听笔架城与幼苗所蕴含的道理。校徽将现代与传承相融合，指引学生在向传统学的同时面向未来，从幼年开始秉承文化自信、勇于探索、学会创新，自发为明天努力奋进！

（三）跳翰墨操，行拜师礼

走过入学门，学跳翰墨操，以阳光运动来滋养童心。正衣冠，拜师学艺，教师讲解中华传统孝道故事，引导学生向善生长。

1. 翰墨创新，向阳生长

入学礼上，学长学姐们会为一年级新生展示翰墨操，翰墨操是学校音乐组教师，以学校翰墨文化为主元素，将书法、音乐、舞蹈、体操四者有机融合，以"中国字中国人"为背景音乐创编的，融入了每日的大课间活动中。学生在每日的传唱跳动中将写好字、做好人的理念内化于心，外化于行。

2. 拜师育新，美行育人

拜师仪式由正衣冠、诵拜师语、行拜师礼、经典诵读启蒙四项组成。在仪式上，老师带领学生行拜师礼仪式。一拜，"师道尊崇，立人立德"；再拜，"传学授业，教化解惑"；三拜，"师生齐力，薪火传承"。最后教师宣讲尊师重教美德，教师带领学生齐诵经典《论语》。读《论语》，一能让孩子学会价值判断，懂得善恶美丑，树立正确的价值观；二能培养孩子的思维力，开阔视野，思维决定了生命的广度和深度；三能积累国学素养，提升学生的语言表达能力。

（四）文房四宝，立字立人

入学礼紧扣"立人立人"办学理念设计赠送"文房四宝"活动和现场创作"书法作品"活动。送礼迎新、书写赠新，强化学校的翰墨文化。

1. **笔墨纸砚，恭贺萌新**

文房四宝，是中国独有的书法绘画工具（书画用具），即笔、墨、纸、砚。它承载着中华文化的发展变迁，培养了中国人独特的文化情怀，也为中国书画艺术在世界艺林独树一帜创造了得天独厚的条件。学校效仿古代"文房四宝"，向学生赠送现代"文房四宝"。学校围绕"翰墨育人"与"萌新学子"两大核心，从文具中甄选笔袋、铅笔、转笔刀、橡皮擦，为育英小学新"文房四宝"。"文房四宝"上印有学校专属LOGO，将其在入学礼上送给每一位小朋友，对小朋友的到来表示最衷心的祝福。希望学生用笔写正字、用橡皮擦去不当之处、用卷笔刀修整至完美、用笔袋装满幸福童年。

2. **挥毫泼墨，启迪童心**

"一撇一捺写个人，一生一世学做人。"学校专业书法老师先在台上示范，在悬挂的书法卷轴上写下一个大大的"人"字。一边书写一边讲解"人"字书写要领——"人"是一个笔画简单而意义深远的汉字，一撇一捺撑起完整人生。写好"人"字，握笔要直，落笔要稳。从左到右，从上到下，先撇后捺。"人"字撇捺有长有短，是告诉学生在做人中要扬长避短，互相成就，从小明白立"人"的道理！

"人"字是孩子们入学后学写的第一个字，是由老师和学长学姐们握着一年级小朋友的手在学校特制的书法卷轴上郑重写下的，寓意学习做人的道理代代相传，学会做人，是一个人一生的课题。

（五）**育英萌娃，勇闯难关**

初入校园，六岁萌娃对校园充满好奇与期待。学校抓住这一特点，结合学校的各项硬件设施策划了一次激动人心的校园闯关游戏，帮助学生更好地了解学校、亲近校园。

1. **寻二公纪念碑**

育英小学历史悠久。1937年抗战时期爱国将领冯玉祥将军的两位部下陈琴石、何斗魁在这里创办了私立隽新中学，并出任第一、第二任校长，后来英年早逝，后人为了纪念他们立下二公纪念碑。学生在校园中寻找，不仅仅是寻碑，更是寻百年名校的文化底蕴，寻百年名校学子的文化自信。

2. **寻书法文化廊**

学校以书法特色闻名于全市。在南北两校区，均建有学生"书画石刻墙"，草书、隶书、行书、楷书等各种字体的学生书法作品展示在墙上，学生找寻校园书法文化长廊，寻得中华传统文化，寻得翰墨文化根源，感受汉字形之美，意之美，声之美，汉字代代相传，翰墨文化生生不息。

3. 唱育英校歌

校歌犹如一所学校的精神图腾，让人产生强烈的自豪感和归属感。在新生入学礼上，我们会让学生去寻找校歌文化墙，并唱响校歌。从新生入学，到毕业生离校，校歌的传唱贯穿始终。传唱校歌让学生铭刻过去，立志高远，在新时代里放飞梦想，开始谱写求学华章。

4. 寻核心价值观

学校大力弘扬家国情怀，加大社会主义核心价值观的宣传力度，践行社会主义核心价值观教育。教师组织学生在操场找到二十四字核心价值观，家长范读、学生跟读、教师释其含义，让其观念深入人心，引导学生形成正确的世界观、人生观、价值观。

5. 寻学校荣誉墙

学生寻找校门右侧的荣誉墙，这些荣誉承载着历代师生的辛勤汗水，展现了学校丰硕的办学成果。学生顺利通关的同时，对学校有了更深、更全面的了解，他们将汲取校史营养，铭记学校校训，牢记学校精神，砥砺前行！

启智少年，逐梦前行。现在的你正式成为一名小学生了，希望你尊师敬长，努力学习。愿你是风，扬起远洋的帆；愿你是船，劈波斩浪。未来生活在向你微笑，勇敢地走上前去，拥抱五彩斑斓的童年。

二、感恩礼——新星筑梦

中国自古以来就有感恩的思想和传统，文化里记载着数不尽的感恩故事，感恩教育应该从孩子抓起。五月母亲节，学校以此为契机发出倡议，号召学生感恩祖国、感恩社会、感恩亲友，开展为期一个月的感恩礼系列活动。六月父亲节，学校为孩子们举行感恩礼暨四年级学生十岁成长仪式，为感恩礼活动画上一个圆满的句号。感恩礼仪式由感恩篇、成长篇、模范篇、祝愿篇、晚宴篇五大篇章组成。仪式上，孩子们还会收到镌刻着学校校训及LOGO的星空水晶球，寓意少年们铭记校训，追逐如星空般闪亮的梦想。

（一）感恩篇

成长十岁，感恩前行。学校用不同的活动形式引导着学生感恩国家、感恩社会、感恩学校、感恩家人。

1. 回望来时路　永远跟党走

学校以爱国主义教育为核心，对学生进行红色文化教育，学校采用三种不同的形式来感恩祖国、感恩党：

观看《中国共产党历程》《喜迎二十大》等视频，生动呈现百余年来，在中国共产党的坚强领导下，中华民族从站起来、富起来到强起来的伟大飞跃；

启动"红领巾思政小课堂"，党员教师、大队辅导员聚焦社会发展、城市变迁等进行微宣讲，列举发生在学生身边的一系列积极变化，以小见大的具体事例引导学生向阳成长；

以"爱国、感恩"为主题，诵读诗歌，引导学生怀一颗爱国心，做一个有理想、有温度的人。

2. 感长者恩情　听时光密语

成长十年，历历在目。学校组织亲子互书家信来升华感恩主题，字里行间浓浓感恩之情。各学科教师亲切寄语，学生用歌声来感恩亲情与师恩。

活动前期，学校会组织家长学生互写信件。十年来的点点滴滴、对彼此的期望与祝福跃然纸上，无论是父母还是孩子，都会在此时把平时难以言表的话通过文字来表达。

活动当天，在互读家书环节，我们首先会设计一个互猜家书活动，这个环节的设计既增加了现场的神秘感，又能考验亲子之间的亲密默契程度。当熟悉的声音、曾经的过往通过大屏幕传递出来时，被猜的孩子与家长都会十分激动，接下来全场互读家书，你会感受到从未有过的安静，大家都在用文字传递着彼此的温情。

诉说祝福，感师恩。师者，亦师亦友。学科教师以"感恩祝福，快乐成长"为核心，结合自身学科特点，诉说心中的言语。学校将其录制成小视频，在感恩礼上播放，希望学生树立远大的目标，并为目标的实现迅速采取行动，期待学生乘风破浪，光彩绽放！学生代表为亲爱的老师送上鲜花表达心中的敬意。

（二）成长篇

入校四年，成长之花常开。聚焦学生 4 年的点点滴滴——收获知识、收获情谊、参加竞赛、参加节目、走出课堂、走向社会。

硕果压满枝。在育英大家庭成长的点点滴滴，有欢笑、有泪水、有成功、有失意，都被老师用镜头记录下来。视频"我们的拾光"记录了同学们从一年级到四年级的学习生活——第一次举班牌、拜师、写"人"字、课堂发言、领奖、校园趣味运动会、入队、研学、国旗下微展示、古诗词考级……照片帮我们定格时光，眉宇间的笑容诉说着成长的喜悦。在翰墨校园中，初学做人，感恩遇见，感谢成长。

（三）传承篇

社会榜样，时代航标。每年的感恩礼，学校都邀请社会各界的先进模范代表进入校园为学生进行宣讲。

1. 向模范致敬

全国劳动模范常德交警"口哨哥"曾祥富、"全国优秀共产党员""全国优秀志愿者"田工、抗美援朝老战士常德军分区李祖峰、湖南省优秀共产党员姚跃林等模范代表，相继参加成长礼。他们结合自身职业特色、自身经历，进行不同主题的微宣讲。他们主动承担社会责任，他们时刻牢记着艰苦奋斗、勤俭节约、无私助人。他们寄语育英少年，策马扬鞭自奋蹄，引导学生走进社区、感恩社会，报答社会工作者。

2. 向社会感恩

孩子们知道在他们身边有那么一群人默默地工作着、守护着、奉献着，他们是军人、是警察、是医生、护士、是电工、管道工、是清洁工……是他们支撑起了整个社会的大梁，也是他们让整个社会稳定地向前行进。孩子们心中有太多的话想表达，此时全场响起《感恩的心》《国家》《一起向未来》。深情的歌词，动人的旋律，孩子们沉浸其中，用合唱、用手语操尽情抒发自己的感恩之情，这样的表达，虽是瞬间，却伏笔一生。

（四）祝福篇

十岁不仅是每个人第一次进入两位数的年龄，更是人生旅途中第一个意味着美满的里程碑。在特殊的时间里，学校亲切寄语、赠送成长礼物、品尝成长晚宴、携手走过成长大门。

1. **学校祝福**

最是一年春好处，人间五月朗朗天。校长伯伯代表学校，亲切寄语为每一位孩子送上真心的祝福：孩子们，十岁了，意味着你们将学会更多的本领、懂得更多的道理、承担更多的责任、付出更多的关爱！幸福十岁感党恩、健康十年感亲恩、学习十载感校恩。要树立远大的理想，看似平凡却不可或缺；开始一个挑战，面临挫折却锤炼意志；保持一个习惯，滴水石穿却终身受益。总之，让未来更好的你，成为学校的一抹亮色！

2. **赠礼祝福**

飞马当空，银河斜挂，寓意着浩瀚星空，任你追寻的主题元素。学校在成长礼上，会向学生赠送星空水晶球。星空球底座印有学校LOGO，标注每年的时间和十岁成长礼纪念，校训印于下方。星空球中有江海，学生心中有山河。学校以面向世界与未来指引学生向更远处追寻；以探索浩瀚宇宙来激发学生求知欲。

3. **晚宴祝福**

十岁生日，仪式感满满。家长为学生准备了美味餐点——蛋糕、水果、薯条、可乐等美食，形成集体生日的仪式氛围。孩子们准备了精彩的节目——舞蹈、乐器演奏、合唱、朗诵等，台上载歌载舞，台下吃着美食流连穿梭。每个孩子都手持美味，洋溢着幸福的笑容，这不仅仅是学生长大的喜悦，更是包含着学生对校园生活的积极与热情，饱含着迎战未来的决心与信念。学生在集体生日中，去感恩所拥有的一切，此刻自由、活力与欢笑弥漫在育英校园的上空，此情此景，注定一生难忘。

4. **未来祝福**

迈入成长之门的一小步，却是孩子们十岁成长的一大步。伴随着欢快的音乐，家长、学生手牵手穿过"成长门"。一门之后，恍若新生，学生们充满朝气的面庞上多了一丝自信与稳重，朝自己的梦想向前迈进，这也是他们学会责任担当的开始。

少年可待，未来可期。十岁成长礼落下了帷幕，但时间的车轮仍在缓缓向前行驶，成长的新篇章等待着少年们书写。愿孩子们珍惜当下，不负时光，不忘初心，常怀感恩，一起向未来！

三、毕业礼——少年启程

每年的六月,学校隆重举行毕业礼。毕业礼上,孩子们为学弟学妹们赠送珍爱的书籍,为母校赠送艺术作品,用一次特殊的班会回忆美好时光。最后,每个人从校长手中接过毕业证书,走上红毯惜别母校。学校也为毕业生们准备了礼物:白玉印章,学生在入学时获赠的书法卷轴上盖上人生的第一枚印章。书、印相映成趣,寓意小学生涯圆满结束。

(一)点亮成长之光

似一阵春风扑面,似一阵秋雨连绵,难忘的校园生活透着甜蜜与温馨。用视频回忆六年的校园时光、"我手绘我校"、"我型我秀"T台展的形式来点亮成长之光。这是一片心灵的净土,理想的种子在这里埋下,现实和梦想在这里得到升华。

1. 相伴最甜一刻

难忘辛勤园丁的叮咛嘱托,难忘书声琅琅回荡校园,难忘埋头苦读的每一个清晨日落。教师用镜头定格画面,在毕业礼上播放每一次感动的瞬间——师生诵读礼祭清明、愉悦春游西湖牧场、古诗考级诗词达人、家长课堂玩转非洲鼓、阳光运动育英体艺节、首发参观沅江隧道、团结协作体操竞赛、第二课堂打响快板、云端相聚别样队会、特色律动心理团建、国防教育威慑军魂等难忘时刻。六载光阴,六载成长;六年汗水,六年收获。大家有感动、有欢笑、有泪水、有成长,但在这彼此陪伴的一刻依然最甜!

2. 校园最美一角

难忘笔架城下那抹灿烂的朝霞,难忘校园里那棵花香四溢的桂花树,难忘操场上伴着夕阳的欢乐洒脱!学校发出招募令,号召学生画出心中最美的校园一角。学生用彩笔画校门,用"凝神一笔一画 静思一言一行"来体现育英特色;用彩铅勾勒笔架城下的操场、随风而动的红旗,凸显育英地域特色。用彩笔画学校的教学楼、特写上课的教室、书法作品墙、二公纪念碑、育英赋、禁毒宣传走廊,我手绘我心,学生画出心中最美的校园一角,学校将绘画作品珍藏,留作小学毕业纪念。

3. 校园最亮的我

演绎服装变迁,体验时代巨变。在这花样的年华,总要有那么一个舞台,供你展现自我,挥洒汗水,绽放青春。学生在毕业礼上进行服装T台秀表演——校服系列青春火热、汉服系列源远流长、民族系列独具特色、休闲系列律动少年、正装系列彬彬有礼。人们的服装，随着祖国的日益强大，而更自由更开放。学生演绎中国服饰变化，从一个独特角度对中华民族百年崛起的峥嵘岁月有了全新的认识。

（二）汇聚深情之力

雄鹰振翅，燕子衔泥，布谷浅唱，翠鸟低行。母校，那是鸟儿翱翔的地方，是学生提升的地方。回首六年的校园生活，母校亲切寄语、家长温馨祝福、教师毕业赠言、学生全新起航！

1. 校长致辞

六载翰墨留香久，一去千里志成才。回首六年，学校以"培养有民族文化根基的现代小公民"的教育理念，全面指导教育教学工作。实现"向民族经典求文化之根；向生活万象求社会之责；向自我潜能求个性之美"的三维发展目标，奠定同学们终生幸福的基础。学校整体设计、系统安排了国学、移动、电影、财商、哲学、全脑、劳动等多彩课程，把"静思一言一行　立德一生一世"放在首要位置。

梁启超先生动情地写下"少年智则国智，少年富则国富，少年强则国强"，这是告诫、激励，少年一代要珍惜眼前，担负使命，在担当中历练，在尽责中成长，民族的未来，不在他人，而全在你少年。希望你们用汗水浇灌，尽心尽力成才；育英永远都在"翰墨飘香，培育英才"。欢迎你们随时回来！

2. 家长寄语

短短的六年，褪去了童年的稚气，获得了成长的自信；抛弃了依赖，学会了选择；懂得了自尊、自立、自强。六年的小学生活看似漫长却又那么短暂！在即将踏上新的征途之际，一是感谢与祝贺。向为了孩子们健康成长奉献心血与智慧的领导和老师们致以崇高的敬意和最诚挚的谢意！向圆满完成小学六年学业的孩子们表示最衷心的祝贺！二是送一缕勉励。不管将来你们飞得有多高，本领有多大，都不要忘记，是育英给了你们成功的种子，是育英给了你们起飞的动力，无论走到哪里都要秉承学校的文化，做一个有中国美德、有中国情怀、有中国精神、有中国梦想的人！

"此地一为别，孤蓬万里征。"在这人生重要的转折点，愿你们把握好人生的方向盘，驶向光明美好的明天！

3. 老师赠言

山再高，往上攀，总能登顶；路再长，走下去，定能到达。离别之际，教师提出了殷切的希望：多读书。读书不仅仅是为了改善生活，也不单单是为了选择体面的工作、让自己有尊严地活着，而是为了用自己的知识去战胜困难，救人于水火。多坚持。所有的成功，都来自孜孜不倦的奔跑；所有的幸福，都来自不懈的努力和坚持，这是任何人都无法找到捷径的。不论你是带着天赋出生的学霸，还是只能靠着汗水死撑的追赶者，请相信努力坚持的力量，总有一天会焕发出它的蓬勃生机。希望今后大家能以自身渊博的知识、良好的修养、文明的举止、优雅的谈吐、博大的胸怀，成就更好的自己！

4. 学生发言

花开花谢，潮起潮落；时光荏苒，岁月如梭。六年时光如白驹过隙，在不经意间，我们走过了小学生涯。感谢我的母校，在您的怀抱里，我们茁壮成长：告别了天真，走向了沉稳；脱去了稚气，获得了自信；抛弃了依赖，学会了选择；还懂得了要做一个自尊、自立、自强的人。

在这里，我第一次接触了汉语拼音，认识了加减乘除；在这里，我第一次画出了漂亮图案，唱出了优美旋律；在这里，我开始懂得了规则纪律，思索着品学兼优。我们从育英起航，告别多彩的童年，承载着老师的殷切期望和深情嘱托，飞向中学的殿堂。我们一定牢记"立字立人"，踏踏实实学习，做一个有责任有担当的人！

5. 献花拜别

毕业之际，感念师恩。在音乐《每当我走过老师的窗前》中，全体六年级老师在孩子们簇拥下走上舞台接受孩子们的鲜花，成为舞台上最闪亮的那颗星。

（三）成就少年之才

学校作为湖南师范大学音乐学院研究生团队实践教学基地校，每年6月派出音乐学院的研究生与育英学子手拉手。研究生团队利用自身专业，设计一系列的汇报演出节目——讲好红色故事、让红色基因代代相传，合唱颂校恩、感青春之泽、朗诵讴歌祖国未来等多种类型的艺术节目与孩子们一起为小学生涯画上一个圆满的句号。

各类节目中展示出改革开放的巨变，人们欣欣向荣、繁荣昌盛的美好生活以及对幸福未来的无限憧憬。希望我们每一个人都要坚定理想信念，鼓励学生投入社会主义建设中去，做有"志"育英少年。

（四）树立高远之志

燕子展翅，雄鹰翱翔，那是鸟儿对蓝天的向往；稻谷飘香，硕果累累，那是大地对万物的畅想；春华秋实，百花齐放，那是我们对未来的期望！学生原创书法作品为母校献礼，校长赠其白玉印章依依惜别。

1. **毕业荣光**

馈以玉石印章，师生莫失莫忘。学校为学生颁发毕业证书、赠送白玉印章，寓意永远不会忘记育英是我们梦想开始的地方。长穗飘然的白玉印章带着母校的牵挂和期盼，不论天遥地远，不论万水千山，母校永远是育英学子的精神家园。学生持学校送给他们的蓝田白玉印章，将自己的印章盖在入学礼的书法卷轴之上，完成小学生涯的"人"字书法作品创作，仪式简单而圆满庄重。

2. **书法献礼**

学生发扬翰墨文化挥毫泼墨，用心书写每一个笔画、每一个汉字，大展育英师生翰墨风采。创作的楷书、行书、隶书作品或隽永俊秀，或苍劲有力，或典雅端庄，尽情地展现书法的独特魅力。

笔墨传情，学生为学校赠送书法作品。学校寄语：希望学生能传承中华传统文化，在今后的生活中，可以用书法作品去诠释对生活的热爱和身边家人的关心。

黎明即起，孜孜为善。六月毕业季，传唱一种不舍之情，谱写一种新生的力量。

第二节 尚·节——"四节"追随季节脚步

时序有四季，成长有"四节"。

校园有了读书节，就有了深厚的底蕴。读书节横跨 4~6 月，从"4·23"世界读书日启幕，到六一儿童节时闭幕汇报并进行表彰。一个个优秀节目成为经典，一颗颗"读书之星"成为榜样。

校园有了体艺节，就有了灵动的精神。每年的十月，体艺节活动分为体育类和艺术类项目开展，育英娃在运动场上挑战极限，在舞台上绽放光芒。

校园有了科技节，就有了创新的活力。十一月属于科技，学校以班级为单位逐个体验项目的形式保证了每个学生的深度参与，又激发了个人的创新思维。科技永不止步，创新永无止境。

校园有了英语节，就有了国际的视野。整个十二月，校园里"英"韵飞扬。英语节以丰富多彩的英语活动为载体，丰富了校园文化生活，孩子们也从中感受到英语的魅力。

育英学子在贯穿一年的"四节"生态德育系统中与"节"同拍，打好精神底色，为终身发展奠定基础。

一、阅见，更广域的思想——读书节

每年的四月，正是读书的好时节。育英娃齐聚一堂，分享读书之获，评选读书之星，再启书山求真、上下求索的读书之旅，到达脚步不能到达的地方。

（一）读书点灯　薪火相传

赠书仪式成了每年读书节的传统：六年级同学为一年级小朋友们赠书，一本本生动有趣的绘本，从小哥哥小姐姐们的手中传递；对于阅读的热爱与坚持，也在无声中流淌到小朋友们的心间。这是一场关于阅读的"薪火相传"。育英之书香，必将生生不息、绵延不绝。

（二）藏书回春　知识共享

"献一本看百本"活动，让束之高阁的书籍、沉睡落灰的知识重新绽放育人的光辉，各班图书角得到了充实。由班级制定阅读公约，班级图书管理员统一管理、借阅，形成"好书都来读，我来读好书"的知识共享氛围。

（三）唤醒文字　声入人心

为了给师生提供良好的朗读体验，培养学生朗读兴趣，学校引进了朗读亭供师生免费使用。低年级的孩子们朗读童谣、儿歌、儿童故事；中年级的孩子朗读寓言、古诗、自创诗；高年级的孩子朗读优美散文、爱国诗词、古文。

在朗读亭里，孩子们能体验到无干扰朗读，聆听自己无杂质的声音。

在这里，孩子们可以静心地与经典对话，与诗文做伴，尽情释放对朗读的全部热情，自由自在地表达心声、传递情感。

（四）品评名著　由浅入深

从中华名著中选择能激发学生的阅读兴趣、能落实立德树人根本任务、能发展学生语文核心素养的著作，让阅读从浅到深。从三年级开始，学校根据学生兴趣、学情，选取一位作家及其作品，引导学生开展"名家经典主题阅读周"活动。（详见第二章第一节）

（五）以诗会友　春城飞花

"飞花令"这个古人行酒令时的一个文字游戏，也走上育英的舞台。一场飞花令，仿佛打开了时光的密码，我们走进了中华诗歌的灿烂年华，那里《诗经》《楚辞》高峰并立，汉魏乐府风景如画，唐诗宋词璀璨夺目。相信翰墨少年在诗词的陶冶下，定会更上一层楼！

（六）轻叩诗门　诗花盛放

轻叩诗歌的大门，开启诗意的童年。"每一个孩子都是天生的诗人。"中、高年级同学通过阅读诗歌、搜集整理、创作诗歌，合编小诗集、诗歌朗诵会等系列活动，走进了诗歌的广阔天地，还将优秀作品投稿至"育英文库"永久保存。

（七）穿越古今　从书中来

每年庆"六一"活动，学校都会结合读书节进行汇报展演，并对评选出的"读书之星""书香家庭""书香班级"等读书荣誉进行表彰。

课本剧是对教材内容读通读透后进行的第二次创编表演，也让各班读书节的整体收获在舞台上呈现。要求每班排演一个课本剧，内容必须是从小学语文课本中取材改编的（含小话剧、小歌剧、小歌舞剧）。

比赛之前，各班从剧本改编、演员排练、服装道具、音乐配音、背景画面等方面不断打磨。演出时，演员们在台上挥洒自如，创意的演出和夸张的演绎把戏中人物丰富的情感表现得淋漓尽致，可圈可点。课本剧表演，让学生体验的是课本中的人生，展示的是现实精神。

读书节，让学生从"阅读"到"悦读"。伴着春夏的缱绻花香，当书页的芬芳在童年飘散，当阅读的习惯在家庭蔓延，当读书的体会在舞台绽放，当纸上的荣誉在心间流淌，读书，美哉！

二、悦动，更多彩的魅力——体艺节

每年的十月，学校会拿出一周的时间，开展体艺周活动。每个育英娃走上展示的舞台，绘出创意，书写风骨，奏响旋律，透出风采。他们以笔为戟，以棋为剑，以器作武，以歌作矛，在各自的战场上吹响号角。

（一）体·有格

足球、篮球、踢毽子、丢沙包、乒乓球……五花八门的运动项目在育英小学的操场上随处可见。为确保学生在校期间每天锻炼一小时，学校开设了丰富的体育课程：传统游戏课、篮球课、足球课、体质健康达标课、特色大课间，为学生全方位、多层次、有特色的发展奠定了良好基础。

1. 代代相"传"

育英小学一直致力于传承我国珍贵的体育传统游戏文化。体艺节的开篇，体育老师们开启"中华游戏玩耍"课程，教孩子们跳房子、踢毽子、滚铁环、丢沙包等，在探索研究体育传统游戏课程的基础上，让传统游戏回归课堂，挖掘传统游戏对学生的促进作用。

学校充分利用校园空地，开发出传统体育游戏项目场地：踢毽子区、跳房子区、扔沙包区、陀螺区等，并将游戏规则写上墙，指导学生开展活动。每天课间，操场、校园各角落，都能看到孩子们全情投入传统游戏玩耍的情景，校园真正成了学生的运动乐园。

2. "足"够精彩

为深入推动我校校园足球运动的可持续发展，让更多的学生享受到足球的乐趣，加强同学之间、班级之间的团结协作、沟通与交流，校园足球联赛再一次拉开了帷幕。

一、二年级直接进行点球大战，三、四年级男、女生各派5人，五、六年级男、女生各派8人进行年级组内的男、女足比赛。绿茵场上，选手们传球、接球配合默契；守门员严阵以待。场外此起彼伏的加油呐喊声，更加鼓舞了运动员斗志。他们你追我赶，为集体荣誉、为超越自我、为筑梦未来奋力拼搏。

3. "绳"彩飞扬

在校园跳绳比赛开始前，学校呼吁同学们每天回家后进行适量跳绳锻炼，并坚持线上打卡。就像钟南山爷爷说的那样："体育锻炼，要像吃饭、睡觉一样，成为生活的一部分"，只有坚持每天体育锻炼，才能强健体魄。

"个人单摇跳"比赛按照一到六年级各班计时计数跳依次进行。哨声一响，只见一根根彩绳漫天飞舞、一个个纯真的笑脸在灿烂的阳光下闪烁着光芒。每位同学为了争取班级荣誉和个人荣誉，都使出浑身解数，表现出了不凡的实力。尤其是一、二年级的萌娃们也逐渐在跳绳中学会了坚持，不断地突破自己是他们在这次比赛中领悟的真谛。

四至六年级每班选取十八名队员参加"趣味多多跳"比赛。长长的一根绳，不仅连接了你我，更将班级里的每一个同学连接在了一起，挥舞的长绳，悦动的精灵，每个人心中都秉持着为集体增光添彩的信念！

4. "乒"出快乐

一至三年级参加颠球个人赛，每人一次机会，中途掉落可拾起球继续颠球，按照颠球个数依次排名。颠球比赛中，小朋友们注意力高度集中，以饱满的热情和高度的积极性全身心地投入到比赛中去，大家看到了孩子们顽强拼搏、奋发向上的一面。

四至六年级参加单打比赛，单打淘汰赛的规则遵循国家体育总局最新的赛事规则。单打比赛中，面对对手，孩子们全力以赴，毫不示弱。你抽杀，我推挡，小小的乒乓球在球桌上穿梭如电。挥拍、削球、接球、防守、进攻，所有选手都拼尽全力，绽放着属于自己的高光时刻。

5. 迎"篮"而上

六年级5V5班级篮球赛开始了！小队员在比赛中奋力拼搏，齐心协力。只见他们投篮、抢篮板、拼抢、进攻、防守，将场上的气氛一次又一次推向了高潮。场下的啦啦队也不示弱，使出浑身解数，憋足了干劲，为比赛队员加油鼓劲。场外的班主任则显得格外紧张，时而给队员出谋划策，时而加入啦啦队呐喊助威，时而为队员们的精彩表演而兴奋不已。

6. "棋"乐无穷

棋类比赛分为围棋、国际象棋两个项目。赛场上，一局局没有硝烟的战争在棋盘上逐一展开。瞧，小选手们个个布兵摆阵不甘示弱，时而托着下巴冥思苦想，时而在棋盘上飞速出子，奇招不断，整场比赛紧张又刺激。

人生如棋，落子无悔。棋需要一步一步下，人生需要一步一步走。千里之行，始于足下。九层之台，起于累土。

（二）艺·荟萃

学校在每周五的下午面向全体学生，开设丰富多彩的社团活动，并开发了网上报名系统，孩子们可以根据自己的兴趣，自由选择社团学习。学校在传统社团（声乐、舞蹈、器乐、书法、美术、手工、武术、球类）的基础上增设电声乐团、舞台剧、泥塑、美食、魔方、3D 打印等"风靡社团"。多样的社团活动，发展了学生的兴趣特长，为学生张扬个性提供了广阔的舞台。

1. 一路"声"花

我歌唱童年，歌声里有欢声笑语；我歌唱校园，歌声里有翰墨书香；我歌唱自己，歌声里有灿烂未来。歌以咏志，与有荣焉。独唱比赛的热度空前高涨，选手不仅有机会进行校歌《育英荣光》的录制，还可以作为广播站每周五音乐专栏的常驻嘉宾，播放自己的演唱音频或分享自己喜欢的音乐。

2. 一"器"呵成

动听的音符在指间流淌，真好，伯牙有子期，我和我的乐器在一起。优美动听的古筝，凄婉的二胡声，美妙的扬琴，如华丽画卷徐徐展开。还有那葫芦丝、琵琶、中阮，沉醉令人不知归路。相比于东方传统韵律的毓秀，钢琴上跳动的指尖让我们感受西方古典音乐的雅尚，提琴上的弦音使人久久沉醉，长笛声、萨克斯声的随风飘扬更让人思绪万千。

3. "舞"动青春

一举一动，舞之风韵；一颦一笑，舞之灵魂。曼妙舞姿的背后，是我们用无数汗水为自己加冕。参赛选手的舞蹈表现形式多样，有古典唯美、民族典雅、异域风情、现代奔放……参赛选手身着各色绚丽的演出服装，自信地翩然起舞。丰富多彩的表情，娴熟优美的舞技，赢来现场观赛师生的阵阵掌声！

4. 下"笔"有神

一撇一捺显风骨，一笔一画明世故。立字立人，是百年育英告诉我们的真理。

书法比赛分为"硬笔书法"和"软笔书法"两类。

通过硬笔书法比赛，引导学生把汉字写端正、写美观，提升书写能力和审美能力，更重要的是培养学生专心致志、精神集中、做事一丝不苟的态度和持之以恒的毅力。

软笔书法比赛现场，百里挑一的"小小书法家"们大胆挥毫，各显身手。创作的作品或骨骼清秀，或张弛有力，或秀美温雅，笔力苍劲而不失大气，表达他们对书法的独特理解。

5. "绘"聚一堂

我做了一个五彩缤纷的梦，梦里有蓝色的哆啦A梦，有七十二变的齐天大圣，还有梦幻的明天，我亲手为它涂上了绚丽的色彩。一张张丰富多彩的粘贴画描绘了童年的欢乐与梦想；一面面灵逸轻盈的彩绘盘子创意画把生活变得更加美丽；一幅幅剪纸作品宛然如生；国画将孩子们天马行空的创意与中华优秀传统文化高度融合。绘画是孩子们展示发现、想象、创造的独特方式，学校特意为绘画比赛中的优秀作品举办画展，这是尊重并肯定孩子的最佳方式，对孩子来说也是一种很难替代的鼓励。

谁说有闪光灯才是舞台？心中有梦，荒野也能翩翩起舞；谁说只有冠军才值得被歌颂？乘风破浪，勇气也是胜利勋章。体艺节，育英娃奋勇拼搏，绽放精彩，且行且收获。

三、跃享，更创造的未来——科技节

每年的十一月，善于想象又勇于实践的育英娃，在科学的空间里天马行空、勇于实践。画一个科幻的世界，做一项独特的发明，玩一次妙趣的挑战，想一种科技的生活……体会又嗨又炫的科技魅力，再萌发一棵热爱科学的幼芽。

（一）看，一场让人"仰望"的启动仪式

"哇！飞机！"一架架模型飞机如冲天飞龙呼啸着直上云霄，并在空中上下翻飞，喷射五彩烟雾，育英科技创想节启动仪式的现场不时爆发出惊叹和掌声。以往只在航展上才有的情景，如今在我们的校园真实上演，表演的正是育英航模小将们！

育英航模队在"湖南省青少年航空航天模型教育竞赛"、湖南省青少年"飞向北京—飞向太空"航空航天模型教育竞赛中获得了优异的成绩。育英航模队自组建以来一直利用节假日开展"大练兵"，提高飞行技能，希望通过航模运动推进学生素质的全面发展，在科技体育中增长知识和技能。学校也被湖南省航模协会授予"湖南省科技体育模型活动基地""湖南省海陆

空模型运动协会会员单位"等荣誉称号。

  随后,师生和家长代表依次参观科技大篷车系列展品。通过科普大篷车的车载科普展品的演示和科普展板展示,全方位地向师生及家长展示现代科学知识。通过现场操作互动体验等形式,为师生们提供了一次十分难得的与科学零距离接触的机会,切身体会到科技的魅力和力量,进一步激发了学生学习科学、走进科学的兴趣和热情。

  浩瀚宇宙,从来都是我们美丽的梦想。而梦想,从来都只会为有准备的人绽放。育英娃,时刻为美丽的航空梦准备着。

  (二)画,一个科幻缔造未来的世界

  育英娃着眼于身边事物的发展与变化,通过科学的想象,运用创新和艺术,创作出了一幅幅精美的作品,以表达对宇宙万物、未来人类社会生活、社会发展、科学技术的遐想。

  在全世界各个国家追求经济发展和科技竞争的大背景下,人类盲目地追求物资的充盈,一味地向地球索取,忽略了环境的保护以及生态的平衡。为了警醒人类,为了子孙后代的幸福,为了珍惜我们共同的家园——地球,在上一届科技节中,294班朱玲希创作了科幻画《珍爱地球》,并在第19届常德市武陵区青少年科技创新科幻画大赛中荣获一等奖。

  科学家的最新研究表明,新型冠状病毒可能会与人类长期共存!此外,在大自然中还存在着许多人类未知的病毒,为了抵御这些病毒,277班刘在恒同学用画笔设计了一款新型多功能防护服,这款服装不仅能够帮助人类检测病毒、防御病毒、治疗疾病、强身健体,还能根据穿着者的年龄、性别、体型以及天气状况自动切换成各种模式。刘在恒创作的《多功能防护服》在第19届常德市武陵区青少年科技创新科幻画大赛中同样荣获一等奖。

  一幅幅科幻画展现了一个个充满想象的世界,从而开启孩子们心中美好的愿景。

  (三)写,一篇科技点亮生活的佳作

  五、六年级的同学们,潜心调查生活中科技的神奇,再一齐引爆观察力、想象力、创造力与写作力!写下了一篇篇科学与文学奇妙相融的科普科幻作文!

  "我回到家乡的第一件事就是去育英小学,那是给我留下许多美好记忆的地方。学校的大门已经改造成了纳米材料的'自动识别门'了！只要你是育英的老师或者学生（包括已经毕业的），自动识别门会由金色自动变成绿色，还时不时用动听的声音亲切地打招呼：'您好，欢迎来到育英小学！'可是，如果是坏蛋或是小偷的话，自动识别门就会立即变成红色，同时还会响起警报声，让坏蛋羞愧难当！"许雅萍同学在《遇见未来学校》中这样写道。

科幻，从现实起航。一篇篇思维独特、想象丰富、题材新颖的优秀科幻作品，看似天马行空却仿佛下一秒就会实现！

（四）做，一项手指缔造妙趣的发明

我们的衣、食、住、行，无不是人类创造发明的成果。所有的育英娃都运用自己的科学思维，开始了妙趣小发明！

其中，科学教师李飞指导284班胡浩然同学设计的"老年人按键语音提示饮水机"在第19届常德市青少年科技创新大赛中，荣获一等奖。胡浩然设计这款机器是为了防止老年人和有视觉障碍的人看不清饮水机上的文字导致烫伤。他们已经将这个项目委托了国家权威查新机构，暂时没有发现相同或者类似的产品和装置。因此，他们这个项目具有创新性，是值得推广的。

刘祖铭、童越亲手造出的星空顶投影灯，可以在墙体，地面等地方投射出你想要的任何图案，让每个夜晚奇妙、安静、浪漫。向妍玲在制作音乐听筒，周政霖在自制豆浆机……创意发明之路从这里开始。瞧，他们已扬帆起航！

（五）玩，一次科技魅力无限的挑战

你的潜力无限，永远不要停止探索和挑战。科技节"育英花"挑战赛中诞生了无数最强者！太多好玩的项目！

让我们一起走进现场：

1. 认识重心——双轨怪坡

地球上的所有物体都会受到重力的作用，重力的方向竖直向下，所以物体会从高处往低处运动。而在双轨怪坡中由于斜坡上两根轨道不平行且上宽下窄，因此玻璃球在斜坡低处时的重心比在斜坡高处时的重心高，所以小球就会在重力的作用下由斜坡的低处向高处滚动，形成"怪坡"现象。参与者让玻璃球从下往上爬，到达终点则算挑战成功。

2. 认识电路——穿越火线

铁圈触碰到金属以后发出警报声,实验失败,那成功的秘诀在哪里?没错,就是耐心、自信、细心!这是物理学中简单电路的知识,一旦构成闭合回路,本次实验就失败了。

3. 伯努利效应——吹乒乓球

伯努利原理:流体(空气或水)等流动时,流速大,压力就小,流速小,压力就大。当对着球上方不断吹气时,乒乓球上方的空气流速加快,导致乒乓球上方的压强变小,而乒乓球底部压强更大,底部空气向上的压力抵消了乒乓球自身的重量,所以乒乓球才会飘起来甚至飞出杯子。参与者将乒乓球依次从第一个玻璃杯吹到第四个玻璃杯中则算挑战成功,中途吹出界则重新开始挑战。

4. 力学原理——搭建木桥

木承重桥的构建巧妙地运用了力学原理。通过梁柱间的相互别压、穿插,能把所受的重力分解到每根木头,从而使整座桥梁非常扎实、稳当。参与者按照实验步骤搭建木桥,要求能承受一大瓶水的重量。

5. 感受离心力——手指弹射

当物体做圆周运动时,类似于有一股力作用在离心方向,因此称为离心力。离心力是一种虚拟的力量,它使旋转的物体远离它的旋转中心,紧张刺激地翻滚。在我们的生活中,离心力原理的运用也是十分广泛的,比如我们平时洗衣服用的甩干机就是利用了离心力的原理。此外,过山车、旋转秋千等都是利用了离心力的原理制作而成的。参与者将球放进射击器的轨道,然后发射,成功到达终点则算挑战成功。

6. 重心传递——多米诺骨牌

骨牌竖直时,重心高,倒下时重心下降,重力势能转换为动能,第一张倒到第二张骨牌上,动能就转移到第二张骨牌上,第二张骨牌将获得的动能和自己倒下过程中产生的动能一起传递给第三张骨牌……所以每张骨牌倒下的时候,具有的动能都比前一块大,因此它们的速度一个比一个快,也就是说,它们一次推倒的能量一个比一个大。活动时每组领取一份多米诺骨牌,自行排列,排列完成后老师验收结果,推倒其中一个骨牌,其余骨牌能依次全部倒下则算挑战成功。

7. 美丽的化学——消失的颜色

化学之美，在于那些精密的分子结构，在于那些五光十色的化学反应，在于那些拿在手上的瓶瓶罐罐。酸碱指示剂是化学试剂中的一类。在溶液里，随着溶液酸碱性的变化，指示剂的分子结构发生变化而显现出不同的颜色，研究者常用它检验溶液的酸碱性。各种不同的酸碱指示剂，具有不同的变色范围，有的在酸性溶液中变色，如甲基橙、甲基红等；有的在中性附近变色，如中性红、苯酚红等；有的则在碱性溶液中变色，如酚酞、百里酚酞等。有许多植物色素在不同 pH 的溶液里会呈现出不同的颜色。因此，每个地方都可以就地取材，自制一些酸碱指示剂，如紫包菜、月季花、菊花、牵牛花等植物的浸出液都可以制成不同的酸碱指示剂。

8. 掌中火焰

往挤入洗洁精的水中冲入可燃性气体——异丁烷，产生大量泡泡，泡泡中包裹异丁烷气体。实验前将手用水打湿，再用手抓取泡泡，打火机点燃，异丁烷气体燃烧，从而出现掌中火的神奇现象，而手被水保护所以不会烧伤。但一定要注意用火安全，该实验需在安全人员陪同下完成！

9. 神奇的泡泡秀

生活中有许多神秘的力量，他们就藏在我们身边的点点滴滴之中，默默影响着这个世界，表面张力就是这许许多多神秘力量中的一个，或许它很不起眼，但却无时无刻不发挥着自己神奇的魔力。表面张力是分子力的一种表现，它发生在液体和气体接触的边界部分，使液体表面积缩小，泡泡形成的过程，就是因为改变了水的表面张力。

10. 浑水摸鱼

将弹珠放入黑色墨水中，实验员用筷子夹取墨水中的弹珠，即为浑水摸鱼。该活动锻炼学生的手指灵活性，磨炼学生的耐心，手脑协同工作，使学生更专注！活动时学生利用筷子夹击玻璃珠，两分钟内夹击数量最多者获胜。

科技节从孩子们的兴趣点出发，激发了孩子们的求知欲和探索精神。我们将继续向前，用细心、耐心、恒心，揭开科技的神秘面纱，唤醒孩子们肩负起时代重任的意识。科技兴则民族兴、科技强则民族强，未来可期，一起向未来！

四、To show, to do the most！——英语节

每年十二月，学校组织英文书写比赛、英语朗读比赛、英文贺卡设计比赛……这是一次英语嘉年华！

Part 1　I can play

我们经常会听到孩子们说："长大了，我想成为……"这时的他们，眼神里充满了浪漫与希冀的色彩，在心里播种了一颗叫作"梦想"的种子。我们以一场名为"童梦奇缘"的cosplay拉开了本届英语节的序幕。

伴随着轻快的旋律，孩子们迫不及待地换上了自己期待的装扮踏上了红地毯。一个个都变成了自己梦想的样子：城堡里优雅的公主、绅士的王子、古灵精怪的仙女、勇敢正义的英雄人物、酷炫的动漫人物……精彩纷呈的装扮，孩子们用自己的方式表达着他们内心的渴望与热情，可爱又烂漫！

但，扮演容易，开口却需要琢磨。因为本次cosplay有一个要求：必须用英语介绍自己扮演的人物。即便设了关卡，"功夫熊猫""喜羊羊""蜘蛛侠"……还是争着抢着用英语来自我介绍。

活动现场变成了一个浸润童心的世界，空气里飘散着快乐的因子，英语就这样走进了孩子们的内心。

Part 2　I can read

学好英语，重在朗读和表达。朗诵英语课文，孩子们把自己对课文的理解，美的体验和情感融进去，形成标准的语音和优美的语调。校长和全体英语老师组成的四组评委团分年级对全校各班进行了英语朗读水平的考核比赛。比赛分为全班朗读和个人抽读两个环节。集体朗诵铿锵有力，感情饱满。个人抽读，分外精彩。他们以清晰的发音和自信的微笑，展现出他们对英语的热爱和执着。

Part 3　I can write

英语书写也需要"凝神一笔一画"，良好的书写习惯不仅反映了端正的学习态度，更是良好学习习惯的重要组成部分。英语老师根据年龄特点布置了不同的书写内容。

"头顶天脚踩地，格子必须撑满。单词间距两字母，字母间距须一致……"为了帮助学生规范英语书写，英语组的老师们自编了书写歌谣，让

同学们更快、更好地掌握书写要点。赛前，在英语老师的组织下，同学们还经常利用课余时间进行书写练习，并顺利从用铅笔书写过渡到用钢笔书写。三至六年级的同学们将熟稔于心的词句写在规整的四线三格里，规范的书写向我们展示了他们认真的态度。

Part 4　I can speak

A. 英语配音秀

配音可以提高孩子英语学习兴趣以及提升孩子口语表达能力。在配音中，孩子们可以通过演绎各种各样的角色，学习更多的知识；从不同的故事中，体会到不一样精彩的生活；在趣学趣玩中，体会地道口语，感受英语魅力，浸润在美妙的英语世界里。

在配音秀展示现场，孩子们声情并茂地演绎出各自精彩的配音作品。他们有的是可爱动人的 Elsa 公主，有的是调皮可爱的 Peppa Pig，有的与大自然融为一体，成为呼吁环境保护的介绍者……每一个角色都是那样生动可爱，现场的小观众忍俊不禁。

B. 用英语讲好中国故事

用双语展示中国文化，在故事里读懂中国。"用英语讲好中国故事"参赛选手紧扣主题用质朴的语言和真挚的情感以及流利的英语，讲述了一个个故事：孔融让梨、铁杵成针、中国美食……不少孩子精心准备，特意穿上与主题契合的服装：唐装汉服、可爱熊猫彰显着浓厚的中国文化。

用英语讲述中国故事，让孩子们在英语课堂中对中华传统文化的深厚底蕴有了更多的了解，激发了他们作为中国人的自豪感，增强了文化自信。

C. 英语小导游

六年级的学生代表在学校微信公众平台开设"国际导游带你云游育英"栏目，共推出6期小视频，从"二公"纪念碑讲到"校园诗墙"。在优美的配乐中，随着徐徐展开的育英画卷，以标准、流利的英语娓娓道来，向全校师生介绍了校园。

Part 5　I can make

一、二年级的小朋友们初次接触英文字母，对字母不熟悉，但他们可以寻找生活中的字母，以"Magic Letters"（神奇的字母）为主题制作字母卡，他们大胆想象，用所学的字母创作出各种超萌的形象，用手中的画笔为字母插上梦想的翅膀，一个个活泼可爱的字母跃然纸上，趣味盎然。

三、四年级围绕"My Favourite Season"这一主题，英语老师和美术老师一起给孩子们布置了一个小任务——制作"我最喜欢的季节之刮画作品"。孩子们用多彩的画，流利的英文介绍，展示了他们的精彩。

五六年级围绕"Make a Nice Dish"主题开展了一次美食制作实践作业。通过认识食谱构成，孩子们具体了解美食制作步骤；借助思维导图建构语言支架，让学生得以在动手制作的同时有条理地进行操作说明与情感表达，从而提高了学生的语用能力。

这些都体现了"双减"之下，儿童学习英语的另一种视角。

Part 6　I can challenge

英语乐园闯关活动针对高年级设置了三个环节，由浅入深，由易到难。

第一环节：英语记忆书写小能手。考察同学们对重点短语的记忆并快速进行图文匹配，同时强调书写的整齐度、美观度。

第二环节：英语理解运用小明星。重点考查同学们对重点句型和特殊疑问词的理解以及灵活运用的能力。

第三环节：传统文化小达人。在阅读春节书信中，孩子们用英语感受到了春节的愉快氛围，了解了节日习俗，学会了用英语传播中华优秀传统文化，从而增强了同学们的文化自信。

在全球一体的今天，英语节让新时代的育英学子，学贯中西，个性生长。既要有家国情怀，还应有国际视野、世界眼光，这样，才能成长为国家栋梁、民族脊梁！

第三节　乘·风——"七风"致敬不朽文明

"春节""元宵节""中秋节"等传统节日无疑是中华民族五千多年文明史给予现代的珍贵礼物，其深厚的文化底蕴，生动的民间习俗深深影响着一代代的中国人。

十八大以来，习近平总书记多次提出要"坚定文化自信""只有坚持从历史走向未来，从延续民族文化血脉中开拓前进，我们才能做好今天的事业"。因此，学校德育工作应积极寻找"历史""民族文化"基因，落实立德树人的根本任务。

育英小学德育团队联合学校大队部，从中国传统节日、重大节庆日中甄选七大节日，将家国情怀教育与人格修养教育有机结合。学校引领学生回望传统，传承文明，享受中华节日，守护中华身份。

一、年味春节，一探究"镜"

春节是指传统上的阴历新年，俗称"年节"，又叫新年、大年、新岁。春节是中国民众一年一度情感与愿望的释放日，是温情与活力的聚集日。为了赓续文化根脉，结合学校特色电影课程，我们组织学生开展"镜中春节"主题活动。活动设计上紧扣"镜"字，引导学生用"镜头"发现、记录传统佳节的美好，去捕捉身边的年味，从而自觉地传承优秀传统文化，增强中华民族的文化自信。

（一）镜中香

年复一年不曾改变的年夜饭，是最幸福的仪式。针对这一传统年俗，我们倡导育英娃用镜头来捕捉年夜饭之"香"，从队员最感兴趣的"吃"上下功夫。

具体可以这样开展：一至三年级的学生用食材作画，进行年夜饭摆盘大赛；四至六年级学生进行厨艺大比拼，每人准备一道年夜饭上的菜，队员们拍摄做好的年夜饭，介绍其食材、做法、寓意，加深对民俗文化和饮食文化的了解。开学后，各班将学生制作的"年夜饭"视频接力输出，合成班级成果视频，评选出"年饭制作小能手"。

（二）镜中色

贴年红是传统过年习俗，红色增添喜庆的节日气氛，寄予着人们对新年新生活的美好期盼。学校倡导育英娃用镜头拍下不同的年红——春联、门神、年画、福字、横批、窗花，解释其含义。不仅是在家中，学生更是走进社区、走向街头，拍摄街道、公园等不同地方的镜中红色。各班可以将年红视频分类收集，在班会上评比"最美年红"。

给压岁红包也是春节习俗之一。育英娃用镜头记录过年时收红包的画面，定格"红"色喜悦，并积极结合学校财商课题，引导学生思考并探索如何合理使用压岁钱，制定"我的压岁钱理财计划表"，用视频的形式汇报个人专属理财规划，让这抹"红"更添理性色彩。

（三）镜中味

春节还有很多习俗，如贴年画、守岁、拜大年、舞狮、游神、庙会等。学校倡导育英娃拍摄下自己喜欢的片段，感受亲朋好友之间的情谊以及对新年生活的憧憬，深化新春拜年的意义，感悟镜中春节的味道。孩子们甚至还可以在爸爸妈妈的帮助下为画面配音等。

拍摄、记录是孩子们自己发现感悟的过程，每个人的"镜头"一经交流，便是孩子们立体认知春节"万花筒"。开学后，各中队开展以"镜中春节"为主题的中队会，大家在一起拍摄的春节视频及图片中，在一起分享镜头下呈现的传统春节活动的热闹氛围中，体会人们对美好生活的向往，感受中华民族文化的魅力所在，孩子的自豪感油然而生。2020年春节，265班的双胞胎兄弟肖峣、肖骁把"镜中味"镜头对准了自己为长辈说书拜年的场景，制作的小视频《嗨！我们是说书兄弟》被湖南教育电台"网络大课堂"采用。于是，更多的人分享到了小兄弟的别样春节，小兄弟因此获得了满满的成就感，觉得这个春节过得格外有意义。

二、甜蜜元宵，惊喜"灯"场

"正月十五闹元宵"，一个"闹"字道出了元宵节的奔放、欢腾、热闹，也道出了元宵节与其他节日的与众不同：传统节日注重阖家团聚，元宵节在此基础上更强调"普天同庆"的全民参与氛围。育英小学的元宵节带领孩子围绕"灯"开展活动：做灯笼、挂花灯、猜灯谜……在"闹"元宵中发现节日魅力，更加热爱中华传统。

（一）我的灯笼新年祥（做灯笼）

巧手做灯笼，传承民俗情。为了让孩子们感受元宵节的传统文化和民俗习惯，家长和孩子共同参与，发挥聪明才智，利用各种各样的材料制作出创意无限、独一无二的灯笼。过年收到的压岁钱红包、礼物的包装盒、糖果纸……都成了孩子们制作灯笼的材料；圆形、方形、五边形，甚至说不出的形状，孩子们手中的灯笼一如他们丰富的想象力，独一无二、创意无限。元宵灯笼在孩子们手中仿佛有了新的生命，充满着喜庆、童趣。

（二）大红灯笼高高挂（挂灯笼）

每年元宵节恰逢春季开学，开学的氛围正好可以和热闹的元宵节无缝对接。

开学前两天，师生一起将自己制作的灯笼带来学校。大家有说有笑，将灯笼挂在熟悉的教室里，挂在校园的架空层，挂在走廊、楼道……满眼望去，校园里满是可爱的灯笼，它们给沉寂了一个月的校园带来了浓浓的生气，寓意新年祥和，新学期快乐。这样的元宵节是孩子们亲身参与的，这样的新学期氛围是孩子们自己营造的，孩子们在参与、体验中，增强了对中国传统文化的热爱，感受到了中华民俗的独特魅力。

（三）团团疑惑猜灯谜（猜灯谜）

猜灯谜又称打灯谜，是中国独有的富有民族风格的一种传统民俗文娱活动形式。元宵佳节，孩子们用自制灯笼装点着校园，灯笼下贴谜面。按照物品篇、猜字篇、动物篇、气候篇等十几个篇章分类布置灯谜。成百上千的灯谜遍布在校园的各个角落，无声地传递着汉字的魅力。各个角落都是认真猜谜的孩子，他们或眉头紧锁，或恍然大悟，热闹非凡。猜对灯谜的学生可以兑换育英币，每年春季开学，孩子们开心地从这个"保留曲目"中赚取新学期第一桶金。

如此闹元宵，学生沉浸式体验节日习俗，练就了慧心巧手，扩大了知识储备，活跃了节日氛围，有利于促进健康心理的形成。学生感受到传统节日的热闹氛围，了解多姿多彩的节日文化，对传统文化的热爱正默默发芽、开花。

三、礼祭清明，重情重"忆"

一年一清明，一岁一追思。清明兼具自然与人文两大内涵，既是自然节气，也是传统节日。学校在清明节开展"清明祭英烈　红色永传承"以及"珍爱生命"主题教育活动，踏春故里，行爱国主义教育，引导孩子追念先贤，感悟生命。

（一）踏青之礼，不负春光不负生命

清明前后，学校通过微信公众号推出《育英家书·五月》，倡导父母带着孩子去踏青赏春、扫墓祭祖。此前，学校会开展以"生命"为主题的心理健康主题班会课，对学生进行生命、爱和传承的教育，让孩子了解生命是如何诞生的，初步知晓生命的意义，从而更加珍惜自然中的生命，懂得生活的美好。班会上还会结合现实生活，通过讲述坠机等事件，向逝去的生命默哀。让学生深切地体会生命的可贵，引导学生要用积极的思维方式面对生活事件，用乐观向上的态度去珍惜每一个生命。

（二）寄思之礼，网上云祭英烈

隔空不隔情，清明祭祀，贵在心意，重在文明。学校倡议全体师生、家长文明祭祀，并积极组织学生参与网上祭英烈活动，以网上祭拜、献花、留言等方式了解英雄事迹，表达对革命烈士的敬仰与怀念，文明祭扫，同时减少环境污染。

（三）瞻仰之礼，寻找红色记忆

学校充分挖掘本土红色教育资源，特别是在武陵区18处红色革命遗址遗迹修缮后，每年都会组织少先队员们到本土遗址遗迹纪念设施前开展瞻仰活动，宣讲家乡革命先辈的感人事迹，让革命历史"活起来"。在现场，少先队员们举行微队课活动，重温入队誓词，并向革命先烈敬献花篮、瞻仰烈士纪念碑，深切缅怀为共产主义事业英勇牺牲的革命先烈，感悟革命精神，传承红色基因。

（四）传承之礼，赓续清明文化

除了祭奠活动，学校还倡导全体学生用不同的方式追念先贤，感悟生命。

低年级的学生利用手势舞表达对革命先烈们的缅怀与敬意，并鼓舞广大少先队员们要继承优良传统，做新时代好队员；

中年级的学生用手抄报和黑板报的形式表达对英雄的崇拜敬仰之情和强烈的爱国主义情感，鲜明的主题、绚丽的色彩、铿锵的文字，汇聚出发自内心的正能量；

高年级的队员们通过制作风筝、柳叶拼贴画、纸杯立体菊花等手工作品，献给革命先烈，以此表达自己崇高的敬意和感恩之心。

一系列的清明活动，表达了学生们对先烈、先贤、先人的感恩和敬仰，对中华民族源远流长的传统节日的重新认识和感悟，激发了他们继承先烈的遗志，勤奋学习，勇敢地挑起建设祖国的历史重担，为使中华民族傲然立于世界之林而贡献自己的力量。

四、"香"约端午，与"粽"不同

端午节作为我国传统节日之一，本是先民创立用于拜祭龙祖、祈福辟邪的节日，后因传说战国时期的楚国诗人屈原在五月五日跳汨罗江自尽，后人亦将端午节作为纪念屈原的节日，也有纪念伍子胥、曹娥及介子推等不同的说法。因此，端午节既有祭拜祈福之习俗，亦有讴歌爱国为民精神之传统。

（一）粽叶香，香绕巧手间

五月五，过端午，粽叶青，糯米香。为了让孩子们更直接体味端午节的色香味，学校每年都组织学生进行"包粽子"活动。从买粽叶、煮粽叶、裁粽叶，到准备糯米、红豆、花生；从学包粽子，到煮粽子、吃粽子，同学们全程参与，既体会到了包粽子的不容易，又在劳动中提高了动手能力，同时也对包粽子这一端午传统又有了更深的理解。活动中，小朋友们还会互赠香囊、五色丝线，分享端午节的经历。孩子们在实践中学习中华优秀传统文化，体验劳动的快乐，感受节日的氛围。

（二）创意香，香入别样"龙舟"

育英小学是"常德市青少年科技活动示范学校""湖南省海陆空模型运动协会会员单位"，结合学校科技模型工作上的优势，学校在端午节前后组织学生开展别样"赛龙舟"活动，即抓住传统龙舟的特点，利用不同的材料，自己设计、拼接、组装个性十足的"龙舟"。作品完成后，大家再来一起"赛"龙舟，怎样赛？小创作者自己进行作品介绍、功能演示，再由观众投票评选出"颜值龙舟""速度龙舟""环保龙舟"等，让孩子们在别样龙舟、别样比赛中好好感受一把节日氛围。

（三）传承香，香沁文化自信

学生以"我的端午"为主题，设计"端午"海报、创编"屈子"童谣，宣传节日习俗，歌颂爱国精神。海报以节日文化为内容，孩子们八仙过海，各显奇思妙想，宣传端午文化。学校还邀请家长评委对海报进行评奖，评选出优秀作品，在学校宣传栏进行展示。"屈子"童谣以"屈原精神"为主题，教师指导学生收集、创编、诵读童谣，学校还将优秀童谣录音，利用学校微信公众号、校园广播网进行展播。学生在丰富的文化氛围中，体验着、传递着传统节日的快乐、节日的精神内涵。

端午节是弘扬民族文化的节日。学校传承节日文化除了外在物质形式之外，更努力深入其内在的精神内核。抚今追昔，站在"两个一百年"奋斗目标的历史交汇点上，传承不绝的精神遗产，在社会小接班人们的心里种下爱国的种子，以文化底气成长、成才！

五、月圆中秋，五彩"饼"纷

中秋节不仅代表着中华民族几千年对"家"文化的传承，更浓缩着中华儿女感恩、尊长、怀德、爱国等优秀品质。学校以体验式教育理念为指导思想，以任务型活动模式为实施模式，调动孩子在动静结合、丰富多彩的活动中崇月、敬月、亲月。

（一）诗会——月色诗情满心怀

古往今来，文人墨客纷纷寄情于中秋佳节，引发人们无数的遐想与幻想，产生无数的佳作名篇。效仿古人，每当中秋来临，孩子们会组织"中秋诗会"，包括诵诗、赛诗和唱诗三个篇章。有的诵李白的《关山月》景象万千；有的诵杜甫的《月夜》婉转动人；有的诵白居易的《望月有感》令人泪目；有的诵苏轼的《水调歌头·明月几时有》旷达超脱；有的诵辛弃疾的《西江月·夜行黄沙道中》令人悠然神往……读着读着，孩子们明白了，"月"有时寓意孤单，有时寓意相思，有时寓意美好……

（二）礼趣—— 时代新风我创意

在培养学生热爱民族传统文化的同时，如何丰富学生生活，增进亲子感情，提高环保意识呢？学校想到了借中秋节的契机，开展"创意月饼礼盒"的设计大赛。孩子们以家庭为单位设计一套或一个具有民间特色的月饼盒，可仿做，也可创造。出炉的特色礼盒真是充满了创意——有的绘了嫦娥奔月图，寓意"佳话有约"；有的绘了荷塘月色图，寓意"岁月静好"；有的绘了莲花鲤鱼图，寓意"年年有余"。还有的孩子用风格各异的书法送上自己的祝福：月儿圆圆天边挂，梦想圆圆都成真；明月一闪一闪挂天边，思念一丝一丝连成线；月圆，人圆，事事圆；好花，好景，好事连……读着读着，真的有书已尽而意不止、笔虽停而势不穷的意境。礼盒的选色也充满喜庆，多是红、黄这两种颜色，红色象征吉祥，黄色象征贵重。至于形式也充满设计感，有提篮式、果盘式、书册式等。该活动让孩子们动脑动手，深入其中，深深体会到月饼作为传统节令食品，其包装设计也应体现独特的中国文化特征。简约即是美，显爱即是美，真正回归月饼包装的本质！

（三）游艺——"童"样精彩月圆夜

和和美美好时节，校园中秋游艺会。"欢乐投壶""你演我猜""趣味剪纸"等趣味小游戏拉开游园会的序曲。伴随着皎洁的月色，同学们陆续进行小提琴、独唱、架子鼓等表演。同时，操场上架起了天文望远镜，学生进行中秋探月，近距离观察月亮。活动五彩纷呈，像是一支支画笔，在中秋节这张蕴含团圆的白纸上绘上了所有迷人的色彩，散发出传承的无穷活力。

（四）相守——用心修护就能"甜"

情暖留守儿童，共度中秋佳节。在中秋节来临之际，为丰富留守儿童的节日文化生活，让孩子们在远离父母的日子里也能感受到节日的快乐和家的温暖。学校招募家长志愿者共同开展活动，与孩子们度过难忘而温暖的一天。活动现场先由老师给留守的孩子介绍中秋节的文化意义，再由家长志愿者和孩子们共同进行月饼DIY活动。大家一起揉面、和料、印模，一个个精致月饼在孩子手中诞生，他们被甜到了，也被暖到了。

抓"点"——联"面"——串"线"，"中秋节"主题教育活动，旨在通过活动使学生获得传统认知，发展传承技能，培养家国理解力，做到个体与社会责任感同步成长，这是更好地弘扬中华民族优秀文化的一个载体，也是学校精神文明建设的重要组成部分。

六、祈寿重阳，我有我"young"

重阳节即敬老节，它凝聚了中华民族千秋万代"老吾老以及人之老，幼吾幼以及人之幼"的浓浓情思。借重阳节契机，学校带领学生走近老人、走向社会，观察、思考、体验敬老爱老的责任与担当。

（一）登高——共享与自然的和乐之美

重阳节自古以来就有登高的节俗，所到之处没有严格规定，登高的目的就是要靠近天，靠近自然，体现"万物和谐、天人合一"的思想。在这个节日来临之时，学校号召孩子陪伴家长老人一起登高，让老人们在世间自然万物面前，自由地彰显自己的活力，以最舒适的状态，最纯真的心态，感受人与自然的和乐之美。同时建议孩子做好两个一：一是为老人佩戴一枝茱萸，为老人除湿避寒；一是为老人泡一杯花茶，为老人明目解毒。

（二）焕新——共享与人性的和睦之美

重阳节将至，学校组建"情系敬老院"活动小队。走进敬老院，组织开展"四个一,让夕阳更灿烂"活动。即为老人做一件好事、为老人表演一个节目、为老人制作一张感恩卡、为老人送上一份礼物。活动的尾声,老人们的眼中充满了不舍,队员们在实践中明白了"老吾老以及人之老"!

(三)调研——共享与时代的和谐之美

人口老龄化是当前人类社会面临的共同挑战,应对人口老龄化是战略性系统工程。学校开展了一系列以"人口老龄化"为主题的综合实践活动:

城市调研组——走近老人日常生活;

社区走访队——走近老人娱乐世界;

养老院打卡组——走近老人休养场所;

老年大学组——走近老人学习机构。

学生根据其梦想绘制"未来养老院"图纸,利用回收材料制作未来的城市模型,为新时代老龄事业高质量发展建言献策。

重阳节是祖先留给中华儿女的珍贵文化遗产。学校希望通过系列活动,引导孩子思考老人与自然,老人与自身,老人与社会的关系。

七、礼赞国庆,文"舞"双全

国庆节是抒发爱国情怀、祝福祖国繁荣昌盛极具意义的教育节点。育英小学紧扣自身的翰墨文化设计庆祝活动。

(一)舞——堂堂儿女,英姿飒爽

"凝神一笔一画 静思一言一行"是育英的校训!浸染翰墨的孩子,外显也要气韵非凡!作为湖南师范大学音乐学院的基地校,孩子们的成长备受关怀。舞蹈系的吴少敏老师特意为孩子们精心创编了一套翰墨操,期待歌的旋律、舞的节奏、词的深思,引领育英学子"写好中国字,做好中国人"!国庆当天的升旗仪式上,孩子们迎着朝阳,以翰墨操献礼国庆,用端正的身姿宣告:我是一个堂堂正正的中国人!

(二)书——翰墨飘香,国运绵长

接下来的一整天,育英人人庄重以待。上千名教师代表、家长代表和学生代表分三个会场,举行"大手小手同书'中国梦'"庆祝活动。

一、二年级的孩子用铅笔写经典、迎国庆,他们年龄虽小,却也能调理好精、气、神,做到"心正身正笔正";三、四年级的孩子,手持钢笔,凝神静气,一横一竖无不彰显献礼的庄严与书写的自信;五、六年级的孩

子,以软笔书写献礼,在书画世界的背景映衬下,他们个个满怀激情,行云流水间,洋溢出笔墨之香、国庆之喜;

家长、教师们的作品也紧扣主题,健康向上,具有时代精神和积极意义!常德市书法协会主席李泽民、副主席张国华、著名花鸟画家李世平等当地名家应邀来到现场,点评佳作,挥毫献礼。

(三)折——魅力指尖,纸短情长

巧手折红星,悠悠爱国情。美术组的老师带领学生一起制作国庆小挂饰。孩子们的折纸各有特色,红星、红船、天安门城楼等,他们还添加了小彩灯、花朵、和平鸽等装饰,让平凡的纸张焕发出了别样的风采。每一个折纸作品都异常生动,仿佛诉说着共产党百年征程里的光辉事迹。红色折纸,传递的是红色精神,映照的是爱国初心,展现的是同学们蓬勃向上的精神面貌。

(四)唱——红歌嘹亮,丹心向党

月光普照来临,晚间是国庆献礼——红歌会。

第一篇章是"国粹亮相"。一盏红灯,照亮革命征途;一盏红灯,指明前进方向,孩子们,柔身柔段不一样,京韵京腔四座扬。第二篇章是"你唱我唱",孩子们以合唱的形式登场,歌声或婉转抒情,或高亢有力,或深情表达,不一样的旋律,却表达着同样的感情——对党和祖国的热爱,对未来美好生活的憧憬。第三篇章是"唱红歌,跟党走"。党员教师与全体同学合唱《没有共产党就没有新中国》,朴实的歌词、滚烫的旋律,表达出全体育英人的心声,始终如旗帜,似号角,跟党走的信念!

国庆节的心情若有颜色,一定是红色。这一整天,孩子们都沉浸在欢乐祥和之中。生在春风里,长在红旗下。育英想让孩子们明白:自己是幸福的一代,更是担当重任的新一代。

此外,在中华人民共和国成立70周年这样的盛大节日,育英也有特别献礼。这一天上千师生在笔架城下开展快闪活动《我和我的祖国》(该活动视频被登载至"学习强国"平台),旋律一起,引来了市民纷纷加入。

中华民族悠久的历史长河中,诞生了无数值得纪念的传统文化节日。现如今,如何引导孩子"享受中华节日,守护中华身份"?育英在探寻中找到了一些弘扬的路径,也使节日焕发出了新的生命力,但泱泱大国,仍需回望来时的路,矢志不渝地求索!

第四章
成翰墨之象，成长丰盈姿态

人的成长永远是学校规划中的重头戏。除了学生，老师和家长同样是重要的成长个体，本章节我们谈论"成翰墨之象"，主体是育英的教师和家长。

教师及家长的成长是百年育英担当教育使命的另一种回答，是对一方水土的深情反哺。

第一节 印象·教师——书一卷风清气正

育英教育缘起翰墨。翰墨艺术清苦艰辛而乐趣自知，它强调宁静修身、海纳百川、超凡脱俗，以此为照，育英将教师未来发展目标定位为：沉静、豁达、高远。

如何帮助我们的教师内外兼修，博学沉静，内在气韵向下沉淀？如何虚怀若谷，洞明豁达，生命气度外张旷达？如何优雅脱俗，志向高远，外在气质向上脱俗？育英管理团队且行且探索。

一、师德，铸牢教育信仰

师者，教之以事而喻诸德者也。

为教育和引导广大教职工立足本职，履行职责，提升学校办学品质和社会影响力，一直以来，学校高度重视师德师风建设工作，扎实开展相关活动。

（一）党建工作引领师德师风建设走心、走稳

结合学校翰墨文化特色，学校党建工作积极与学校文化翰墨相融，打造"翰墨书心"党建品牌。日常工作中，党支部支委会成员常态坚持谈心谈话，跟进做好全体教师思想工作；党支部定期开展党员学习和组织生活会议，强化教师的理论修养、品德修养和言行修养。在此基础上，学校党支部还积极打造"字里乾坤话廉洁"等特色党建活动，将"翰墨书心"品牌不断擦亮。

1. "字里乾坤话廉洁"党课

汉字蕴含着深刻的寓意，对当前党的廉政文化建设具有重要启迪和警示。"字里乾坤话廉洁"系列党课撷取"廉""俭""清"等饱含中华民族优秀精神的文字，通过咬文嚼字，形声会意，寻找新韵味，品出新体会，在字里行间寻找先贤的初心、时代的心声。如在第一课中，党支部书记说"廉"字时谈道："堂边有隅，有棱，故曰廉，堂的两边收敛所成的棱角即为廉。棱角的特点是方、直，故古人以廉的方正、正直来喻人，称赞人正直的品德。对为官为上位者而言，廉更是清明，是廉洁，是不贪。贪污腐败如同一股乌烟，污染了社会的浩然正气；反腐倡廉，要用廉的力量，吹散贪腐的污浊之风，建立清明的社会。"（详见本小节后"字里乾坤话廉洁"系列党课讲稿）

以"字"启"志"，是育英翰墨文化着色党建工作的创造性实践，也是教师队伍思政教育的有效方式，老师们在品味字词的过程中长知识、省自身，自然而然地得到了职业的启迪。

2. "好好学习"微电台

毛泽东主席的题词"好好学习"给予了一代代人学习的动力。新时代，这四个字又多了一层新的含义：认真学习习近平总书记系列重要讲话精神，坚定中国特色社会主义道路自信、理论自信、制度自信、文化自信，坚定不移推进中华民族伟大复兴历史进程。为此，学校结合翰墨特色，利用微信公众号平台，开辟"'好好学习'微电台"系列栏目。微电台以廉政、修身、立德、笃行、劝学、信念等为主题，党员牵手队员，学校牵手家庭，学生软笔书写经典，家长诵读《习近平讲故事》，党员教师赏析《习近平用典》，月初推出，师、生、家长共同学习。迄今，"好好学习"总系列下已开设"读用典，学思想""习经典，引方向""学金句，悟真理"三个子系列。"学校'好好学习'微电台时尚新颖，让我在轻松的氛围里学到了很多

为人处世的道理和中华文化经典。"育英小学青年党员教师龙维广如是说。退休党员教师刘屏则认为,系列学习能边读边听,特别适合中老年人学习,推出的故事和经典发人深省,引人深思,告诫大家要始终保持共产党员清正廉洁的政治本色。她还说,"我的书法作品在'好好学习'微电台展播了呢,大家夸我字写得好,我心里可高兴了!"

"好好学习"系列微信

同时,学校党建工作还动态结合时事、重要节点开展学习活动。2021年,建党百年之际,学校党支部结合党史学习教育活动,围绕"学史明理""学史增信""学史崇德""学史力行"四个专题学习研讨,凸显师德力量。所开展的"书写红色诗章""党史学习教育—普通话运用"等,通过师生们喜闻乐见的方式深刻领悟中国共产党伟大的斗争精神、担当精神和奉献精神;开展"搭建红船"活动,把开天辟地、敢为人先的首创精神,坚定理想、百折不挠的"红船精神"内化于心、外化于行,成为育英师生的红色基因;学校微信公众号推出"经典百日红"系列栏目,在距离党的生日100天之际,每天一个故事,一篇诗文,一首歌曲,师生共同参与,凝聚力量,传承经典,践行梦想,在区内外引起了强烈反响。

"经典百日红"系列微信

（二）常态工作实现师德师风建设走深、走实

除了通过例会、学习强国等常规方式学习师德师风政策精神，育英小学还创造性地开展了系列师德师风建设活动。

1. 系列"师德讲堂"活动

学校师德讲堂每年度围绕一个中心主题展开四期活动（每季度一期），引领教师做反思、学榜样、发善心等，夯实教师作风建设。活动紧紧围绕年度中心主题开展。如"不忘初心"主题包含"不忘初心，惟志惟勤""不忘初心，遵德守礼""不忘初心，博学躬行""不忘初心，身正为范"，从职业志向到个人修养诠释"不忘初心"的深意；"致敬"系列包含"致敬时代英雄""致敬教师职业""致敬奋进之笔""致敬努力奔跑的自己"，从社会疫情到个人工作剖析"致敬"实质。每期活动还紧紧融合当下重要工作任务精心设计，如"信仰"系列第一期以"规则的力量"为题，结合省、市、区师德师风建设年工作，带领教师深入学习《中小学教育惩戒规则》《常德市中小学教师"十条禁令"》等文件，帮助教师规范自己的行为；"笃行"系列第二期以"走向2.0"为主题，引领教师积极投入年度培训任务——信息技术提升工程2.0，并在学校拆迁重建之际，树立"明天会更好"的决心和信心。

2. 系列校园文化活动

学校翰墨文化体系中的活动高度重视与师德师风建设的融合。如"育英教师诵读打卡"活动，全体教师利用"小打卡"程序，每日诵读一首诗歌，感悟中国千年的道德底蕴；2021年，建党100周年之际打卡活动专注"红色诗章"，感悟信仰力量。同时，学校笃定坚持"四节三礼"活动，入学礼中的"拜师礼"，感恩礼中的"尊师礼"，毕业礼中的"谢师礼"均让教师在活动中感受到师者的职责和尊严。

3. 系列宣传活动

学校利用学校微信公众号，推出了"身边的榜样——树人·悦己"系列微信。"树人·悦己"以身边的教师榜样感染人，引领人。这些老师天天和大家在一起工作、生活，在平凡、琐碎的工作中做出了别样成绩，这就是生动的师德教材！胡建平老师在山区支教一年后，我们推出《"树人·悦己"——教育扶贫者胡建平》，讲述了她在支教生活中的点点滴滴；退伍军人王欣老师退伍不褪色，作为学校科技教育领头人，牺牲一个个假期带队

训练,我们推出《树人·悦己——师者王欣(八一特刊)》,表达对其敬意和祝愿;党百岁诞辰之际,我们整理光荣在党50年的党员——退休教师李莲珍的事迹,推出《树人·悦己——师者李莲珍》,传播信仰的力量。这些故事给予了老师们在日常工作中的无限动力。

"树人·悦己"系列微信

(三)考核评价助力师德师风建设走细、走远

首先是以制度明底线。作为学校各项规章制度的母本,《育英小学章程》第三十三条明确规定:每年对教职工的职业道德、业务水平和工作实绩进行考核,考核结果作为续聘、转岗、解聘、晋升和奖惩的基本依据。学校将师德表现作为教师考核、职务评聘、进修深造和评优评先等的首要内容。因此,学校其他制度都将师德师风放在了重中之重,如《育英小学评优评先制度》《育英小学职称评定方案》《育英小学岗位晋级方案》都鲜明地提出了对师德失范行为实行"一票否决"。

其次是以专项治理强化。坚持深入开展教师违规收受礼品及红包、违规补课、违规家教家养等专项治理;认真配合上级部门进行自查自纠,签订责任书。同时,学校常态化地加强师德隐患排查,发现苗头,立即采取谈心谈话等方式进行防范,从源头上杜绝教师师德失范行为。

再次是以监督保障。构建学校、教师、学生、家长和社会广泛参与的师德师风监督体系。每年学校都会进行教师从教"满意度"调查,获取家长满意度、学生满意度、同行满意度客观数据。同时畅通师德师风问题反映渠道,特别是在"大家访"活动中,党员教师、管理人员和家长面对面进行沟通,听取家长意见建议。

"修身齐家治国平天下",师德师风建设是教师职业的起点和方向。由此,育英将笃定地以"师德师风建设"为教育赋能,应发展之瞬息万变。

"字里乾坤话廉洁"系列党课讲稿之一

字里乾坤话廉洁

(廉正责)

汉字蕴含着深刻的寓意，对当前党的廉政文化建设具有启迪和警示作用。今天的微党课，我们将对三个汉字进行解构，还原古代思想中的文化本意，并通过咬文嚼字，形声会意，嚼出新韵味，品出新体会。下面，我们一起走进字里行间，寻找先贤的初心、时代的力量。

一、"廉"洗心，质洁净

"堂边有隅，有棱，故曰廉"，堂的两边收敛所成的棱角即为廉。棱角的特点是方、直，故古人以廉的方正、正直来喻人，称赞人正直的品德。对为官为上位者而言，廉更是清明，是廉洁，是不贪。贪污腐败如同一股乌烟，污染了社会的浩然正气；反腐倡廉，要用廉的力量，吹散贪腐的污浊之风，建立清明的社会。

青莲，因与清廉同音，成了中国传统文化中的一种理想人格象征。从古至今，多少文人以青莲寄托对理想的追求。"出淤泥而不染，濯清涟而不妖，中通外直，不蔓不枝，香远益清，亭亭净植，可远观而不可亵玩焉"，周敦颐的《爱莲说》是耳熟能详的名篇。细细品读《爱莲说》，莲的君子形象仿佛跃然于眼前。只要心中有廉，正直清白地做人，坚守本心，不贪不腐，哪怕身处污浊的环境，也会散发出令人由衷敬佩的人格魅力，如同青莲一般干净得让人生出敬畏之心，不敢轻易亵渎。

在文人眼中，莲，就是清廉的君子形象。真源无味，真水无香。廉洁自律的君子，自然、清澈、平和，让人心生亲近向往之意。"夫君子之行，静以修身，俭以养德，非淡泊无以明志，非宁静无以致远。"繁华社会，充满着五光十色的诱惑，固守节操，淡泊名利并非易事，唯有始终保持平和的心态，甘于清贫，抵制住外界的诱惑，才能做到淡泊明志，宁静致远。须知，许多大贪巨贪，就是由于小节不守，最后大节不保，慢慢滑向贪污腐败的深渊。"欲如水，不遏则滔天；贪如火，不灭则燎原。"陈良宇、刘志军、雷政富……一个个贪官的落马引人深思，这些人，有的原本也是真心实意想做点实事，可惜没有抑制自己的贪念，最终一步一步走向罪恶的深渊，"身后有余忘缩手，眼前无路想回头"，直到东窗事发才幡然悔悟，已经太晚了。

党的十八大以来，随着反腐高压态势不松、力度不减，不敢腐的威慑作用逐渐显现，有效遏制了腐败行为的发生。但是，一些基层干部不想腐的思想自觉尚未完全形成，微腐败在一些地区不同程度地存在，不仅严重侵害了群众的根本利益，也破坏了党群干群关系。微腐败存在范围非常广，而且呈现一定的多发态势。例如一些基层人员装表接电或抢修服务时会接受一盒香烟、一点土特产、一顿宴请等；一些基建工程、物资采购等专业的管理人员接受客户红包或单位私人宴请，好为其办事时打擦边球，或在帮人办事时接受不贵重的物品等，这些事小得容易让人忽视它的存在。但小错小病的微腐败行为，不断腐蚀着基层党员干部的心灵，扭曲着人民群众的价值观，败坏党风政纪，损害党和社会的形象。为了我们赖以生存的环境，我们每个人要从自我做起，坚守廉洁之心，杜绝微腐败。

廉，也是怜和连。官员被称为人民公仆，顾名思义，官员的天职就是要用人民赋予的权力为人民谋取福祉，要始终对百姓心存感恩，心怀怜惜。"当官不为民自主，不如回家卖红薯"，这句浅显的谚语，却从明代至今，人人皆知。只有怜惜百姓、心中装着百姓的人，才能时时刻刻心系着百姓，从老百姓的根本利益出发，为老百姓的幸福殚精竭虑，才会对百姓心存敬畏，才会慎重对待手中的权力，才能像于谦一样，连"绢帕麻菇与线香"都不会拿，因为在他心里有着对百姓的爱，不肯获取百姓分毫；更因为他有着朴素却高尚的人格，"清风两袖朝天去，免得闾阎话短长"。这样的人，老百姓怎么会不爱戴呢？怎么会不敬仰呢？怎么会不跟他心心相连呢？

廉，亦同镰，镰刀是党徽的组成图案，象征农民阶级，扩大解释是代表着广大人民群众，廉洁奉公的背后背负的是百姓的嘱托与信任。毛泽东在《西江月·秋收起义》写道："军叫工农革命，旗号镰刀斧头。匡庐一带不停留，要向潇湘直进。"行廉政便要腰束一镰，做人民的好公仆。"圣人无常心，以百姓心为心"，圣人不常有，但想百姓之所想的人民公仆可以常有。习近平总书记指出，"人民对美好生活的向往，就是我们的奋斗目标"，这句话朴实简单，实则任重道远，体现我党情系群众、关注民生的为民情怀。我党之所以能成长壮大、砥砺前行，依靠的是团结人民，贯彻群众路线，所以当前的党风廉政建设更要倾听民意，抓早抓小，扛起历史赋予的使命，不忘初心，方得始终。

二、"正"秉性，仁修身

正：从字形上看，"正"字五笔中只有横和竖，含有不偏斜、平正之意。"正"又可以拆成"一"和"止"，意味着守一而止，不向任何负面势力折腰。《说文解字》说，"正，是也"，其本义为平直、平正，后来从用来形容事物平直引申为形容人正直正派，如我们常说的正人君子、一身正气等词，都用的是这一引申义。"正"，即正气、正道，它代表一种正义的精神和堂堂正正的人格力量。

《晋书·吴隐之传》中记载了这样一则故事：晋代著名廉吏吴隐之操守清白、正道直行，赴任广州刺史途中，来到石门，这里有一口泉水，名曰贪泉，相传饮此水者，即使廉士亦贪。吴隐之却挹泉而饮，还赋诗曰："古人云此水，一歃怀千金；试使夷齐饮，终当不易心。"意思是说，古人都说此水为贪泉，喝上一口就会贪得千金，但如果让伯夷叔齐那样品德高尚的人来饮此水，他们也始终不会改变那颗圣洁的心。可见，真正的清廉正直之士，不管处在何种环境和条件下，都会守正自持，坚守本心。

翻开古代典籍，为人处世应该恪守正道、弘扬正气的箴言比比皆是。唐代柳宗元说，"守正为心，疾恶不惧"；《朱子语类》中说，"人之一心，得其正，则事事皆得其正"；明代薛瑄《读书录》中说，"惟正足以服人"。这都在告诫我们，人生在世，"正"字尤为重要。

要想做到守正，必先正心，心正则言实，身正则行端。北宋名臣包拯在端州任职时，曾写过一首题为《书端州郡斋壁》的诗，其中说道："清心为治本，直道是身谋。秀干终成栋，精钢不作钩。"他以此诗勉励自己，为官者应始终恪守清廉、正道直行。《宋史·包拯传》中记载了这样一则故事：包拯在端州任职时，了解到过去的州官都借进贡的名义大肆采制端砚，用来贿赂高官显贵。他上任后严格规定每年按进贡之数采石制砚，任何人不得从中徇私谋利，并且正身律己，直到任期届满离去，也没拿一块端砚，用实际行动践行了自己立下的清心直道的要求。"不持一砚归"的行为虽小，却如同一面镜子，折射出包拯清正廉洁、正身律己的为官之道。

守正，实际上就是守住责任与担当，守住内心的原则和底线。守正之中蕴含的是一种正道直行的人生准则和清心自守的人格精神。人生的格局与境界从来都不是由物质多寡决定的，正所谓"心逐物为邪，物从心为正"，外在的物质名利远远不及内心守正自持那般可贵。广大党员干部心头应该始终牢记一个"正"字，不断涵养守正定力，守住良知，守望高尚。

三、"责"立世，爱至诚

《说文》中说，责，求也。延伸开来，取要求、责备之意，与之相呼应的，则是职责、责任之意。《元史》中说"资品既高，责任亦重"。用现代语境理解，便为"权力意味责任，责任就要担当"的意思。有典故"天下兴亡，匹夫有责"。

"天下兴亡，匹夫有责"是著名思想家顾炎武的社会主张，意思是说，民族的存亡，是每一个公民的责任。每一个中华儿女，都要热爱我们的国家，自觉追求道义，并捍卫道义，因为个人的理想、前途和国家的命运是紧密相连的。他的这一主张，激励了无数的仁人志士前赴后继，舍身忘我，为民族独立而战斗，为民族复兴而奋斗。

84岁高龄的钟南山院士挂帅专家组组长，身患渐冻症的武汉金银潭医院院长张定宇咬牙坚守岗位，各地援鄂医疗队不顾风险、"最美逆行"……新型冠状病毒突如其来，无数"战士"勇赴险境，筑起一道守护生命安全的稳固长城，让我们对"责任"和"担当"有了更深刻的体会。可以看到，"担"重在扛起，"当"重在承担，尤其是承担起与自己身份、责任相当的任务，"担当"一词，既与承担、负荷有关，也与责任、本分有关，告诉我们要敢于扛起自己的"责任"。

纵观历史，责任担当作为一种精神，深深根植于中华优秀传统文化的土壤中：既有"士不可以不弘毅，任重而道远""路漫漫其修远兮，吾将上下而求索"的情怀信念，又有"明知山有虎，偏向虎山行""千磨万击还坚劲，任尔东西南北风"的迎难而上，更有"利于国者爱之，害于国者恶之""苟利国家生死以，岂因祸福避趋之"的敢于斗争……从保家卫国到见义勇为，从救死扶伤到舍己为人，中国这片土地上从来不缺乏敢于担当者。而支撑这些壮举的，是他们心中那份为国为民的家国情怀，那份割不断、扯不开的责任牵挂。

"停课不停学"考验着学校的在线教育引导力、担当力。育英小学自2月7日始，针对实际情况、结合学情，从学校课程体系（民族之心、社会之责、个性之美）出发，系统安排了翰墨志·网上课堂：《病毒以痛吻我，我报之以歌》《把学习揣在你的口袋里》《归来是翩翩少年》《向着下一朵迎春花，虔行》《道德中最大的秘密就是爱》……其中第 2 期【翰墨志·网上课堂】，育英团队协作，精心创编了 17 首儿歌，涵盖仪表、进校、升旗、集会、课堂、课间、卫生、体操……引导学生养习惯、学自律。第 4 期【翰墨志·网上课堂】，邀请湖南师范大学音乐学院名师创编翰墨操，寄望每一个育英孩子"写好中国字　做好中国人"！

　　在普通的工作岗位上坚守，用自己的生命点亮他人，成就教育，这是我们的担当。我们的责任心不是在轰轰烈烈中展示，而是在细微甚至琐碎中彰显。我校老师蒋丽是一名班主任，她每天都写教育随笔，并取名叫《我的变老日志》，整整十年，这本日志慢慢积淀，而她也由青春迈入了中年，她知道自己虽在变老，但孩子们还是那么稚嫩。十年间她带的每个孩子都在她的日志里闪耀！翻开蒋老师的日志，文字间溢满了教育的甘甜、温暖的回想——

　　日志节选：端午节又如约而至，伴随而来的除了香喷喷的粽子，还有那香喷喷的栀子花。

　　我特别喜欢栀子花。每年栀子花开时，我总是要买上许多的栀子花，放满家中的每个角落，打开门就能闻到浓郁的花香。这样我也仿佛回到了充满花香的童年。

　　和这个班的孩子相处久了，他们也知道我喜欢栀子花。于是，每天我走进教室总能收到一份小小的花的礼物。小滕有位特别会生活的奶奶。每当我和搭档的办公桌上突然出现了绽放的山茶、月季……不用说就一定是他的杰作。夏天来临，小滕的奶奶总会细心地把茉莉、玉兰用线穿起来，要孩子给我和搭档带来，那一天我们便会被浓浓的花香包围。小鲍鲍家住城郊，家中的菜地里就有一株栀子花。这两天，孩子每天都会给我带来一包最新鲜的花朵。我笑着说，要把花带回家放在床上，闻着花香入梦。孩子连忙劝我："这花上有好多虫子呢！"……

　　在这许多送花的孩子中，最让我感动的就是小瑛了。小瑛是个不起眼的孩子，平时不怎么说话，学习也不理想，和老师总保持着一段距离。孩子的父母经营着一家小型的快餐店，家中还有一个三四岁大的小弟弟，父母对她的关照就自然有限了。我记得有一次去秋游，她没有请假就擅自没来。结果，为了等她耽误了全班的行程。我当时打电话过去，在电话中劈头盖脸地批评了她一顿。还有一次，因为孩子经常缺交作业去家访告状。还有一次……真惭愧，现在想来，对这个孩子我似乎只有批评和指责，没有真诚的关心与帮助。今天，她却特意跑到办公室，举着一把栀子花，一如既往地带着害羞，跟我说："老师，送给你的。"我接过花，道了声谢谢，她转身就跑开了。这已经是她第二次给我送花了，和前一次一样，这束花包装得很整齐，绿叶白花，一看就知道是买的。虽然这束花只要一块钱，可对于她来说，这一块钱也许比其他孩子的十块钱更为珍贵。我不知道在她的心目中，我是个什么样的老师。可在这一刻，我分明感觉到，这一块钱她觉得花在老师的身上，比花在自己的身上更为幸福。可我这个老师，对她的付出真的太少太少……

办公室里这几天被浓浓的花香包围着，我也被浓浓的幸福包围着。伴着花香，我会迎来一个又一个的端午节。那时，我的回忆一定不会仅仅是充满花香的童年了。

蒋丽老师说："日志只是一种记录的方式，还有更多种的方式可以选择，认为是值得做的，就去坚持，如坚持利用朋友圈分享学生的爱心早餐，做动感影集记录学生生活。其实孩子真的就是在我们的关注下每时每刻都在成长，我们多给他爱和阳光，他就会变得温暖而善良。"

我校的胡建平老师是一位英语老师，她一直坚信"要让学生喜欢你教的科目，就要让学生先喜欢你"，于是在教学上认真钻研教材，设计出适合学生易于接受的好的教学方法，以饱满的热情上好每一堂课，她坚持全英文上课，努力给学生提供一个英语的习得环境，借助自己的表情、动作、肢体语言帮助学生理解单词和句子的意思，让学生在唱唱跳跳、演演玩玩、画画做做中快乐地学习英语。

为了有效地激发学生对英语的兴趣和爱好，创设良好的英语学习氛围，让学生在活动中体会到学英语、用英语的快乐。胡老师带领英语组连续八年成功地策划、组织了育英的英语节活动，大到活动策划、舞台布置、节目排演、彩排、主持人培训；小到音乐收集、服装租赁、获奖学生名单统计等等，胡建平老师都亲力亲为，力求做到尽善尽美，她成了孩子们喜爱的好老师。

习近平总书记曾多次说过："一个人遇到好老师是人生的幸运，一个学校拥有好老师是学校的光荣，一个民族源源不断涌现出一批又一批好老师则是民族的希望。""好老师"——一个叫起来简单、听起来温暖的词语,背后承载的却是沉甸甸的责任。

心"廉"方能感人,身"正"方能聚人、"责"有所归方能立人!今天的文字悟道,又一次诠释了莫言的致辞(获诺贝尔奖):"文字是人的光荣也是上帝赋予人的权利。"愿每一个共产党人从文字中凝聚正能量,让信仰不灭、让梦想发光、让复兴的脚步不可阻挡!

二、专业,让职业珍贵

观念指导行为。观念正,则行为正;观念变,则行为变。教师的专业成长亦循此理。

(一)采书海百花,酿教育新"观念"

读书何所求?将以通事理。可老师们的工作十分忙碌,要阅读就要挤时间,为了掀起育英学校的读书风暴,学校利用微信、QQ群、读书沙龙等,以"读书"刷新教师们的教育观念。

洗礼教育观——共读教育书籍,如《爱弥儿》《一线带班》等。《爱弥儿》是西方教育史上最有影响的教育著作之一,至今仍散发着绚丽的光芒。校长在自己的阅读过程中把《爱弥儿》引进学校交流平台"育英花盛开"QQ群,以一个星期为周期将《爱弥儿》分章节分享,老师们共同消化、品析。

为了外显读书成果,我们将读书讨论与交流平台由"网络"转入"现实"。如,学校开展了"一线带班,N种表达"读书分享会。老师们就《一线带班》的读书心得进行交流分享,让一朵云推动另一朵云,一个灵魂遇见另一个灵魂。

杨槟旭老师感悟说:"管建刚老师说:'什么事情都可以动脑筋,而在我的眼里,一切动脑筋干的活,都叫作研究。'向管建刚老师学习,带着问题意识,研究教育,让教育贴着地面行走,是我对教育的追求。"

宁佳琳老师感慨地说:"管老师的《一线带班》中的'抓家长'给了我很大的启发,结合我现实的教育教学存在的问题与困惑,找出解决问题的办法,逐步引导学生养成独立自主、自学自乐的习惯。在今后的教学中,我还得多阅读、多思考、多实践,坚持做到在实践中阅读,在阅读中实践。"

更新学科观——师从前沿教学理念，如新基础教育。新基础教育是中国教育学会副会长、华东师大终身教授叶澜先生主持的全国教育科学规划重点课题。

2016年，育英小学正式加盟新基础教育，并系统学习新基础教育的思想：专业老师读学科纲要、班主任读学生管理、管理人员读研究手册，教研组分学科阅读新基础教育理论成型性系列丛书《"新基础教育"语文教学改革指导纲要》等。学以致用，老师们在其后进行学科研讨时就可用自己的理论联系以往的实际教学进行反思。教学节中，老师们聚焦新基础教育设疑答惑，教学展示周中几乎人人上台畅谈自己的心得体会。再如学生发展核心素养培养观。教育部发布的《中国学生发展核心素养》意味着党和国家立德树人，把学生发展核心素养的培养问题放到了前所未有的高度。推进学生核心素养发展，教师是关键所在。

因此，学校积极利用一切契机帮助教师树立学生发展核心素养培养观。一是组织学习《中国学生发展核心素养》等文件，帮助教师了解中国学生发展核心素养是什么，为什么。二是通过校本培训将理论引入工作日常现实，指导教师怎么做。特别是2021年，武陵区"国培计划"小学语文学科整校推进工作坊项目落户育英，教学副校长瞿月亚任工作坊坊主，以此为契机，全体语文教师进行了为期半年的以统编教材培养学生语文核心素养的实践研究。怎样在教学中帮助学生提升语言的构建与运用能力、思维的发展与提升能力、审美的鉴赏与创造能力及文化的传承与理解能力，老师们有理论学习，有教学教研实践操作，工作坊工作结束时，每个人都收获满满。

优化教材观——精嚼细啃读教材。读教材，是育英教师的传统读书项目。

谁来读？多年前，育英小学就创造性地思考，请上一个年级的老师给本年级的老师解读。这个解读专家刚刚教完了这一年级，积累了经验，对教材内容最为熟悉，对课堂上可能出现的问题最有发言权。他们引领老师找准全年段的知识点，精准把握每个知识点在年段的层次要求，进而对手中的文本细读、精读。

在哪读？为搭建专业的教研网络平台，学校建立了语文、数学、英语、美术、音乐、体育教研QQ群，研讨记录随时可查，群内都是同道中人，有共同的话题、共同的疑惑等，更为亲切。

什么时候读？教研室细化每日教研计划，不断优化时段安排，帮助教师"工学"两不误。如今，一批区内的学校慕名加入研修团队，随时参加育英教研活动。

（二）借培训之石，攻固有旧"认知"

见多方能识广。全方位的学习带来的必定是改变思想，继而促发改革决心。

培训不再拘于已有专业。育英小学一直重视专业学科培训，每年都投入了大量的人力物力让教师走出去，把专家请进来。

随着新课程改革的不断深入，我们也敏锐地意识到，一位优秀的教师，他的知识结构应该是立体而丰富的。所以在以前培训的基础上，我们积极向上级部门争取更多元的培训机会。如学校积极为教师争取"心理健康教育""语言文字'诵写讲'行动"，名师假期训练营等多元培训机会，提升老师的教育格局和育人视野。唐汇双老师在参加暑假"王崧舟名师优课——教师核心能力深度训练营"后说："身处一个有舵手引领的行业，一个有机会学习的集体，何其有幸！"老师们将这一份份"幸运"转化为日常工作的动力和底气，又何尝不是学生之幸？

培训继续坚持归来分享。育英有形无形的机制文化总是引领着教师向外贡献，又相互汲取。蒋丽老师从威海开课题会议回来，写下《威海游学记》；张英娥老师听了市里的家庭教育讲座以后，写下《家庭教育之我见》；蔡青老师听取反家暴讲座后，写下《保护家暴中的孩子》；汪菲老师赴省城学习新基础教育后，写下《在新基础背景下追寻语文教学的逻辑》；姚智慧老师培训归来后写下《一个未来教师的当下使命》并发表在《湖南教育》等。

这样的分享，既让老师消化沉淀所学，又向其他老师分享了成果，是教师队伍学习效果的双赢。

1. "课程"破土——**不一样的课堂，绽放职业生命芳华**

育英的翰墨课程内容丰富，层次清晰，目的指向学生发展，过程惠及教师成长。特别是社团课和标签课，帮助老师们找到了常规课堂外的另外一个、同样魅力四射的自己。

（1）社团课发挥教师特长

社团课是学校"个性课程"之一，它在培养学生个性兴趣的同时，也充分挖掘了学校教师的个性潜能。2016年开始，育英管理团队以敏锐的嗅觉发现并吸收着先进的社团活动经验，并把它们融入自己的社团活动中，成为校园文化的新鲜血液。

学校根据授课教师的专长，采用校内外相结合的方式，发挥校外专业机构的优质师资和场地作用，在传统社团的基础上增设电声乐团、十字绣、泥塑、摄影、美食、魔方、茶艺机器人、创意电子、3D打印、电脑达人、电影迷等社团。教师结合自身特色，申请担任授课教师，也可申请新开社团。

颜克荣老师是一位资深的茶文化爱好者。平日工作之余，常常向办公室老师传授茶知识，也会在伏案闲暇泡一壶茶与老师们共饮同品。学校社团课启动时，他主动请缨，开设一个茶文化社团，自己担任老师。传承文化当然是好事，更有趣的是经过调研，有很多学生也对此非常感兴趣，十分愿意学。于是，颜老师任社长的茶社团就开团了。可敬的是，社团课开课后，除了自己上课，颜老师还多次邀请自己的茶道朋友为学生授课，丰富学生的认知体验。可喜的是，这批孩子在颜老师的带领下迷上了茶道，有时候甚至穿着自己的茶服来上课。老师们也很喜欢这个社团，因为每一次上课，都会有小茶童们毕恭毕敬地送茶到办公室邀请老师来品味评价，成为社团时段一道暖心的风景。颜老师因为这个社团课多了一批学生，又传播了自己喜爱的茶文化，自然是非常开心。

像颜老师这样在学校社团课中找到另一方舞台的老师大有人在，书法、音乐、舞蹈、航模、车模、海模……百花齐放、百花争艳，一派生机勃勃！

（2）标签课提升教师成就感

一位教师就是一本生动的教科书，就是一种思想的灵性载体。为让每位教师在所教课程之外展示自己所长，学校开设了老师标签课。例如：高军华的《送别组诗》、李翔的《电影中的中国画》、刘施兰的生命绘本、瞿月亚的鲁迅专题等都成了他们闪亮的标签课。这样的标签课在多个舞台展示，绽放了育英教师的别样风采。常德市张璟小学语文工作坊的老师在听完瞿校长的鲁迅专题课后，说道："一篇课文（《好的故事》）让我们读到了一部部了不起的作品，一个别样的人生，一段波澜壮阔的历史……这样的课不只是语文课，更是文化！育英的语文课堂真是名不虚传！"

教师标签课的开设打破了既定课程的约束，让更多优秀的技艺、思想在校内得以传播,整个学校成了名师汇集的"百家讲坛"。

2. "资源"破壁——分享交流,提升课堂教学能力

课程改革落实于课堂,教学实践的主阵地亦是课堂。因此,课堂教学能力仍是我们考察学校、教师发展的重要指标。一课多上,同课异构,教学督导已然成为育英的一种常态。在常态之外,我们大胆迈开脚步,走出校门,把我们的课堂置于家长、同仁、社会评判之下,接受检查。

(1)"接地气"的教学开放周

每年四月,育英小学举行教学开放周活动,区教育局领导、家长、社会各界同仁纷纷走进育英的校园。同时,学校还不断优化教学开放周的形式,摒弃了以往单纯的家长听课,以"走进校园看教育"为主题。

有三大创新举措:一是向社会全方位开放课堂,邀请家长和社会各界人士走进校内任一班级随堂听课、评课,个别交流、书面反馈、留言等。二是家长走上讲台当老师,家长给家长上课,将课堂由书本推向社会,这样的教学舞台别样精彩。三是每天特设两个小时的校长接待时,学校管理人员与家长面对面,现场答疑,听取意见与建议,共商学校教育大计。这样的开放是智者的选择,是勇者的气度,因为在开放中,才能不断扬长避短,优化自身,收获更好的自己!

(2)"有大爱"的资源共享

育英素有共享心怀:从最初的教研QQ群、四校联动,到"中国好老师公益行动计划",育英真诚展示了自己的教育情怀。

四校联动教学活动以"让课程更需要需求、让教法更贴近学生、让过程成为一种享受"为主题,通过"备课、研课、说课、评课"等环节来解答老师们的困惑,总结提升经验。2015年至2016年举行的四校联动为育英、育才、沙港、卫门口的老师搭建了课堂交流的平台,促进了校际教师之间的相互学习,整合了城乡教育资源,促进了各个学校教学水平的整体提升。

2017年,育英成为"中国好老师公益行动计划"常德基地校,组织共同体学校在诸如观摩交流、驻校学习、网络会议、课题协作、资源分享等系列活动中开始立德树人、共筑梦想的协作发展。春风四月,阳光正好,育英聘请高级礼仪培训师为老师们开展"悦、雅、敬、和、博"的师礼授

课，现场活动通过校园网进行直播，远在百里之外的各区县兄弟学校同步收看培训，齐齐受到"以仁存心"的师礼教诲；立夏五月，为贯彻落实上级"文明校园"创建精神，育英联合共同体学校举办"班主任培训月"活动，每一次培训参与学校都选派最优秀的班主任分享教育心得，现场氛围热烈，可以说是传经送典，提振人心。"中国好老师公益行动计划"还发挥网络时空优势，及时地向老师们传授心理教育、课程管理等方面的知识，紧贴现实需求，提升教师解决当下问题的能力。

同时，育英小学继续牵手高校，借力湖南师范大学、湖南文理学院、常德职业技术学院、常德财经学校等优质教育资源，提升学习、交流品味；继续牵手企业，如德山"大汉汽车"等，拓展教师授课范围，拓宽学生学习领域……如此种种，都是"三人行，必有我师焉"的美好画卷。

倾心种桃李，硕果满前路。踏实有效的工作让学校先后获得了"中央教育科学研究所实验基地""全国义务教育语文教学研究中心实验学校""湖南省基础教育教学研究实验学校""全国小学语文教学法研究中心作文教学研究会实验学校""常德市语文学科、美术学科实验点校""国培计划影子实践基地"等荣誉。更令人欣喜的是，在这个过程中，老师们扎扎实实地提升了自己的能力素养，并不断成长，省、市、区各级各类人才库中，越来越多的育英教师发光发热！以下展示的是育英教师团队和个人成长案例，帮助大家更好地了解我们的优秀教师！

教师团队成长案例

永远走在知行的路上
——语文教师团队培养侧记

常德市武陵区育英小学语文教研组是一支勤勉务实，开拓创新的团队，也是一块团结协作、有利于青年教师成长的沃土，从这里曾经走出了多位校长、副校长。这个团队用自己的青春与热情、责任与追求，谱写了武陵教育的新篇章！

一、奠基，酝酿耕耘的沃土

在推进素质教育改革过程中，育英小学语文教研组的全体成员把不断学习、勇于实践作为一种内驱力，不断增强理论底蕴，努力向精品课堂迈进，向名师队伍迈进。通过扎实有效的特色校本研修，深入推进语文课堂教学改革，以组本教研为抓手，认真开展落实各年级的课题研究计划，追求语文课堂教学的最大效益。

（一）制度建设，为规范评价奠基

为促进校本教研，学校教科室设立了教研组竞争机制。语文教研组在开展工作中，坚持做到有制度、有计划，在管理中多指导、常考核。建立教师个人业务档案，细化教师考核条例，建立激励机制，把教师教学实施情况和教研参与情况记入每个人的业务档案中，作为期末绩效考核的依据。

（二）加强学习，为师德建设奠基

传承育英小学优良校风，语文教研组一直坚持"以人带动人"，让教师在潜移默化中将优秀的东西吸收、内化，为己所用。

首先是营造良好氛围，组织职业认识大讨论，研究名师成功经历，引领教师反思个人教育行为；其次是加强学习，"一学"（学习有关师德师风的政策法规）、"二查"（查学习笔记）、"三测"（测试每月学习内容）、"四悟"（每位教师撰写学习心得体会）；第三是树立典范，推选师德典型人物、典型事例；第四是倡导"八个一"活动，即读一本有益身心的好书、更新一个观念、克服一句不规范的语言、改掉一种不规范的行为、反省一次自己的过失、给自己树一个榜样、给他人提一条建议、给自己定一个努力的方向等。

（三）校本培训，为素质提升奠基

一直以来，我校的语文教研组都将"建立学习型组织"作为目标，开展了富有特色的校本培训活动。

1. 青年教师"三期培训工程"。即"进校1～2年，广泛学艺打基础；进校3～4年，过关出师挑担子；进校5～6年，脱颖而出显身手"，有效地促进了教师的专业成长。

2. 创设终身学习激励机制。采取情感激励，培训激励，信息激励，任务激励，支持激励，表扬激励等方式，鼓励教师树立终身学习的信念。

3. 建立交流制度。通过线上交流平台，如微信群、QQ群、教育日志等方式广开言路，促进了信息、经验的共享。

4. 强化技能培训。定期举行语文教师基本功培训及素养大赛。

5. 加大理论培训。集中学习教育理论专著，使得教师的教育思想日趋清晰。

二、探索，谱写教研新篇章

某种教学方式或学习方式能够被开发出来并在学校中流行，往往经历了长久的教育实践探索。近年来，语文教研组的老师共同努力，通过各种形式谱写着适合自己的语文教研新篇章。

（一）教研活动三部曲，绽放课堂教学绚丽之花

1. 序曲：回到原点———解读文本

"教扎实的语文"一直是我校语文教研组的追求。褪去热闹的形式，让实效回归课堂，大家将目光放到了文本解读上。

文本解读以组本教研为主，邀请前一年任教该教材的老师进行解读，每两周进行一次。解读内容分为"单元聚焦""课文点睛""精段精读""美词美句""答疑解惑""课文论坛""课后题解""课文链接"等板块，教师结合自己的教学所得谈自己的心得与遗憾，甚至困惑。由于该形式针对性强，实用性强，借鉴性强，解说双方均很投入，教研气氛异常浓烈。

在文本解读之后，上课教师将交流中的感悟与自己对文本的理解重新整合，大胆取舍，开拓创新，让课堂在多元思维中焕发光彩。

2. 副歌：针对个体———一课多上。

一课多上是语文教研组提出的一个极有创意的活动，即同一位教师就同一堂课的内容在多个班级进行授课，组内所有的老师参与听课评课。每次上课后，教师根据大家的建议认真进行整理，再备课、上课。经过三至四次"备、上、评"的磨课环节之后，一堂高效优质的课诞生了。而授课教师在磨课中的种种感受与收获，也化为了他们成长中的一笔宝贵财富。不少老师撰写的一课多上心得、体会、案例被发表在各级刊物上。

3. 插曲：精彩纷呈———同课异构

同课异构是展现个性化风采的教研活动。同一堂课由不同老师独立备课、上课。由于老师不同，教学方式、课堂流程及侧重点均不相同，这就构成了各放异彩的局面。同时听课的老师要做到"四个一"，即发现一个亮点，指出一个不足点，提出一个改进点，形成一个经典。上课、听课、评

课身份的转换,让教师从多角度反思自己的课堂,再进行第二次备课。这种教学研讨行为致力于探求最佳的教学方法,为教师的博采众长提供了很好的平台。

语文教研组精心演绎的教研三部曲,使得大家找到了通往成功的精彩之路。

(二)教学节活动明星化,唱响百花齐放主旋律

教师如何验证自己,展示自己?每年的育英杯教学节活动,为教师演绎精彩搭建了平台。从最初的指令式赛课(35岁以下),到经验教师示范课、青年教师展示课、组内推荐研讨课,再到如今的主动请缨参加教学节,从最初勉强组织的十多节课,到现在经过激烈的组内"PK"产生的三十多节课,育英杯成为教师亮出自我的最佳平台。一大批优秀的语文教师通过教学节站到了全国、省、市、区各级展示课的舞台上。

(三)教学督导人性化,见证点石成金的愉悦

为了帮助教师成长,一直以来教研组采取的是推门听课制,这种做法给教师带来很大的压力。于是,我们进行了改革,组建了语文课堂教学导研听课小组,分管教学的副校长将教学经验丰富的语文教师组织起来,接受教师的邀请,走进课堂,变被动听课为主动邀请。语文教研从最初的行政性听课,到点将听课,到预约听课,大家在尊重中交流,在虚心中接纳,在互动中发展,人性化的帮扶引导政策,实现了育英教师的快速成长。

(四)课余学习多样化,享受厚积薄发的旅程

给学生一杯水,教师必须自备一江水。语文教研组的老师们将丰富多彩的学习作为了自己业余生活的点缀。

"读了再说"是面向全体老师的读书交流阵地。学校微信公众号开辟专栏,老师们说名著内容、读名著片段,交流读书心得,让读书成为学校的时尚。

"经典诵读"每日打卡。学校利用微信小程序"小打卡"集结全体教师进行每日诵读打卡,从最开始的全体集中打卡《论语》,到建党100周年的"红色诗词",到后来的个人兴趣经典作品,小打卡已然成了一部分老师的生活内容,甚至,在他们的影响下,家人也加入了进来。

"专家连线"让教师能与教育专家直接对话,中国教科院陈金芳博士、

原《湖南教育》主编现湖南理工学院教授李统兴、市教科院主任刘忠义等已是育英的常客。近年来，学校还积极与高校建立联系，如湖南师范大学的郭声健教授、刘铁芳教授，湖南文理学院的郭军老师，湖南幼儿师范高等专科学校的姚振东老师等，请他们与老师面对面沟通，帮助大家直接将自己的教学困惑请专家进行分析，收获颇丰。

"女子书法协会"是在美术老师蒯奕池老师带领下成立的常德市第一个女子书法协会，语文教研组的老师几乎是全员参与。教师利用课间在书法活动室挥毫泼墨；或在周末相邀同游诗墙公园、看书法展览……既陶冶了情操，又提升了业务技能。

"本土名家讲座"是育英教师钟爱的一项活动。每隔一段时间，学校邀请本校教学经验丰富的老师举办讲座，老师们则齐聚一堂，虚心学艺。

（五）校际联谊常态化，分享博采众长的收获

"一枝独秀不是春"，闭门造车会让自己陷入单一的模式中，如何走出这种困境？语文教研组想到了校际联谊，与区内学校结成了联谊学校，教学节活动互派教师听、评课，双方常开展交流学习，专题报告、专家讲座都互邀参加。我们还与丹洲乡中心小学、社木铺小学等长期建立交流关系，互派老师进行交流轮岗。鲁迅先生的"拿来主义"成了教研组拓展学习的法宝。

三、提升，释放厚积的能量

苏霍姆林斯基说："如果你想让教师的劳动给教师带来快乐，那你就引导每一位教师走到从事研究这条幸福的道路上来。"做研究型教师是我校全体语文教师的追求。

（一）专题案例，激发教师探究热情

语文教学每一学段都有侧重点，不少教师在教学过程中常常出现把握不住重点的困惑。为此教研组决定在高、中、低三个学段分别确立不同的专题作为研讨的内容，各组推荐几堂专题研讨课作为专题案例，所有语文教师参与听课研讨，组织讲座，如低年级的口语交际、中年级的快乐作文、高年级的情境教学。"教什么""如何教"是每一专题研讨的重点，大家反复研讨，直到所有教师真正掌握这一学段的教学重点。

由专题研讨，我们衍生出了《现代教育技术环境下快乐作文的研究》

《现代教育技术与语文情境教学的深入探讨》《不同类型课文导学设计研究》《构建与实施国学系列活动的实践研究》等省市级研究课题。

(二) 课题牵动,带领教师纵深发展

"育师于科研反思",秉承这一理念,语文教研组开展了大量的课题研究,形成了人人参与、人人研究的局面。一大批语文教师的教育教学模式正逐渐由经验型向科研型转变。

例如,由语文教研组牵头,以语文教师为骨干力量开发的校本课程《亮出自我》,因充分体现了新时期素质教育与推进新课改的育英办学特色,成为市区新课改的一大亮点。

"充分利用音像电子教学资源,促进《语文》《音乐》《美术》教学整合"是语文教研组参与的一次跨学科的省级研究课题。罗玲在此模式下所上的《一个中国孩子的呼声》《倔强的小红军》在全国、市语文赛课中获一等奖,《可爱的草塘》成为省级示范课。

仝闯、张英娥等老师主持研究的区级课题《现代教育技术环境下快乐作文的研究》,产生于专题研讨,围绕长期以来小学生怕作文的难题展开了研究,通过运用现代教育技术,为教师进行快乐作文教学提供了积极的支持。

在《现代教育技术与语文情境教学的深入探讨》这一省级课题研究过程中,课题组成员罗玲、樊永红参加了"新课标小学语文优质示范课"的评选,她们的示范课《白鹅》《爬山虎的脚》还在全国网络课上进行了播放。另外,课题组成员刘会英执教的《斗笠》、罗玲的《勇敢的少年》、熊先庆的《胖乎乎的小手》获省级一等奖,李炎辉的《蜗牛搬家》获省级二等奖,罗玲的《自己的花是让别人看的》获市级一等奖,赵霞的《匆匆》、刘贵先的《有趣的动物、植物》获区级一等奖等。成绩的取得为课题组的研究成效写下了浓墨重彩的一笔。

年级语文教研组承担的区级课题《坚持"精神早餐"制,促进学生综合素质培养》,正试图通过深入研究,找出培养学生自信心和成功感的良好方法,达到促进学生综合素质培养的目的。

年级教研组承担的区级课题《国学教育中"小手牵大手"的行动研究》,则尝试传承传统文化,用文化之精髓滋养学生心灵,以"小手牵大手",达到促进家长教育观念转变,推进素质教育改革的目的。

近年，语文教研组牵头承担的《不同类型课文导学设计研究》充分尊重学生在学习过程中的自主性，引起了良好的反响，获得了省级奖项；同样是语文教研组牵头承担的《构建与实施国学系列活动的实践研究》历时四年时间，成果丰富，形成了可持续发展的良好势态，对提升学生的核心素养、丰富学校课程建设、促进学科融合、夯实学校文化建设起到了积极的作用。

四、同行，绽放播种的绚丽

《礼记》说"教学相长"，意为教和学两方面能互相影响和促进。为此，教研组每学期都举行常规的语文教学活动，如全校性的听写比赛、美文诵读、朗读比赛、作文比赛、硬笔书法比赛、一年级的拼音过关测试等等，这些活动既是对学生学习能力的一种验收，更是教师通过教学结果来查漏补缺的一种有效途径。

"双减"工作开展以来，为进一步贯彻落实国家"双减"政策和"五项管理"工作要求，切实减轻学生学业负担，积极探索改革评价方式，科学评估学生综合素养，促进学生全面发展，语文教研组更是不断优化书法考级、古诗词考级等活动，更是在低年级"无纸化"测试的工作中迈出了新步伐。如利用学生喜欢的闯关测试帮助在游戏闯关中回顾知识，分享快乐。如今年六月底，语文教研组立足于学生基本认读能力和实践应用能力，围绕冰雪奇缘这个情境创设，科学设置了"雪如鱼""雪飞燕""雪游龙"三个关卡，考查学生的词语认读、日积月累和语言表达能力，将知识和趣味完美结合，将紧张的考场变成了轻松的游乐场，将枯燥的学习变成了有趣的闯关，让孩子们在轻松愉悦的闯关游戏中享受学习的喜悦、收获学习的成果。

回眸沉思，是为了沉淀迸发的潜能，是为了前进路上拥有更加灿烂的风景。在育英这片沃土上，语文教师队伍这个朝气蓬勃、充满激情的和谐群体，必将在课程改革的礁石上激起一朵朵更加美丽的浪花！

教师个人成长案例

在育英翰墨文化感召下，涌现出一批批优秀教师，他们似星辰，在教育星空闪烁着自己独特的光芒；若花种，到达任何一片土壤，都会带着育英基因开花结果。

案例一：

第一个故事：坚守

【人物简介】

罗玲：中共党员，中小学高级教师。1989年毕业分配到育英小学，现工作于常德市武陵区育英小学，任支部书记、校长。翻开她的履历，可以看到无数的荣誉——那是职业的荣光，更是她无悔的选择！三十余载春秋，她在育英将青春写成了"坚守"的模样。

以青春之岁月　为青春之教育

自己的眼睛看得到自己的梦，我愿意赌上整整全部青春与气力去追逐！

——题记

青春赋课堂，成一师之风

师者，须练一手绝活。

1989年，罗玲怀揣梦想走进育英，凭着自己的顽强钻研，先获大专学历，后在湖师大音乐系深造……热爱加上求索，她迎来了教育的春天：1994年在全国电教会上执教《小纸船的梦》反响强烈；1999年《踏雪寻梅》获省一等奖；2000年作为市唯一一位小学音乐教师，到首都师范大学参加首届国家级音乐骨干教师培训。十年，她在音乐这块看似贫瘠，实则绝美的崖壁上种出了五彩的花。世事难料，2000年6月，医生宣布因为严重的声带小结，她必须舍弃音乐！痛苦的挣扎后，她毅然改教语文，转型是艰难的：粉笔字书写慢，练！课堂教学不行，学！课程理念不新，钻！

天道酬勤，她执教的《一个中国孩子的呼声》获市级赛课一等奖；《可爱的草塘》在全国自我教育现场会上获一等奖；录像课《白鹅》由河南省音像出版社出版并向全国发行……又一个十年，她已成长为市语文学科带头人，被选派参加国家级语文骨干教师培训。

师者，永葆一颗痴心。分管教学工作期间，她与青年教师一路同行，无数次地研课，直至夜深。2013年5月，过于劳累导致她腰椎关节脱位，身体无法站立。医生叮嘱关节复位期间，必须卧床休息，可此时学校教师正备战区作文教学比武，她忍着疼痛，仰天而卧，举起笔记本为老师修改教案……为引领教师探寻多种模式的教研形式，她在"文本解读""同课异构""一课多上""教学节"等教研活动中帮助一大批青年教师在研课中成长，在锤炼中升华，走出了育英，走向了更为广阔的舞台，在全国、省、市、区屡获佳绩。

青春拓格局，彰一校之华

格局，是将自己的眼界和心胸体现在学校改革进程中。

1. 创格——擦亮底色，焕发新生

2016年9月，育英发展的接力棒传到了罗玲手中。该用怎样的实践回答习近平总书记的提问——培养什么人、怎样培养人、为谁培养人呢？

她开始传承与创新，她将学校文化定位为翰墨，拟定育人目标：培养有民族文化根基的现代小公民。针对"民族之心、社会之责、个性之美"的素养目标，对应构建起："国学课程、社会课程、个性课程。"她主持省教育规划课题《构建与实施国学教育系列活动的实践研究》，为儿童营造国学的磁场，扎下国学之根；她引领设计移动课堂、家长课堂，筹建校外活动基地，触发学生社会之责；她以课题驱动，从哲学、音乐、美术、道法等维度综合培养学生思辨能力，助儿童成个性之美。

2. 兴德——心正身正，立德树人

德兴则万事不怠。罗玲精心设计传统节日，守护中华身份。四月，祭祖大节，她设计了"花祭清明·瞻仰圣地十八景"；十月，祖国母亲的生日，她告诉孩子们要庄重以待，邀请书法名家莅临现场、鼓舞孩子、挥毫献礼……

2021年11月，育英小学德育案例《修翰墨之志，育中华少年》获教育部"一校一案"典型重点推荐案例。

3. 育心——专注于心，用乎于情

罗玲认为：良好的个性心理品质是立德树人的重要基础。

她让哲学成为学生健心的一门课程，引导孩子们在绘本阅读中明辨是非、点亮心灵；她让团建成为学生和美的一股红绳，每年的5月25日，设为"心理团辅活动日"；她让呵护成为学生向阳的一路明灯，她策划现场访谈节目《这样爱你刚刚好》，邀请教育专家现场为家长答疑解惑；她成立专家把脉的"爱你"分队，跟踪辅导特殊儿童，打开他们的心灵之窗。

4. 崇礼——有始有终，勿忘勿忘

审视目前多元文化，价值更替，罗玲决定依托"三礼"活动，以"礼"育人。

入学见面礼，她送给每一位新生文房四宝、书法卷轴，新生开笔书写"人"字，寓意立字立人；成长生日礼，每年五月，为四年级学生举行感恩礼暨十岁成长仪式，亲手赠送星空水晶球，寓意脚踏实地，逐梦星空；毕业赠别礼，六月，罗玲为每一位毕业生赠送白玉印章，寓意如玉高洁，与入学礼的书法卷轴相呼应，翰墨传久远。

青春写大爱，援一方之需

"士不可以不弘毅，任重而道远。"罗玲深知：教育均衡、育人平等的宏大课题，对教育人而言，义不容辞。

1. 同心联动，共谋发展

2014年至2015年间，罗玲到农村挂职锻炼期间，看到了因地域等原因学校发展存在的差异，于是她精心策划了"四校联动"等活动，交流工作结束后，校级联盟工作并未止步，甚至不断丰富主题和形式，她积极搭建起"语文教研群"等线上平台，邀请区内小语人在一起共同研讨教材教法，一大批老师的育人理念、育人能力因此得到了提升。

2. 投身公益，直至忘我

2016年11月，育英小学被推荐为中国好老师公益行动计划常德地市基地校，罗玲肩负起了落实共同体组织建设、引领育人新风尚的使命。

行程千里，历时六月，是对她开展沟通工作的一句简单结语，但其中过程崎岖，心情跌宕，远非言语能够道明。"中国好老师公益行动计划常德25校共同体"成功起航后多次组织大型研讨活动。她自己还带头进行"好老师"线上学习，由此撰写的经验报告《学校在线课程的"文化"之思》发表在《湖南教育》2020年四月刊。

3. 脱贫攻坚，且歌且行

近年来，在罗玲的倡导下，学校大力支持教师农村支教、三区送教、国培专家送教等教育扶贫工作。2018年至2020年，12名西片名师送课达1000余课时。2021年5月，罗校长又把因学校教师三区支教结缘的白云镇教师接到学校进行实地交流，并邀请他们成为育英小学"湖南省戏曲特色学校"的联点学校，一起传承传统文化，艺术育人。

罗玲：世界上最快乐的事，莫过于为理想而奋斗。

问：你的理想是什么？

罗玲：每一个孩子走到光明处，唱着幸福歌，而我的青春已经融化在其中！

案例二：

第二个故事：蜕变

【人物简介】

瞿月亚，中共党员，中小学高级教师，常德市小学语文学科带头人。2006年调入育英小学，现任育英小学副校长。

从乡村中学教师到城区小学教师，从英语教师到语文教师，从普通教师到市级学科带头人，她这样自述自己职业生命的一次次蜕变——

我这样成长

人的一生应当这样度过：当回忆往事的时候，不因虚度年华而悔恨，也不因碌碌无为而羞愧；在临死的时候，他能够说："我的整个生命和全部精力，都已经献给世界上最壮丽的事业……"

——（苏）奥斯特洛夫斯基《钢铁是怎样炼成的》

这是圣人之语，揭开的是人生无悔的秘密：只有献出生命，才能得到生命。反观自身——是啊，手拿书本，和孩子一起读书习文，在讲台上一站二十多年，纵然只能尽绵薄之力，却也日日热血沸腾。

立德，渐进中练就一颗滚烫的心

"师爱为魂、学高为师、身正为范。"我坚信任何一位教师的高贵就写在这些本义里，多年来，一直铭刻在心，悉心于教育。

1997年至2006年，我扎根农村教育，学校在深山里，家在深山外，母亲病倒在床无人照顾，于是每日凌晨、每日黄昏我骑自行车，行程几十里往返学校。一支粉笔、两袖清风、三尺讲台、十年无悔，黑暗中翻越大山，为的只是点亮山里孩子的明日之光！

2006年，我调入百年名校育英小学，自己不忘初心，端正师德，精进自己，并将身边感人的点滴和激情的变化记录下来，从中反思，获得方向——陆续写下《书香》《素养》《革新》《光亮》《守望道德星空》《对话农村课改先驱》《教研，通向未来的自己》等观感；写下教育故事《幼鸟回家记》《一撮青草》；写下《师者情怀》《名师的特色》《常读书，有益》《拼教开药方》《说梦的人》《感念平凡之师》等见证、思考，真切记录着思想的蜕变，笔笔都是追随师德的足迹。

2015年，教了六年的孩子们即将毕业的时候，拿什么作为送给他们的成长献礼，离别馈赠？思考后，我决定用文字记录下自己树人的时光，孩子们成长的印记。四个月之后，五万字的教学实录——《讲述我们教室里的故事》如期赠别，洋洋洒洒的母校韵味温暖了孩子的心，他们说这是带着墨香的铭记。这本实录虽谈不上教育的成熟作品，却是自己思想锤炼的收藏，孩子们成长的印记，全在书中静躺、永存！

分管学校教学工作以后，更是致力于立德树人，边实践边研究，总结学校教改经验，写下《课程聚美，用传统文化滋养新时代儿童》在《华夏教师》发表，共同执笔的德育案例《修翰墨之志，育中华少年》获全国德育优秀奖项。

一切甘之如饴，在学校除了和孩子相处，便是与书本相亲，再来就是陪着老师一起聊教育，想创新。对教育的表露中，我的心是明亮的，并有幸远离了社会中的种种不良习气！

增能，逆流里走出一条成才的路

1999年，因黄土店中学紧缺英语老师，我应组织要求调往任教，从此，沉下心来，苦学英语，提升修养。

2006年，我走出大山，来到育英小学。典雅的校园，蓬勃的团体，务实的精神，我顿时觉得这是一处理想飞扬的园地。当年因为山里孩子对知识的渴求，我放下了心爱的语文书，改行教起了英语，这一晃就是十年。来到名校，我多么想重建梦想，重拾母语呀！我急切地向校长倾诉了心中的夙愿，校长仔细斟酌后应允了，宁愿相信，而不固守，领导的人性化管理艺术点燃了我激进的热情。可没有充足的准备而慌忙上场的我，站在讲台上显得那样笨拙，不会行云流水般地解说，不会泰然自若地引领，望着孩子们一双双纯真与渴求知识的眼睛，我窘得双颊赤红，急得眼泪汪汪。学校领导却早有了布局，校长亲自挂帅，成立辅助成长小组，为我拟定了"高筑墙，广积粮，缓称王（孩子王）"的成长线路。调配了专用"成长套餐"：一是名师开山。派导师手把手教我，一遍遍示范，一遍遍聆听，磋商、整改，于滔滔不绝间启人心智。二是外出囤粮。送我外出学习，观赛课、听讲座、参加培训，于千态万状下催生智慧。三是闭门苦练。在家潜心研修，学做课件、勤练基本功、苦读教育书籍，于细嚼慢咽中提升修为。浴火闯三关，玉琢始成器，我感到新的血液在心中缓缓游走，驱散了旧的影子：执教《心田上的百合花开》获全国语文教学论坛说课大赛特等奖；《张开想象的翅膀》获全国优秀课例、省特等奖；《彩色的梦》获"全国教育教学优质课大赛"一等奖；《蒲公英不说一语》获湖湘语文优质课金奖。历时九年（2006至2015），成长为市小学语文学科带头人。并连续九年（2015至2023）被认定为常德市小学语文学科带头人。

务勤，劳作间谱成一首耕耘的诗

理解了教师职业的本义，我期待起每一次与学生的面对，每一次与书本的相亲。多年来，我担任管理工作兼语文教学，我明白要做好管理工作和教学工作，既要有科学头脑，也要有实干精神。白天忙忙碌碌，切切实实地工作；晚上挑灯夜读，如饥似渴。近年来，我写下了数万字的读书笔记和教育故事，完成了"教育管理"专业的本科学习。

除了自读自悟，更有幸的是被组织培养，赴苏州大学参加"第一线全国教师高级研修"；赴南京参加了"国培计划"——一线优秀教师及教研员小学语文培训；赴北京参加"国培计划"——湖南省《中小学幼儿园教师培训课程指导标准》应用高端研修；赴贵阳参加名师优课"教师核心能力深度训练营"等。

罗玲校长常说："我的主要任务不是发现人才，而是建立一个可以出人才的机制。"每一次外出学习都是她仔细斟酌让我获益；每一次参赛都是她全程牵引使我绽放；每一次参评都是她激活鼓励促我入围……是的，人的天赋就像火花，它可能熄灭，也可能燃烧，而让我熊熊燃烧起来的正是她的一句：你们要比我更高、更远、更强！因为在你们身后，一代代孩子在追随光、成为光！

除了感恩，除了沉静的学习，除了厚实的提升，无以为报！

有绩，播种后迎来一片纯美的天

只有耕耘才有收获。进入育英以来，在罗玲校长的顶层设计、系列部署、手把手牵引之下，自己全身心投入教育工作，先后主持、主研10项国家、省、市课题，并遵循科学，努力践行：如何全局构建，科研推动教育健康发展。一开始目光是向内的，组织申报市级课题《校本课程中电影课程的开发与实施的研究》，集中研发电影中音乐、美术赏析元素；申报省级规划课题《构建与实施国学教育系列活动的实践研究》分四个维度，在低、中、高年段开展序列国学主题活动；申报省级规划课题《小学数学教学中财商培养的实践研究》立项，意在培养学生财商素养，适应社会需求；主持省级规划课题《以哲学绘本为载体的小学生心智教育对话模式研究》，让心灵教育"智"起来……

校内教改稳固的同时，将课改的目光延展至课外，申报、主持市级课题《综合实践活动课程资源建设的研究》，带领课题组成员进行深度研发，共开发180个活动主题，构建15个活动基地，如今育英的移动课堂已成闪亮的课程品牌，学生常态开展社会游学实践，有效实现了"社会即学校，生活即教育"的教改新图景。

专业上的努力和付出，得到了组织的认可，先后获政府嘉奖，荣立三等功，被评为区教育教研先进个人，市优秀青年教师，市首批教师培训专家库成员……

有人说这是荣誉，我却认为这是责任，有责任为教育的传播传输更多的热力！

善辅，深耕下拓出一片静雅的地

近几年，我经常听到一个词："幸福指数。"自己也经常思考：教师的职业幸福是什么？对孩子的爱？教育的意义与永恒？各种思索之后，我发现幸福和教师职业的点滴如影相随！

每天，我总是与学生同心同德，同行不懈！和孩子一起阅读，是我的快乐；和孩子一起书写，是我的快乐；甚至与孩子一起落泪，也是我小小的幸福。日日耕耘，一切发展最终的流向都是儿童！

为发散更大的光热，我始终站在国培第一线，为国培学员先后授课几十次，2021年，任"国培计划"（2021）教师工作坊研修整校推进项目小学语文教师工作坊坊主，获评A级项目。

除了国培，更多的日常是做好学校青蓝工程：我一次次走进老师的课堂，除了写下听课笔记，更重要的是真诚倾听他人建议，讲述自己的看法，在我的引领、陪同下，育英几十位教师参加全国、省、市、区教学竞赛，获得奖励。很多时候我只是个默默的领航者和欣慰者，但是却觉得：回首望去，发现更多的老师做了自己进步的风和阳光，自己才是最大的获取者！

一过又几秋，盛年不重来！我始终笑着向前，初心如磐：能培一朵花，就不妨做会朽的草！

守廉，自律时掘到一股幸福的泉

在中国文化里涵盖所有一切事物如果本实了，则内心廉洁、世界和谐。我内心里认为这是大道，推及自我，本本分分、实实在在地做人、做事，则可守护住自己心灵的净土。除了本职工作中做到"言行端正，堂堂正正为人师表；洁身自好，坦坦荡荡哺育桃李"之外，我始终想把自己的成长收获化作雨露，回馈教育园地。

2016年11月26日~27日，自己代表学校前往北京，参加"中国好老师"公益行动计划全国基地校工作推进会。通过会议成功领会了公约精神，明晰了学校共同体建设策略。返校后，被罗玲校长任命为公益行动计划项目负责人，开始了深刻思考——有效联合——奋力践行，全力推进着规划：

第一步，不辞辛苦，与学校领导班子奔赴8个区县教育局，进行工作汇报，成功招募20所项目校加入"中国好老师"公益行动计划，并组建起21校共同体。

第二步，积极筹备"中国好老师"公益行动计划湖南省常德市启动仪式暨育人论坛。北京的中国好老师公益行动计划办公室专家团队，市、区人大、政府、教育局的相关领导、全市21所项目学校校长及教师代表共200余人参加了启动会，使21所学校汇成了一股教育公益的暖流！

第三步，2017年，10月、11月中，每周开展学科专题研讨活动，共计6次（数学、语文、英语、音乐、美术、体育）先后为21所共同体学校教师千余人，武陵区兄弟学校数百人，提供19堂研讨课，2位省教研员专题讲座，4位市、区教研员现场评课，并展现学校教研创新点，如语文、英语是哲学绘本，数学是财商启智，体育是游戏化教学，音乐、美术为电影赏析，为区域教育健康发展贡献了自己的力量！

荡两袖清风，拂去心尘坦然，树一身正气，留下公益清廉。守廉中，我生发出满满的幸福。

案例三：

第三个故事：信念

【人物简介】

孙慧：中共党员，中小学高级教师，常德市小学科学学科带头人。2016年调入育英小学，现任育英小学党支部副书记。

在育英的所见所闻，让她更加坚定自己的信念：认真对待每一天，明天一定会更好！

苔花如米小，也学牡丹开

春华秋实，秋收冬藏，是亘古不变的规律。四季更替，日月变幻，岁月流逝，一刻也不曾停留。不知不觉，已进入不惑之年。遥思儿时的梦想，做个幸福快乐的孩子王。当年那份梦想仍然在心间流淌，怀着这个梦想我走进了师范，走进了学校，走进了课堂，如今，在育英大家庭里勇敢地逐梦。

工作二十二年来，曾有十六年任大队辅导员的经验，我发自肺腑地喜欢和孩子们在一起成长，是名副其实的孩子王。目前在育英小学任党支部专职副书记，分管党风、党建等工作。在这个平凡而忙碌的岗位上，悄然逝去的光阴记载着我儿时朴实无华的梦想，记载着育人道路上，我的每一个深深浅浅的脚印。

一、业精于勤，爱润于心，在平凡岗位编织我的教育梦

刚参加工作的我，通过竞聘上岗担任育才小学大队辅导员的工作，兼任语文教学工作。从学生转变到教师的身份，尽管我是师范的优秀学生，

尽管我教师基本功达标，但我仍然是战战兢兢走上岗位的。毕竟，教育这份事业太神圣，我们的责任太重大了。为了胜任这份工作，我每天都花十分的精力和时间备课、教孩子们知识、陪孩子们玩耍。可是课堂纪律不太好，让我感觉很吃力，当时的校长用个人案例告诉我如何调控课堂，如何把书中所学和实践结合起来，让孩子们遵守课堂常规，在规则下活跃课堂，让他们懂得无规矩不成方圆，无纪律没有游戏和学习。我总结了八个字：严慈相济，张弛有度。课堂教学管理用了这个法宝，使我每天都很享受课堂。

我感激遇到了这样的前辈，一有时间，我就向有经验的老师请教教法学法，老师们总是倾囊相授，同班的老师手把手地教我，当时的我真是觉得一定要加倍努力，不然会辜负了他们的良苦用心，也感叹有幸加入那样优秀无私的集体。工作头一年，回家后除了备课、制作教具，还把1990年以来近100册的《辅导员》杂志，一页不落地细细读过，把学校前任辅导员唐明丽老师的活动方案、记录、小结，一一研习过，然后结合学校特点开展各种有意思的德育活动。那时的梦想很简单，就是要让自己的水桶多装一些水，给孩子一杯水，自己要有一桶甚至更多水，让每个孩子都能在快乐中学到知识，我能做一名称职的老师。

生活的阅历让我日渐成熟，命运的安排的和生活的磨炼让我更加珍惜生命的每一天。我开始问自己，假如每天都是最后一天，你要怎样过？如果没有明天，今天怎样做，我才不后悔？我的选择是，用微笑坚守自己的选择，认认真真过好每一天。我想着把自己的孩子培养成身心健康、有担当、能自立的孩子，我想着天下的妈妈都是一样的，于是，作为母亲，作为当了母亲的教师，我的教育梦想有了更丰富、更厚实的内容。

如果当初几年只是凭一腔热血去教书，那么现在的我，更注重孩子信念、习惯与学习方法的培养，更注重工作方法的科学性，更加意识到为人师强烈的责任心和使命感。

二、行成于思，力凝于聚，在团队建设实践教育梦

没有完美的个人，只有完美的团队。曾经有人问一位哲学家："一滴水怎么样才可以不干涸？"哲学家说："把它放到大海里去。"这简短的对话提醒了我们一个道理：个人与他人之间是互相支撑的，只有得到团队或者他人的支持，才会有无穷的力量。

2016年,我调入育英小学,在校长罗玲的领导下,我和班主任团队一起设计了学生"家有好习惯"养成手册,根据孩子的年龄特点分"自立与自觉,安全与健康,文明与交往"三个方面制定了孩子在家的主要好习惯指标。六年级十二个学期,每期都成序列,设定了阶梯式提升的目标。每天,学生根据各自的好习惯指标对自己的行为进行评价,坚持养成好习惯。家长自己的言行也有相应的评价,和孩子一起,小手牵大手,家家养成好习惯。

在育英,让家长们赞不绝口的"四节三礼",让孩子们骄傲的"家长进课堂",十年如一日的书法练习,传承着中华优秀文化的经典诵读,"九九归一"师德活动等等,团队的智慧和力量助我快速成长。

因为工作的需要,我任教过语文、数学、英语、剪纸、生健、科学多个学科,对活动设计和组织比较拿手,但在磨课研课上下的功夫不够。2017年上期,作为科学教师参加科学课比武,我执教的《变色游戏》一课主要是淀粉遇碘变蓝实验,紫甘蓝遇酸碱变色拓展等。教学设计初稿试教,我想要学生亲历探究的过程,又想体现生活中处处有科学,还想对教材原有实验进行改进,导致实验材料选取过多,活动环节冗长,硬是把四十分钟的常规课上成了七十分钟的超长课。"心急吃不了热豆腐。想想这节课的教学目标是什么,如果活动内容不指向目标,就会让孩子们的学习迷失方向。"团队的批评意见给我一记当头棒喝。我重读新课标,明确教学目标,有的放矢突出重点难点设计教学。育英团队的指导让我破茧成蝶,在武陵区的比赛中勇夺第一,并冲出市级重围,被推送参加省赛。

接到省赛通知的瞬间,我没有欣喜若狂,只有忐忑不安。不是科学专业毕业的我,如果在省赛公开课现场,教学效果不佳怎么办?自己丢人事小,给学校抹黑事大。离参加省赛只有一个月了,只怪自己平时学得不够广、不够深,基本功不够扎实。学校组建教研团队陪我进行针对性训练,对照自己的教学视频找问题,针对问题作出改进:去掉"嗯、那么"等频繁出现的语气词,适当放慢语速,在该停顿的地方适当停顿,让自己的思维能够跟得上自己的语言;强化导入语、过渡句、点评用语,各个片段逐句突破,多场景训练使课堂用语从量变到质变;眼神、手势、站位等辅助教学态势语纳入周末训练项目,确保课堂仪态标准,情绪到位,更好地和学生进行沟通……个人课堂驾驭能力的提升让我有了更多自信来备战省赛。

育英人精益求精的精神鞭策着我。为了减少实验误差，避免材料的选取不当影响效果，我在家里做了几十次、上百遍的实验，发现用 A4 纸和普通毛边纸都会影响实验效果，查阅资料得知普通纸张的制作本身就加入了淀粉，"魔术喷画"和"密信活动"中生宣纸才是最合适的材料。

为了引发学生好奇心，我还采纳了团队的建议，导入环节不用事先准备好的画，而是用米汤在现场作画。虽然读书时学习过中国画，但是用这近乎无色的米汤去画，还要画出美感来，真是难为我了。美术老师李翔教我中国画技巧画兰花，坚信勤能补拙的我，用毛笔反复练习手感，以叶为先，起首一笔，有钉头、鼠尾、螳螂肚之法，二笔交凤眼，三笔破凤眼。抽空还用钢笔练习构图，皇天不负有心人，在衡阳衡州小学的省级赛场上，《变色游戏》的导入深深吸引了学生和在场的老师们，科学与美术的巧妙融合，获赞满满。之后的教学环环相扣，游戏新颖，课堂充分关注学生，取得了湖南省一等奖的好成绩。这份成绩和荣誉属于团队，属于令我骄傲的育英小学。

在这样优秀的集体里工作，我倍感幸福和骄傲，在这样进取的环境下工作，我才敢想，多能尝试，我爱这样的工作环境和状态。

三、进德修业，臻于至善，在理想信念上坚定中国梦

从德育线调整到党建政工线工作以来，我感到压力倍增，不断加强自身政治理论学习，提高党性修养，以更加严格的标准要求自己，做学生的表率，做老师的先锋。2018 年年底我有幸作为常德少先队工作者的代表参加全国少先队工作者培训班，脱产培训一个月，深入学习了党的十九大精神、习近平新时代中国特色社会主义思想等，认真摘抄笔记，积极参与研讨，顺利通过闭卷测试。在学习中提升了个人政治和业务素养，返校后，我将所学理论用于实践，在学校微信公众号上创推了"好好学习"微电台，推送《习近平用典》《习近平讲故事》系列内容，有廉政篇、学习篇等，原汁原味学原文，认认真真品经典，并结合学校文化，同步展示相关主题的学生书法作品，成为展示学校党建工作的线上窗口。

通过不断的学习，学校党员教师的党性修养和眼界都在快速提高，2019 年 6 月，学校党支部策划组织了"我和我的祖国"快闪活动，前期的策划、

中期的排练、现场的调控、后期的制作和宣传，都体现了育英人的智慧和力量。像这样的活动还有很多，2020年的"翰墨颂清风"、2021年的"打卡常德诗墙"、2022年的"翰墨蕴清廉"等活动受到师生和家长的肯定，也得到领导们的认可，均被推送到学习强国平台进行展播。"功成不必在我，功成必定有我。"个人觉得，这就是一种责任、一种担当，作为党员教师，我们要有强烈的担当精神，要有责无旁贷的使命感，干好自己这一行，跑好自己这一棒，不留遗憾、无愧于心。

教书育人的事业是伟大的，教师职业却是平凡的，教师的工作是更琐碎的。即使没有鲜花和掌声，没有高薪厚禄，只在不起眼的角落，我们也要积极向上，要努力成长，让生命之花怒放！像清朝诗人袁枚的那首《苔》那样，"白日不到处，青春恰自来；苔花如米小，也学牡丹开"。

作为一名教育工作者，学校的兴衰和我们每个人都息息相关，学校的有序发展对我们意义重大。千斤重担压在肩上，我们"不管风吹浪打，胜似闲庭信步"，因为我们有优秀的教师队伍，有科学的管理，有完备的教学设施，还有无数的学子渴望在这片土地上放飞理想的热望。

也许一个人的努力对于整个学校的发展来说如沧海一粟，但是如果把每颗爱校之心聚集起来，将力量无穷。让我们加倍努力工作，和我们美丽的学校共同成长，用我们的青春和智慧，勇敢追梦！

案例四：

第四个故事：足迹

【人物简介】

蒋丽，中小学一级教师，常德市优秀班主任。1998年毕业分配至育英小学，现任育英小学语文教师、班主任。

蒋老师的每个学生都能在她的《我的变老日志》中找到自己成长的足迹。她说：每个童年都至少应该拥有一次真诚的掌声。

"一片冰心"的变老日志

"一片冰心"是蒋丽老师的QQ名，也是微信名。

《我的变老日志》是"一片冰心"十年间每天坚持写的日记。

从毕业到现在,蒋丽老师在育英成长、成熟。从教二十一年,她坚守在教育的第一线,其中担任班主任工作长达十八年。从2009年10月11日晚,蒋老师开始写《我的变老日志》,记录了十多年的教育生活中的点点滴滴——

世界因"公平"而闪亮

教师的工作,直接面对的就是孩子。爱心、热心、责任心……这些都很重要,但蒋老师觉得最重要的就是公平。这个世界上没有绝对的公平,但是她总是尽可能给学生创造相对公平的环境。她相信每个学生都是有闪光点的。每个班上总会有几个所谓的"熊孩子",不理睬他吧,他每天都可以搞出事来引起老师的注意;专门盯着他,有时又不免心烦。蒋老师的日志中就记录了一个这样的孩子L。

可以说,每一位在蒋老师班上上课的老师都会第一时间认识这个孩子。上数学课和同学争座位,上形体课模仿老师走路,上音乐课和老师吵架,上校本课对老师竖中指……有时候下课,某个同学可能"多看了他一眼",都会引发冲突,集体活动中,绝对会和同学发生矛盾。面对这样的孩子,蒋老师首先尝试和家长交流,结果发现家长对于学校的教育基本持不认可的态度,家长坚称,孩子是在反抗不公平的对待,还一定要打破约束孩子成长的"笼子"。失去了家长的支持,蒋老师就把更多的精力放在了孩子的身上。她时时告诫自己不要把L当成一个特殊的学生,该表扬表扬,该批评批评,哪怕是总在一个问题上不断地重复错误,也要忍住心烦和他去谈。为了缓和L和同学们的关系,蒋老师安排他当小干部,为大家服务,还经常通过L的朋友们了解L同学的想法,也经常找L聊聊天,指导他怎样和别人相处。就在共同的努力下,这个学期,L和同学发生矛盾的次数明显少了,生活委员的工作也很认真负责。只要是真心的,她相信学生是能看见的。

蒋老师的日志里,这样的"公平"故事还有很多。正是在孩子的世界里种下了"公平"的种子,他们在面对问题时总是多了一分内心的笃定和骨子里的正义——正如他们的蒋老师。

日子因"悉心"而柔软

教育是一件一定要有耐心的事,班主任工作尤其如此,蒋老师的日志中似乎从来没有出现过"悉心"一词,但却每个故事中都闪耀着"悉心"的光辉。

作为班主任,最害怕的一定是孩子受伤,最头疼的一定是调解后续的赔偿事宜。蒋丽老师也不例外。但是她坚信,只要班主任工作细致,把工作做在前面,有时候就会大事化小,小事化了。那天,大个子小 Z 撞倒了一名三年级的小个子同学。这名三年级的同学送去医院后还出现了呕吐的症状。这边,蒋丽老师马上和肇事孩子的家长取得了联系,家长非常配合,主动给这名三年级孩子的家长打了电话。因为孩子受伤了,对方爸爸的态度显得比较急躁,小 Z 妈妈的心里就有了顾虑。蒋丽老师安慰她说:"孩子受伤,对方家长的态度再差,我们都应该能够理解。虽然这是个意外,但是确实是小 Z 撞倒了别人,分责任、讲道理,这都是后续,目前最重要的就是保证孩子身体没事,我们既然已经打了慰问电话,迈出了第一步,为什么不把它做完呢?哪怕对方的家长不接受,我们也应该做到自己问心无愧。"听了蒋老师的建议,小 Z 妈妈当天中午就赶到了医院,帮助对方家长一起照顾孩子。万幸的是孩子没事,只是虚惊一场。小 Z 妈妈的举动感动了对方家长,这件事最后甚至没有惊动两方的班主任,就得到了圆满的解决。

这种悉心是关心爱护,更是精力与时间。有天下午,小 D 同学突然流鼻血了,蒋丽老师一看就暗叫不好,急忙联系小 D 妈妈,要她带孩子去医院看看。下班后,蒋丽老师没有回家,而是赶到了医院,孩子和妈妈正在医院的长凳上排队等着拍 CT。看到老师,孩子妈妈说:"蒋老师,你来干什么?这里没什么事,你先回去吧!"蒋丽老师说:"我回家等更着急。我就陪着孩子,还放心些。"最后结果出来,问题不大,蒋丽老师才回家。为什么当时非去医院不可?蒋老师说,其实她确实可以不去,但是如果这件事发生在她自己女儿的身上,她也希望能有一个人一直陪在自己的身边。哪怕一点事也不干,都是一种安慰。

"理解共情""推己及人",蒋老师就是拿着做妈妈的心去当一名老师。

所以，她教过的孩子在说起她时总是扬起幸福的微笑。

成长因"关爱"而铭心

上学的日子看似周而复始，没有太多差别，但当老师的人知道，每一天都有太多太多的不一样，而能应对万变的只有不变的关爱——这份爱还需要表达，还需要作为教育内容本身去传递。

在蒋丽老师的教育生涯中有个非常特别的孩子。蒋老师与他只有半年的师生缘分，却是那样地刻骨铭心。那个孩子叫文琛，蒋丽老师为他专门写了三篇日志。

2011年9月15日《欢迎你回家》中蒋老师写道："在今天之前我从没见过文琛，可听到家长们讲起他的事，作为一名普通的母亲，我都能感受到那种切肤之痛。毕竟，看着一个最美好的生命正在遭受痛苦，的确是一件很残酷的事情。昨天当志昊妈妈和我说起文琛想来班级和同学们一起过生日时，我满口答应。我还给文琛了买个本子，里面请班上同学写上自己的祝福，签上自己的名字。中午，我早早地来到了学校，在大屏幕上写上'祝文琛同学生日快乐！欢迎你回家！'在等待中，文琛在妈妈及一些家长的簇拥下来到了教室，孩子们大声地唱了生日歌，并且齐声高喊：'祝你生日快乐！欢迎你回家！'看着这个我从未谋面的孩子，看着教室里孩子们的一张张笑脸，泪水却霎时布满了我的眼眶，昨天想好的话怎么也说不出口。文琛，在这里，老师想告诉你：'我一直知道233班还有一个孩子没回家，所以教室里空着一张座位，那是为你准备的。我总是在想：哪一天他回来了，我们这个家就团圆了，就圆满了。今天，你回家了，我们都很高兴。所以，你要加油。我们——233班的全体师生都在这里，等你回家！'"

后来，每每有233班的孩子来看望蒋老师，他们都会回忆起文琛，都会记得那一堂特别的班会课。他们说，那堂课充满了爱的味道，那味道那样迷人。

教育因"记录"而生辉

蒋丽老师始终认为，上好课是作为一名老师的基本。小学阶段没有专职的班主任，你一定首先是一门学科的老师，然后才是一名班主任。蒋丽老师有一个小目标：带每一届学生至少去多媒体上一节公开课。为了提高教学水平，她除了多学习、多请教、多实践以外，她还悉心地记录，边记录边反思，怎样做才会更好。

变老日志（一七三）中2019年5月17日的工作日志里就写道："《鲸》是一篇说明文，今天我们就从说明文的角度解决了三个问题：说明对象、说明方法和说明内容。我们首先确定了说明的对象是鲸，然后指出常见的六种说明方法，接着要学生概括每个自然段的写作内容，再以第一段为例看看作者是怎样运用说明方法说清楚内容的……"对课堂的热爱，加上不断地反思、钻研，她的课堂成了受孩子们欢迎的课堂。

变老日志（一四九）2018年10月31日："何睿昕妈妈是个很负责任也很有智慧的妈妈，为孩子牺牲了很多，也想过很多很好的教育办法。运动会上和她聊天，意外得知孩子找胡老师好不容易要的一个发令枪的空弹壳，在回家的路上掉到下水道里去了，为此伤心了好一阵。于是我就找胡老师又去要。感谢大方的胡老师一下给我留了5个，让我哄了4个娃。今天把2个空弹壳交给何睿昕的时候，孩子答应我会好好写字。回家后就把这个好消息迫不及待地告诉了妈妈：'蒋老师今天给了我两个子弹，我答应老师要写好字，我一定要说到做到！'然后何妈妈翻开作业登记本一看，问他：'你不是说要说到做到吗？怎么字还是那么丑？'他说：'这是还没有答应老师之前抄的啊！'那好吧，我就静待你答应我之后的作业啦！"

像这样的小故事，也是蒋老师的日志里经常出现的。故事虽小，折射的却是一个老师对孩子的爱与尊重。

蒋丽老师说，日志只是一种记录的方式，还有更多种的方式可以选择，认为是值得做的，就去坚持。例如两年以来，她坚持每天朋友圈发"爱心早餐"。为孩子们做动感影集，大型活动做美篇。她很喜欢为孩子拍照，因为她说自己最大的遗憾就是孩子长大了，但是为孩子记录的东西太少了。以前没有智能手机的时候，她就带个卡片机，每周五为孩子们拍一次。现在方便多了，随时都可以，一学期下来，她为孩子们拍的照片多达一两千张。她坚信：孩子在我们的关注下每时每刻都在成长，我们多给他爱和阳光，他就会变得温暖而善良。

用她最喜欢的一个小故事结尾吧。

一只新组装好的小钟被主人放在了钟爸爸钟妈妈当中，钟爸爸钟妈妈滴答、滴答地走着。钟妈妈对小钟说:"来吧,你也该工作了。可是我有点担心,你走完三千两百万次以后,恐怕会吃不消的。""天哪!三千两百万次。"小钟吃惊不已,"要我做这么大的事?办不到,办不到!"钟爸爸说:"别听他胡说八道,不用害怕,你只要每秒滴答摆一下就行了","天下哪有这么简单的事情?"小钟将信将疑,"如果这样,我就试试吧。"小钟很轻松地每秒滴答摆一下,不知不觉中,一年过去了,它摆了三千两百万次……

时间滴答,日志增厚;我在变老,冰心如故;你正长大,羽翼渐丰……

育英小学教师的故事,每一个都朴实无华,充满真情,所有人的故事合在一起,就是育英教育最真实、最生动的模样!是一个个育英教师,将翰墨传承诠释为一点一滴的努力;是一个个育英教师,把"立字立人"演绎成一个个活色生香的故事;是一个个育英教师,让育英在悠长的发展岁月里,永远深情动人!

第二节 印象·家长——成千家知情达理

家庭是孩子成长的起点、摇篮。

家长最美好的姿态是和孩子一起成长。

一直以来,育英小学高度重视家庭对孩子的影响,因时、因境不断优化家校工作。从20世纪90年代初创建常德市第一所家长学校,到2015年荣获"湖南省示范家长学校"称号,育英小学始终秉承"先教会家长,再教学生"的工作理念,帮助家长不断成长,育英家校因此呈现出和谐共育的美好图景。

一、家长成长有制,亦有章

(一)健全组织,有制可循

为确保家长学校工作有序开展,学校成立了校级、年级、班级三级家校委员会。校级家委员会由校长担任主任,德育副校长担任副主任,定期召开会议，商讨家庭教育中的重点、难点、热点问题，有针对性地开展家长学校工作。学校班子成员每人负责一个年级，任年级家委会主任，年级组长任副主任，班主任担任班级家委会主任，副班主任为班级家委会副主任。

（二）完善制度，有章可依

学校将家校工作纳入每年的年度学校工作计划、总结。为加强家长学校的管理，学校建立完善了各种必要的规章制度。如《家长学校工作制度》《家长委员会岗位职责》《学员考勤制度》《评选优秀学员制度》《学员考核制度》《家访联系制度》《学校、家长、社会三结合管理制度》等。

同时，为优化家长学校组织管理的有效途径，学校制定并实施育英小学家长学院积分制度，积分制度的奖励为精神奖励。学校设置好习惯家庭、学习型家庭、最美志愿者等奖项，通过家长积分的分值情况进行评选，并由孩子为父母颁发荣誉证书，让孩子追慕家长的榜样力量。

二、家长成长有引领有平台

一是学校设各班主任为家长学校的授课教师，还外聘了法制副校长，设立了关心下一代工作委员会，成立了以市教科院刘忠义主任为顾问，湖南文理学院郭军教授、湖南幼儿高等专科学校姚振东教授、常德市亲子促进会会长杨红英、亲子促进会顾问袁国及学校心理健康教师等组成的家庭教育及心理健康专家团队，为家长学校教学工作的开展提供了强有力的专业师资保障。

二是为家校沟通提供多方即时沟通平台。为保障家长学校顺利开课，学校每个班都安装了智慧黑板，把多媒体教室、全脑教室等功能室均作为家长学校可支配的活动场所。除了线下场域还有线上平台，如微智校园、班级群等。另外，一大批教师开通自己的教育网络空间，与家长进行温情沟通，产生了良好的影响，如蒋丽老师的《我的变老日志》、王丽华老师的《牵着蜗牛去散步》等。

三、家长成长有多彩课堂

习近平总书记指出："广大家庭都要重言传、重身教，教知识、育品德，帮助孩子扣好人生的第一粒扣子，迈好人生的第一个台阶。"然而好父母不是天生的，是学出来的。育英为家长精心搭建了三类学习课堂（校内课堂、专家课堂、数字课堂），期望他们的培育能力能在这里蝶变、生长！

一是夯实校内课堂。每学期，各班上好三堂课：期初、期中、期末。授课教师可以是班主任、科任教师，也可以是家长，外聘专家。主题是多方互动，实现深入沟通和拓宽联系。每学年，学校上好两堂课，一年级幼小衔接课，把优秀的教师派到辖区内的幼儿园帮助家长消除焦虑；小升初家长会，把中学优秀教师请进学校为全体毕业生家长做小升初衔接指导。每学年组织好三场亲子活动，一年级的新生入学礼，让家长全面了解育英翰墨文化及课程，对学生的起点生出信心；四年级的感恩成长礼，让学生感恩父母、感恩老师、感恩社会，引领每一个家庭用感恩的心生活；六年级的毕业礼，父母和孩子一起回顾成长的点滴，牵手离开母校，奔向更深更远的未来。

二是打造专家课堂。学校联合常德市亲子促进会等专业机构，不定期地开展育英小学亲子教育沙龙活动，每期约定主题，如"父母保持稳定情绪""化解亲子关系中的行为、需求、价值观的三大矛盾"等深受家长关注。每期十余位家长线上报名，线下与专家现场互动交流，在思维碰撞中更新理念，优化行为。

三是拓展数字课堂。育英小学是中国好老师公益行动计划的常德基地校，国字号的平台集结了全国有名的教师、专家。学校充分利用这个平台推出了线上家庭教育课程，专家主持，名师指导。全体教师、家长加入全国家校共育数字平台，定期收看教育部关工委的家庭教育公开课，如《如何让孩子爱上写作》《保护好我们的孩子，防止意外伤害和性侵害》等课题，老师和家长受益匪浅。数字课堂保证了家长可以根据自己的时间、地点，随时聆听学习。

同时，学校还推出家长阅读书单。育英小学在学生读书清单的基础上推出"家长读书清单"，请专业人士进行推荐筛选，帮助家长在课堂成长的同时，拥有更加可持续的学习力，发展力。

四、家长成长有研究有反思

我们常说，这是个拼爹拼妈的时代，这里的拼爹拼妈可以是父母的格局，可以是父母的学习力，可以是父母对孩子的用心程度……但是这个"拼"不是靠蛮干，而是靠智慧增长出更好地解决问题的能力，审时度势

（基于事实基础的研究）、深刻反思（在事实基础上反思）、有效行事（在研究思考的基础上行动），育英的家长们走的是科研育人之路。

一是基于事实基础的研究。育英家校教学科研工作从不盲目，在解决问题之前一定先调查问题。如针对早餐问题、手机入校问题，育英小学利用问卷调查等形式，在充分与家长沟通现状的基础上，一起研究解决问题，也因此有了后来影响深远的"爱心早餐""校园手机管理"等项目。

二是在事实基础上反思。反思是成长的阶梯，学校利用各级各类家校征文等契机，组织家庭教育论文评选等活动，帮助教师和家长参与更大舞台的讨论交流。

三是在研究思考的基础上行动。学校的各级各类课题密切配合当前的家庭教育教学工作。如国学课题、哲学课题、心育课题，实施过程中力邀家长参与，彰显家校合作育人价值，如：国学课题中家长做考官，每一学期来校过关孩子的古诗文晋级；哲学课题中，家长每两周来校参与哲学绘本研发；心育课题中，家长每周来校作导师，对特殊学生进行心理辅导……这些科研举措，开创了新型家校合育模式，凝聚了学校与家庭的强大育人合力，在助力孩子健康成长方面取得了可喜的成效。可以说是以课题研究之"一"力，激活了家校共育之"众"果。

五、家长成长有定位有特色

六年相逢，我们期待在育英这方百年育人沃土上，每一位育英家长都能成长为孩子成长的陪伴者，学校教育的参与者，社会文明的创建者。

（一）做孩子成长的陪伴者

陪伴，是最长情的告白。育英小学倾力引导每一位家长会陪伴、乐陪伴。

"爱心早餐"，温暖孩子的胃和心灵。2017年秋季开学起，学校向每个家庭发起了"爱心早餐"活动的倡议，通过国旗下倡议，班级发动等，越来越多的家庭加入了在家吃早餐的行列。色香味俱全的早餐成就的不仅仅是孩子身体成长的需要，更会激发的是他们对家的爱和信任。

"好习惯手册"，引导亲子互动中养成好习惯。学校为全体学生赠送了育英小学"家有好习惯"养成手册。特别是"双减"政策落地后，手册从劳育、体育、美育、阅读四个维度，分十二个学期制定了具体的在家好习惯指标每天亲子互动考核评价。一学期结束后，积累正能量最多的家庭，获得"家有好习惯"之星荣誉称号。

"这样爱你"系列活动，让互动反思成为常态。2018年底，学校在全体家长中征集"最让自己困惑的家庭教育问题"；2019年初，学校组织专家团队提炼出七个核心话题，并由此精心策划了第一档学校现场访谈节目——《这样爱你刚刚好》。访谈现场，专家、家长面对面，直指问题核心，寻找现实教育路径。2020年，"这样爱你"团队在访谈活动的基础上，将探讨触角延伸到家庭教育，特别是心理健康教育的领域，邀请到市教科院、湖南文理学院、湖南幼专、市亲子促进会的专家，成立了由专家、咨询师、班主任、家长组成的帮帮团，和家长进行精准的沟通，让互动反思成为常态，让家校教育更完美互通。

（二）做学校教育的参与者

参与更能抵达理解。为让家长对学校工作多一分理解、认同，学校向家长敞开胸怀，邀请他们参与到学校教育工作中来。

"家长进课堂"，推开一扇多彩的窗。家长们根据自身的专业，以多彩讲师团的身份，给孩子们带来了内容丰富的各项课程：如医学类《保护牙齿》《第一现场目击者行动》等；生活技能类的《小学生如何理财》《花卉种植》；艺术欣赏类的《常德丝弦》《不简单的简笔画》；国学课程类的《中国结》《笠翁对韵》等等。

"家长当助教"，敞开一道斑斓的门。学校的活动丰富多彩，古诗词考级、体艺节，学校热情邀请家长们参与其中，当考官、当裁判，一起为孩子们加油喝彩，一起分享孩子成长的精彩瞬间。无形中，教师、家长的心增进了互相了解，更会紧紧地连在一起。

（三）做城市文明的创建者

希望孩子成为怎样的人，最简单的方式就是做那样的人。每位老师、家长都是孩子成长中的榜样、镜子。我们希望孩子成为有益于国家社会的人，那么，从家长开始。

"家长志愿者"，树起一道亮丽的景。组建"安全护导家长志愿队"，每天早中晚每个班级的家长志愿者无缝连接，风雨无阻地在校门口斑马线附近为孩子安全上下学保驾护航。组建"文明劝导家长志愿队"。上下学时段，家长志愿者们会准时提前出现在校门公交站台等地点，引导孩子们有序排队、文明乘车。

"家长送爱心"，撒播一份文明大爱。周末，家长志愿者、学生、老师代表会一起走进福利院，走进贫困学生家庭，送温暖送关怀，将文明之风吹遍校园，吹遍社会。这样的活动是在传播爱，也是在孩子心里种下可贵的爱的种子。

享誉全球的教育理论家苏霍姆林斯基曾说：教育的效果取决于学校和家庭的教育影响的一致性。学校办学硕果累累：第二批全国中华优秀文化艺术传承学校、全国教研名校联盟校、中国好老师公益行动计划基地校、湖南省示范家长学校、湖南师范大学音乐学院基地校、湖南省海陆空模型运动协会会员单位、湖南省安全文明校园、常德市书法教学示范基地、常德市生态文明示范校、常德市教育科研先进学校……各项荣誉的取得，都少不了家长共勉共进的力量。

随着经济建设和教育改革的深入发展，家庭教育会不断出现新情况、新特点和新问题。育英小学将与时俱进，携手家长，在育人的道路上以家校之名，承一脉翰墨育人！

家长成长案例：

身向翰墨那畔行

284 班胡浩然的妈妈　鲁利平

习近平总书记指出，广大家庭都要重言传、重身教，教知识、育品德，身体力行、耳濡目染，帮助孩子扣好人生第一粒扣子，迈好人生第一个台阶。然而，好父母不是天生的，是学出来的。育英小学为我们家长精心搭建了众多平台，引导家长陪伴孩子的成长，参与孩子的活动、见证孩子的荣光。我的两个孩子都就读于育英小学，陪伴他们长大的过程中，我也受到了育英翰墨文化的滋养、文明之手的牵引、经典雨露的润泽，在翰墨氤氲中修身齐家。

一册掌控习惯的执行指南

"起先是我们养成习惯，后来是习惯造成我们。"这是王尔德的名言。

小学教育的关键是要驱动孩子们养成好的习惯，育英小学为全体学生赠送了"家有好习惯"手册，手册从劳动、运动、美育、阅读、睡眠等方面引导孩子养成良好的习惯。一开始，我只是一位督导者，负责在手册上记录签字。

我们依托着好习惯手册，人人落实好习惯，每天坚持打卡。慢慢地，我也成了好习惯的养成者：孩子一运动，就会喊上我也跟着一起做，习惯久坐不起的我，耐不住孩子"好习惯你也要养成！"的号召，被迫跟着动了起来。连续运动了一段时间以后，我发现运动确实是最好的休息方式。运动以后，整个人的精气神都上来了，面对孩子的状态也好了很多。而且，和孩子一起边运动边聊天，分享我们找到的好的运动项目，讨论我们对于运动的心得……我渐渐体会到，原来运动也很有乐趣，尤其还能在这个过程中和孩子拉近关系！

改变习惯就改变了生活！改变习惯的支点，却是那本承载着育英教育情怀的小册子！

一股经典回归的生命张力

"培养具有民族文化根基的现代小公民"是育英小学的育人目标。如何扎牢民族文化根基，塑造有民族文化底气的小公民？国学经典教育系列活动可以教会孩子做人的道理、培养健全的人格，使他们成为内外兼修的中国少年、未来精英。

循着经典的方向，家长与孩子在特有的文化氤氲中接受滋养。如一期一次的古诗考级，孩子在这一声声咿咿呀呀的熏陶下慢慢长大，家长作为"考级官"也对经典越来越好奇、越来越亲近。在学校组织的各项活动中，我常常会遇到很多志趣相投的家长，我们互相探讨、分享经验、结伴学习，孩子在长大，我们也在成长。

美好的教育会从校内延展到校外，我们班几个住得比较近的家庭相约一起读经典——笔架城上、老西门里，每天中午多了几个身影。他们手捧经典，与孔孟谈礼、同老庄论道、与韩非议法、同孙武讲兵、与王羲之颜鲁公赏字、同齐白石徐悲鸿品画。家长和孩子一起学习，有领读、有讨论、有争论、有反驳……这里再没有家长、孩子的界限，大家都各抒己见，既与古往今来的先贤对话，又透过实例回归现实，看世界时心胸不免开阔了许多。我们的活动还吸引来了柳叶湖复基小学的同学，他们也经常自发参加讨论，个个感觉收获颇丰，饱满的生命充满能量，这能量是力量、是火焰、是希望。

一种哲学视角的万物审思

绘本，在许多家长眼里仅仅是小娃娃的图画书、睡前故事；在育英，绘本却是心育哲学课的载体。学校提倡以哲学的视角走进绘本，让孩子在智慧中成长。在育英哲学绘本课堂的影响下，我们家长也和孩子一起读绘本，透过绘本与孩子一起审思万物。我们发现，儿童就是天生的哲学家，具有无尽的追问精神。孩子们提出来的问题是在问自己、问同学、问老师、也是在问家长——我们与自我的关系、与自然的关系、与社会的关系是怎样的？

有了哲学思维的浸润，孩子们能够以更加放松的姿态面对生活。我的孩子在足球队踢后卫，有一天，后卫和前锋分成两队进行对踢。其间，有个前锋的孩子嘲笑他们后卫，孩子感觉特别低落和委屈。简单的说教肯定不行，我想起他在学校哲学绘本课后，给我分享的幕后英雄。我们的谈话就由"幕后"展开去——《开学第一课》里面那些幕后工作者，功勋中的那些英雄人物。孩子情绪慢慢平复了，他说："是的，妈妈，孔子也说过，人不知而不愠，不亦君子乎？我作为后卫，明白自己在什么位置，应该做什么，我的价值是什么，我已经不为这件事情而烦恼了。"事后，孩子还为后卫作赋一篇。如下：

十月十一日老西门迎凉有感·无闻铁卫赋
胡浩然

后防三胡，齐聚老西门。谈后防之默默无闻，思球队之何去何从。

后防三人抗五人，边前目视不回防。飞身封堵每传中，任尔东西南北球。谁怕？

快攻半分失球权，漫长防守无边际。后场也攻前不回，攻势全由后场起，谁知？

每遇劲敌，浪射而不下。无控球而进攻徒劳，唯见失多而贬其防。

迎战弱敌，易零封狂胜。前锋后卫全员进球，唯见得多而褒其锋。

无闻后防，幕后英雄也。人皆视之平凡无为，实乃伟大之铁卫也！

当看到孩子用钢铁、用幕后英雄来描绘后卫时，我看到一个真正有力量的孩子。这些成长来源于一点一滴，有团队训练中身体力量的提升、有语文课精神人物的熏陶、有经典阅读中先人们的教诲、更有哲学绘本中对万物的审思……孩子也说，我现在沟通更有水平了，以往遇到问题只会讲一些谁都知道但是却没有用的道理，现在可不一样了。这不一样在哪里呢？我想是遇到问题直接讲道理，这让孩子有被教育的感觉。而通过经典、电影、绘本的阅读，孩子学会了从别人的故事中，以旁观者的身份，站在高于事情的维度上观全局，作出理性分析思考，这些都成了他成长路上的一个个锦囊。遇到难题时，只需打开它，答案常常就会浮现出来。我真正体会到了学校引领的一系列哲学思考能给生命注入不一样的能量，将我们的认知提升到新的格局！

一脉导德齐礼的文化传承

曾经的我不是很注重礼仪，觉得这是形式上的东西。孩子却常会在传统节日热火朝天地行动起来：包粽子、吃月饼、做青团。从孩子身上我感受到一股独特的来自中华民族的精神，我感受到一种作为中华儿女的归属与自豪，也感受到来自先人们的馈赠，这都得益于学校活动的驱动。

育英除了四节，还有三礼——入学礼、感恩礼和毕业礼，我被这种仪式所感动。尤其是在感恩礼现场，当儿子在我们面前读着他写给我的信时，我不禁热泪盈眶，原来仪式感也是一种深情的表达。我们中华民族一直以礼仪之邦著称于世，一代一代中华儿女继承和发扬着这一整套独具特色的礼节、仪式、风尚、习俗、节令、规章和典制，我跟着学校活动的步伐，开始渐渐注重起礼仪。

我将这种习惯带到工作中，更加注重细节、仪式。通过开展各种礼仪活动，同事间相处更加融洽了，工作效率也更高了。家庭中，我不再以含蓄为借口，更懂得通过行为去表达对家人的关心和爱意，渐渐地，我更直接地感受到爱在家庭成员之间流淌。

来自中华文明的力量让育英学子、家长自身更有修养，阅历见识、道德情操、精神风貌都上了一个台阶，更能让所在的团队和谐有序、沟通更加顺畅。中华文明礼仪源远流长，育英小学所做的就是搭建起古今对话的桥梁，作为育英的家长，我们正为礼仪之邦的传承而接力！

我常常想，育英为什么能够成为百年名校？翰墨文化给了我答案。学校依托民族文化向下扎根，利用国学课程，继承华夏民族五千年之精华；向上无限伸展，博采中外之所长，崇尚个性之美，既有通识的全脑、财商、电影、哲学课，又有彰显个性各类社团；而其总体思路，则是立足社会、着眼实际，知识与实践相结合，兴趣与实际相联系：移动课堂、项目式学习等各类实践都让孩子走出教室，走向真实的社会。

在育英这样一所翰墨飘香的百年名校，我不仅仅是看着孩子们在一天天蓬勃向上，长成流淌着翰墨文化血液、具有民族文化根基的、充满个性之美的新时代小学生。我更看到自己在学校文化的熏陶下，也在努力成为一名添了几分翰墨之气的管理者。

"苟日新，日日新，又日新。"随着社会的不断发展，家庭教育的理念与方法也需要不断更新，好在能承学校翰墨育人的理念与体系，让育人的路上的我多了几分从容！

在育英，我和孩子一起成长

265班刘桐佑的妈妈　姚娟

熟悉育英的人都知道，校园虽小但每一个角落都彰显着翰墨文化。墙壁上，泼墨挥毫，字字精彩；教室里，传统科技，样样自信。在育英，学习成长是一件非常快乐的事情。育英，我们来了！作为2015级的新生家长，我们带着新鲜和憧憬与儿子一起迈进了一道通向成长的大门。

自信是成长的底色

儿子出生后，和所有的新生妈妈一样，我努力研读各派育儿书籍，男孩怎么养，3岁之前怎么做，越读越焦虑。因为早产抵抗力弱，孩子从小隔三差五感冒发烧进医院，幼儿园我们换了五个，在各种担忧和焦躁中终于迎来幼儿园毕业，开启小学生活。

记得仪式感满满的入学礼上，学校给每个孩子发了一本《家有好习惯养成手册》，手册内容微小具体。身体：吃饭，睡觉，运动，卫生习惯；能力：方法，态度，学习，与人交往。新生家长见面会上老师反复强调，小学阶段是培养好习惯的最佳时期，这个比成绩、分数、知识、能力更为重要。孩子的习惯里，映射着家长的模样。学校会重点抓学生学习习惯的养成。孩子的学习能力，来自学习习惯。家长的重点，是做好孩子在家里生活习惯的养成，于是这本《家有好习惯养成手册》既成了我们家的生活习惯指南，也让我们学会认清自己的边界。在日常生活中我们鼓励儿子自己解决问题，自主独立地参与家庭事务。为了打卡，早上我不再睡懒觉，坚持学做更多美味的早餐，每天在孩子起来之前准备好他最爱的早餐，因卖相好、营养搭配科学常年霸屏班主任蒋老师的微信朋友圈。

三年级时受老师邀请我走进了育英家长课堂，家长课堂是不同的家长根据自己的职业特点或者是特长来给孩子们传授不同的知识。我虽不是全职妈妈，但在陪伴儿子成长的过程中成了营养学践行者，我在家长课堂上给孩子们讲授健康营养的小知识，并现场制作各种快手三明治，孩子们和现场的家长兴趣浓厚，大家一起DIY创意满满。回家问儿子，妈妈今天表现怎样，他说，我词穷，不知道用怎样的词语表达才好，是让我有点小骄傲的那种好。在这个世界上，表达爱的方式很多，一份营养美味、科学搭配的早餐无疑是最直接的表达方式。不断有更多的家长加入其中，一起践行爱的早餐，原来爱的模样，就藏在那些鲜美的果蔬和白嫩的鸡蛋里，从心底流淌出来，幸福溢满整个小家庭。

做妈妈是个和焦虑抗争的过程。均衡的营养、健康的作息、充足的运动让儿子越来越强壮和独立，伴随着每天关注班级群、每个星期读班主任蒋老师的《我的变老日志》（教育周记），看到儿子成长的足迹，这些校园里的点点滴滴都被用心的老师们看见和记录着，我也慢慢学会了放下担忧，专心做好自己的工作，一切都在慢慢变化。隆重有爱的育英十岁成长礼，广播里突然传来一个稚嫩而熟悉的声音："我家是个动物园，我的妈妈是一只勤劳的燕子，每天给我做各式各样我爱吃的早餐。我的爸爸是一只健壮爱抽烟的长颈鹿，我坐在他的肩膀上看到了更大的世界……"台下的燕子和长颈鹿早已是泪流满面，除了感谢更多的还是感动。长颈鹿爸爸作为十年老烟民不声不响就把烟给戒了。因为育英有爱有力量的育人环境，我们都想成为更好的自己。这些调整，刚开始对于我们来说是一个挑战，多年养成的生活和工作习惯都要做相应的变动。《大戴礼记·保傅》说："少成若性，习贯之为常。"有好的生活习惯就会顺利过渡到好的学习习惯，有好的学习习惯就会产生好的学习能力，好的学习能力自然会产生好的学习成果。

没有爱就没有教育。育英六年，伴随着班主任蒋老师191篇变老日记、12册《家有好习惯养成手册》，充满仪式感的三礼四节各种活动、2000份爱的早餐，五场"迷你"家庭马拉松，让我从焦虑迷茫到成长得坦然自信，收获了一枚翰墨气质、阳光自信的少年和一个更加有趣有爱有自信的家庭。

兴趣是成长的动力

育英小学的办学核心理念"立字立人"，办学定位于"凝神一笔一画静思一言一行，做一个堂堂正正的中国人"，于是就有了育英人对开发翰墨课程的卓越追求，在不断的改革创新中立稳孩子们的民族之心、社会之责和个性之美。

低年级时儿子在班主任蒋老师的引导下开始读《千字文》《三字经》。学校坚持每日晨间诵读，语文课前三分钟展示。中年级，老师号召家长和孩子共对《声律启蒙》，我和他从单字对到双字对、三字对、五字对、七字对到十一字对，声韵协调，朗朗上口；从天文、地理、花木、鸟兽、人物、器物等虚实应对，包罗万象。我们在感受中文韵律之美中快乐成长！高年级，儿子在老师的指导下开始走进了《论语》，在论语中，他汲取了"学思结合、温故知新、不耻下问"的学习方法，知道了交友的准则和与朋友的相处之道，也学习了"见贤思齐、有错就改"的修身古训，在《论语》中不断学习内化做人做事的道理。

育英关注学生的已有生活经验，设计公益体验课、岗位体验课、劳动体验课等不同内容，激活学生的学习兴趣和探究意识，引导学生学习做人，热爱生活，参与社会，更好地帮助每一个学生实现全面而有个性的发展。暑假里育英学子小小的身影出现在城市的各个角落，用实际行动为需要帮助的人带来清凉。在学校，无论谁有困难，儿子都会主动帮助，他积极参加各种公益活动：文明交通劝导、福利院看望老人、帮助贫困失学的小伙伴。在家里，他主动做力所能及的家务，洗碗、扔垃圾、整理房间。周末我们一起参加文明交通劝导志愿者活动、善德行、芦山乡张春娥结对户扶贫帮困、走进敬老院等公益活动。

儿子参加学校各种新的课程，美育、财商、心育、劳动、社会教育，参加学校航模、车模社团，儿子说育英的新课程，让人真的很开心。原来小学不只有语文、数学、英语课，处在茁壮成长的阶段，孩子对新的东西有无限渴望和向往。同学们经常自主讨论、搜集整理资料，于是财商课上同学们会分享自己买的股票、交换《十岁开始的经济学》之类的书，还会和同学们一起讨论把压岁钱和零钱放哪最合适。

育英六年，翰墨课程体系，国学课程、公民课程、个性课程，儿子都有学习的渴望。他既能胸有成竹地主持学校的讲故事比赛，也能朝气蓬勃地在足球场上挥洒汗水，在市音协音乐会上也时常有他帅气的身影，在省级跆拳道大赛中获个人品势一等奖，全国青少年车辆模型总决赛中获一等奖。

梦想是成长的路牌

陪伴不仅是义务，更是彼此生命的见证。伴随他成长的步伐我们也在努力工作和学习：长颈鹿爸爸在自己的专业领域深耕，燕子妈妈先后取得了心理咨询师、家庭教育指导师、正面管教学校讲师、NLP 高级执行师国际认证。当父母认真地做自己的时候，孩子也在认真地做他自己。

2019 年 8 月 2 日，儿子作为育英小学航模校队八名小队员之一参加了第二十一届"飞向北京·飞向太空"全国青少年航空航天模型教育竞赛活动。出发当天，天还没亮罗玲校长就送来满满的祝福并为每一位航模队队员赠送了大礼包。到达长沙黄花机场办理登机，才发现原本准备一起托运的飞机模型因超大、超规而被拒绝登机。领队的教练员老师与航空人员沟通后立马带着孩子们商量如何处理。不一会他们就拿出随行工具包现场动手分割箱子重新打包整理材料。抵达银川后，又马不停蹄地开始组装拆散的参赛飞机。赛场上八名参赛队员全神贯注，专注与自信地完成比赛并取得优异的成绩。回家后儿子神采飞扬地为我们讲述这一次国赛的经历并立志要成为航空研发人员的梦想。丰富真实的生活体验，让孩子精神丰厚、内心笃定，有一份育英学子独有的静气，自然健康地朝着他的梦想笃定前行。

2019 年育英小学在全体家长中征集"最让自己困惑的家庭教育问题"，汇总形成 30 个话题；学校组织专家团队对议题进行深入讨论，提炼出 7 个核心话题。精心策划了育英小学第一档现场访谈节目《这样爱你刚刚好》。我有幸参与其中，从策划、布景、拍摄到节目推出，每一个细节我看到的都是育英人的玉壶冰心。正是这档节目让我再一次看到了育英优秀管理团队的教育匠心、感受到育英人的幸福，从中结识了很多教育专家，很多优秀的爸爸妈妈和翰墨气质的孩子们，我从内心滋生出使命感、责任感和自豪感。

在陪伴孩子成长的六年中我看到罗玲校长带领的管理团队对学校全面的支撑，在办学过程中的客观分析，感受到育英人孜孜以求的付出与收获，感受到育英学校的成长与成就：在育英的翰墨书香里我看到了教育的真谛，也看见了教育的美好与生动。

六年育英小学深度体验客户，八年教师、十年教育部门管理者的我，2020年1月申请离开了局机关工作，怀揣着一个美丽的教育梦来到了东风小学。渴望把这所位于武陵区城郊接合部的薄弱学校改扩建设成憧憬的样子：明亮而有生机，让教师感受到教育的幸福，让学生喜欢学习的快乐，让六年发生的故事，成为孩子和家长的美好记忆。育英，于我是一次美丽的约会：与教育心灵相遇，源于育英；与教育美好相爱，源于许多如罗玲校长一样的恩师们。我不忘初心，无怨无悔，在艰难中跋涉，在平淡中坚持，在东风里成长，一路向前，静待花开。

百年名校育英杰，家长学生齐进步

265 班高以恒的妈妈　杨琳

我的儿子现在是一名品学兼优的初二学生，他毕业于育英小学。在这所翰墨飘香的百年名校里，我们母子共同成长着，一起进步着。

一、观念的转变

以前，我总觉得孩子的学习成绩是第一位的，其余的方面都是次要的。只要儿子的智商足够高，其余几商不高都无伤大雅。我觉得我自己当老师也只需要把学生的学习成绩提上去，其他方面都不重要。

直至儿子三年级转学到育英小学，我的这种观念才发生转变。百年名校的教育理念就是不一样，从来都没有"唯成绩论"。儿子一到新学校就认真学习了育英的校史校训内容：

办学理念——立字立人

育人目标——培养有民族文化根基的现代小公民

校训——凝神一笔一画　静思一言一行

校风——团结守纪，勤奋向上

教风——和谐不拘，张扬有矩

学风——行之以德，学之以恒

教师未来发展目标——沉静、豁达、飘逸

学生未来发展目标——民族之心、社会之责、个性之美（以翰墨为切入点）

　　学完之后，我和儿子都有所触动，也展开了讨论。育英小学的人文氛围好浓厚，教育理念真是先进又有爱。我们都觉得这几点提得很好，既没给人施加压力，又切中了教育的要点。我还建议他好好学一下软笔书法，让自己能够写出一手更漂亮的字来，同时修炼心性，让自己更加稳健踏实，有空的时候还要多多关心国家大事，拥有一颗民族之心。他也对照他们学校的教师未来发展目标给了我温馨提示，他希望我可以戒"焦"戒躁、心平气和，真正成为一名沉静、豁达、高远的优秀教师。我们击掌为定，约定一起努力！

　　育英小学以百年翰墨文化为基础，不断丰富课程建设，从文化、体能、劳技、美育等各方面来培养学生，真正做到了全面育人、与时俱进。学校的翰墨课程体系新颖又完善，旨在让学生拥有"民族之心、社会之责、个性之美"，朝着这个发展目标奋斗的学生个个积极又大气。学校的心理课、绘本课、财商课等一系列特色课程培育出了一批批全面发展、身心健康的优秀学生。儿子来到育英之前，我从来没有关注过孩子的财商问题，学校一系列财商活动的开展，为儿子的学习生活打开了一扇别样的窗，更让作为家长的我看到了孩子成长的另一个维度。老师们为学生播下了财商的种子，启发学生的财商思维，让学生学习到了认知财富、管理财富和创造财富的技巧，从而树立起正确的人生观、价值观和财富观，成就更好的人生起点，建立美好的人生梦想。在一节节财商课程中，在一系列的财商教育活动中，儿子发生了肉眼可见的变化。他从一个没有金钱观念的小白变成了理财小能手，胆子也越来越大，寒暑假都敢独立练摊，赚取零花钱了。从进货到摆摊，从收钱到核算利润，都是他一手操办的。他还比较了银行和各理财平台的利率高低，把摆摊收入和压岁钱分别存进了两个理财平台，他说："钱放在家里是纸张，存着得息钱生钱。"我也从曾经的不重视财商教育变得越来越重视了，大力支持儿子多多参与各类活动。

我这个之前只注重成绩的老师也从观念上发生了巨大的转变，不再唯成绩论。我开始更多地关注到学生们的特长，发现了很多成绩一般的学生不一般的亮点，放大优点，不断鼓励，学生们的自信心不断增强，学习兴趣反而更浓厚了。我希望他们不要死读书，而要学会享受学习和生活的快乐。

二、心态的转变

人们常说"孩子的成长是父母的一次修行"，自从有了小宝贝，我也正式开始了自我修行，不管是教育还是玩耍，方方面面，点点滴滴，我都要重新开始学，学习如何做一个合格的母亲。在儿子很小的时候，我就严格遵循育儿理念来带娃。不吼不叫、不威胁孩子、正面管教、赏识教育等。总之，专家怎么说，育儿书籍上怎么写，我就学着怎么做，誓把科学育儿践行到底。我要求自己把凡事都做到最好，精神长期处于紧绷的状态。我想给儿子最好的陪伴，想要让孩子优秀、保证孩子健康、全面发展。

一旦没达到预期，我就陷入自我责难中。除了对自己高要求，我也对儿子高标准严要求，还把好不容易的节假日休息时间也一股脑儿地倾注到孩子身上，周末带娃玩耍、上兴趣班，几乎都是我在陪伴。周一到周五，我密切关注着儿子的班级群，第一时间接收老师们发出的信息和照片，恨不得目睹儿子每节课上课的样子，下班回家后就想着给他查漏补缺，生怕他哪个知识点没学通透；哪次哪门功课考试没考到满分，哪怕高达99.5分，我也要拉着儿子分析为什么会扣掉那0.5分，简直比孩子只考了59.5分的家长还着急。做计算题错一个，我会让他再重做一面；写了一个错别字，我会罚他把正确的字写50个；儿子做事不麻利，在考场上写作文时会因为篇幅过长导致交卷时还没写到结尾，我因此焦虑不安，生怕儿子因此进不了好初中，考不上重点高中和大学，找不到好工作，没有好的未来。老公说我杞人忧天，儿子怪我吹毛求疵，可是我不觉得自己哪里不对，反而怨他们不理解我的良苦用心。对于家庭和孩子强烈的责任心，以及社会对好妈妈的要求和期许，特别是我还兼具教师和妈妈的双重身份，使我承担着更多的育儿压力，一度感觉身心疲惫。

让我心态发生转变的契机出现在 2018 年底，那时育英小学在全体家长中征集"最让自己困惑的家庭教育问题"，汇总形成 30 个话题；2019 年初，学校组织专家团队对议题再次进行深入讨论，提炼出七个核心话题。由此，学校精心策划了第一档现场访谈节目——《这样爱你刚刚好》。专家、家长面对面，直指问题核心，寻找现实教育路径：

最好的爱是互相成就——

因为你，我可以成为更好的我，

因为我，你也能成为更好的你。

亲爱的孩子，我们一起互相成就吧！

那一期访谈节目，我在家反反复复听了好几遍。听到动情处，家长代表流泪，我也跟着流泪。听了心理专家们谈的观点，我陷入了沉思。母亲的性格和脾气会直接影响孩子的心理发展，母亲的情感对孩子更为重要。母亲性格温和，孩子气质平和，内心世界稳定。如果母亲性格暴躁、喜怒无常，孩子遇到麻烦时也容易冲动、情绪化，那么做很多事情都很容易失控。因此，控制情绪是现代母亲学习的重要一课！我这个妈妈老师的情绪确实需要管控，我过多地为孩子们所没有拥有的而焦虑，却没有因为他们所拥有的而高兴，所以导致自己每天都不开心都在埋怨。我意识到自己的心态确实需要调整，不再把自己当成"自己"，也不要把自己当成孩子的"自己人"，而是要跳脱出来看问题，做好孩子的重要他人！

当我的心态变好之后，我眼中的儿子变得越来越优秀了。即使他做作业依然会有错题，考试偶尔会发挥失常，我也笑着安慰他："你都没考好，看来这题目确实出得好，很有挑战性哦，下次加油！"他也会写作文长篇大论迟迟不收尾，我就建议他中间部分舍弃一些，文章贵在精而不在于长，他稍作取舍，我就大加赞赏："浓缩的都是精华。"他哈哈一笑，以后写作文和写作业都提速不少。他说："自从老妈的心态变好了，俺的学习效率也变高了。"

我的好心态同时也让我班上的学生受益了，雨雪天气有学生迟到时，我不再批评他们出门太迟，而是说："天气不好，迟到一会没关系的，安全第一。"学生再写错字和做错题时，我会教他们用特别的方法来记住错处，加深印象，我的"字谜记忆法"让学生们学生字的热情高涨，学习成绩不降反升。当我从那个事事要求完美的班主任变成只要学生尽力就好的老师以后，班里的氛围更好了，班级凝聚力也越来越强！儿子夸我成了真正沉静、豁达、高远的妈妈老师时，我发自内心地笑了，那一刻，我就像是得到最高赞赏的无冕之王！

三、角色的转变

家长圈里一直有一种说法，那就是"一等父母是榜样，二等父母是教练，三等父母是保姆"。

当儿子还小时，我就是他的保姆，每天想着给他做什么好吃的、什么菜有什么营养？买什么好喝的，什么奶粉口感好又利于吸收？穿的什么衣服既舒服又帅气，哪些品牌既舒适性价比又高？天气热了要脱衣服，气温降了要增添衣物，晚上睡觉别踢被子感冒了，白天要多喝水，一天几杯水才够？垃圾食品不准吃，水果可以多吃，每天最好吃几种不同颜色的水果。可以适量吃点零食，哪些零食相对健康一些呢？他上学后，我让他专心学习，"十指不沾阳春水"，什么事都替他包办了。我这个保姆从早忙到晚，操碎了心。

在儿子小学低年级时，我是他的教练，安排他做这个做那个，每天给他制订了翔实的计划，指望他对照安排表按部就班地完成任务。我这个教练在一旁催得声嘶力竭，运动员却消极怠工，根本不怎么配合。

来到育英小学后，第一次参与学校的家长会那次，罗校长发言时提到了一个很重要的词——榜样，她说："请问各位家长在责备孩子们哪件事情没有做好之前做好了孩子们的榜样了吗？你们把那件事情做好了吗？你们希望孩子做好什么事情，你们首先就要先做好什么事情。你们希望孩子成为怎样的人，你们首先就要先成为怎样的人。你们的言传身教，就是对孩子们最好的教育。你们做好了榜样，孩子们自然就会有样学样，将来成为更加优秀的人才！"

那一刻，我下定决心，不要再大包大揽、事事包办，不再做儿子的保姆和教练，而是要成为榜样型的一等父母。当儿子在家写作业时，我们大人们都不再开电视，不再玩电脑，不再看手机，而是一起围坐在书桌旁看书读报。他爷爷喜欢看环球时报、潇湘晨报，他奶奶喜欢看故事会、知音等杂志，他爸爸爱看军事杂志，我则是博览群书，古今中外的名著都看。

当儿子看到我们齐刷刷地认真阅读时，他学习的热情更高了，写作业的速度更快了，做完作业也自觉地加入了我们的阅读方阵，读到精彩处，我们还会交换看书，交流心得。在家里，我和他爸爸抢着做家务，把客厅和主卧等房间收拾得井井有条，窗户和桌椅擦拭得一尘不染，儿子的房间就交给他自己去打理。有我们做出了好的表率，他也把自己的房间收拾得井然有序，比女孩子的房间还干净整洁。我和他爸爸做了好吃的或是买了好吃的，总是第一时间孝敬家中老人，他也学着在吃东西之前先恭敬地递给爷爷奶奶外公外婆，再就是请我和他爸爸吃，而他自己总是最后一个吃。节假日，他跟着我学会了做菜，就连煎饼、包饺子、做肠粉、蒸蛋糕等花式早餐都学会了，还兴致勃勃地做给到家里来的客人们吃，赢得了满堂彩。2019年5月，儿子写的作文《自己做的肠粉格外好吃》刊登在《十几岁》杂志，同学们都向他请教如何做肠粉，他说得头头是道，回家了还说要学做更多更好吃的早餐。儿子以前非常不爱运动，是一个标准的小宅男，我就拖着他爸爸一起运动，我们在家跳绳、投掷飞镖、做仰卧起坐和平板支撑，我们在小区里面打羽毛球和乒乓球，我们去附近的体育馆打篮球、踢足球，我们周末去郊外骑行，节假日经常呼朋唤友一起去爬太阳山。虽然我和他爸爸的运动神经都不发达，可是我们坚持不懈运动的行为也带动了儿子，他开始主动要求跟着我们运动，每天最少运动30分钟，他的羽毛球越打越好，节假日骑行和爬山都乐在其中。寒暑假时，我们一家三口还游山玩水，征服了省内外的几座名山。2019年暑假，他和我们一起到山东泰安早起爬泰山看日出之后灵感勃发，写下了一篇优秀的游记，获得同学和老师的一致好评。2019年12月，他又把攀登泰山的事写进征文《中华经典伴我行》里，真情流露，文采斐然，荣获常德市主题征文大赛小学组一等奖（常德市教育局主办）并被学习强国平台选中播出，能够被全国的大小朋友看到，他觉得无比自豪，运动和学习的劲头都更足了，我和他爸爸也从带头运动的这件事上获益不少，深深地体会到"榜样的力量是无穷的"。

　　同时，我也立志变成一等老师——榜样型老师。我每天坚持阅读，每周能看完一本名著。早自习时，我和学生们一起吟诵国学篇章，我的声音比他们更大，我的普通话比他们更标准，我的感情比他们更充沛，我的背诵速度比他们更快，我逐字逐句地理解记忆，知其然并知其所以然，还能引经据典，说出经典诗句背后的历史故事，让学生和家长们惊叹不已，真诚地夸赞道:"杨老师可真是一个上知天文下知地理通晓古今的多面型老师呀!"大扫除时,我身先士卒,学生们跟着一起打扫,教室里焕然一新。做课间操时,我站在队伍前面,和他们一起伸手抬腿,活动筋骨;写每个单元的习作时,我先写好"下水文";我要求他们坚持写日记,我就自己先写《赶鸭子日记》《种太阳日记》,记录下了生活和工作中的点点滴滴。事实再次证明,榜样的力量无穷大,孩子们写了《小鸭子日记》《小太阳日记》《种豆观察日记》《"魔豆"日记》,观察能力越来越强,写作热情越来越高。我为自己成了儿子和学生的榜样感到荣幸,未来我还将继续发挥榜样的力量!

人们常常觉得是父母在教育自己的子女,其实在陪伴孩子成长的过程中,父母也在进行一场自我修行。如何教育好自己的孩子,是我们家长需要用一生去攻克的专题。我不仅仅是家长和老师,还是儿子和学生的陪伴者和支持者。感谢育英小学这个学习殿堂,让我儿子成了更好的学生,也让我这个家长成了更好的自己!

培育天下英杰,从小学开始,老师、家长、学生共同努力吧!

第五章
燃翰墨之香，大爱凝聚八方

香，芳也。翰墨之香，笔架城下流淌千年。

香，又意以燃烧来发挥作用，亦有继往开来，生生不息之含义。

育英素有共享心怀，数年来，育英人承香敬礼，让四面来客在馨香中品谈教育，享受高雅。

第一节 爱·同频——公益助学一起来

孤芳自赏不可谓之美。

百年来，育英小学一边默默自我沉淀，一边不吝积极将自己置身教育大环境之中。从构建语文教研QQ群、组织校级联动，到近年牵手高校，借力湖南师范大学、湖南文理学院等优质教育资源，拓宽学生学习领域，提升教师素质，提高学生综合素养，育英处处彰显教育大爱。

在此基础上，育英开始思索，如何在更大的场域修养自己，让百年育英翰墨之香香远益清。

2016年，"中国好老师"公益行动计划走进育英教育视野。

2014年教师节来临之际，习近平总书记在北京师范大学强调全国广大教师要做有理想信念、有道德情操、有扎实知识、有仁爱之心的"四有"好老师。以此背景，"中国好老师"行动计划应时节而生。该计划由北京师范大学发起，面向全国中小学校和幼儿园，以全国师范院校为依托、联动社会各界力量，目的是提升千万教师队伍的综合素质尤其是师德素养。该计划通过体验式活动，将"四有"好老师的要求融入教师日常工作，落实到教师的一言一行，将社会主义核心价值观从学校传递到社会的方方面面，引导良好的社会风尚。

"'四有'好老师""优质的教育资源""教育共同体"，这是时代的呼唤，以"立字立人"为己任的育英敏锐地捕捉到"中国好老师"公益行动的巨大价值。

2016年11月，校长罗玲前往北京，参加"中国好老师"公益行动计划全国基地校工作推进会。罗校长返回学校后，立即组织全校老师认真领会公约精神，研讨学校共同体建设策略，确定了"认真学习—思行结合—有机联动—奋力践行"的工作思路，全力推进"中国好老师"公益行动计划在常德市的全面开展。

一、众智，众力，从沟通开始

作为"中国好老师"公益行动计划常德地市基地校，育英小学肩负着宣传行动计划、落实共同体组织建设、引领示范区域教改的使命。要完成这一系列工作，首先得选定区县基地校，乡镇项目校，才能构建共同体，实施团队协作机制。

怎么迈出第一步？育英受好老师公益行动计划启发：一切从沟通开始！我们走的只能是一个彻底的民间沟通渠道。

（一）上行沟通——看似平常却崎岖

计划推进的第一要务是：上行沟通。推进公益行动计划必须得到常德市教育局以及九个区县教育局的认同和支持。这种沟通是下级向上级汇报思想，一是表达观点，二要全力说服，所以要精心准备。学校领导班子曾先后三次集中研讨方案，确定汇报内容，汇报方式，进行人员分派。

第一站走进的是直管部门武陵区教育局，校长罗玲以书面和口头两种汇报形式，具体介绍了"中国好老师"公益行动计划全国实施方案及常德推进设想。汇报得到袁宗文局长的肯定，鼓励育英努力实行，并就相关情况向常德市教育局唐汇诰局长做了汇报，唐局长建议育英拟写《"中国好老师"公益行动计划常德基地校招募令》，由市教育局师范科签字支持。领导的关注让育英找到了前行的自信，校长罗玲和项目负责人瞿月亚即刻赶往临澧县教育局进行沟通，徐建新局长热情地接待了来客，听取汇报后，即刻选定了区县基地校（临澧县第一完小、第二完小）、乡镇项目校（新安镇中心小学），并请来三位校长进行面谈。送别时，局长坦诚了自己的想法："如此迅速地接纳了育英的计划，除了公益计划契合我的发展思路，更重要的是我和罗玲是师范同学，相知相识，值得信赖。目前，你们还剩下七个教育局的推进工作，到他们那里，只怕会不如我这里顺利哦！"语重心长，未料想却一语中的。

接下去七站行程的际遇，如今想来，倒是人生中一种前所未有的历练和体验：站在教育局的廊道上长久地等待；受到工作人员的微笑婉拒；以为会很快有回复，却一直得不到音讯……手握着《"中国好老师"公益行动计划常德基地校招募令》，育英人的心里几度出现从来没有过的失落，但其中一位局长的交心坚定了我们誓不回头的决心。这位局长说："育英是常德市的百年名校，我们希望你们来，可以带领县里的课改方向，但是更怕你们来，怕我们自己的优秀老师见到名校的风采，有了人脉资源，将来申请调动，都流失去了市区。留不住人才呀，这是下面弱势学校最担忧的！"我们顿时明白，必须全力推行均衡计划，拉近弱势和优势的距离，使所有人都站在同一起跑线上，迎向美好的未来，以实际行动促进常德市区县之间基础教育的均衡发展，岂不是可以更好地免除这种"深深的担忧"！

行程上千里，历时6个月，是对我们开展沟通工作一句简单的关于空间和时间的结语。但其中过程崎岖，心情跌宕，远非言语能够道明。给我们最大的欣慰，莫过于常德市8个区县教育局都成了"中国好老师"公益行动计划的支持者和促进者，最值得铭记的是：市教育局唐局长曾亲自致电石门县教育局，情理相融地进行沟通，直至得到对方志愿公益的回音。至此，九个区县共同携手，迎向公益！

（二）平行沟通——立德树人觅知音

经过上行沟通，各区县教育局共推荐了21所基地校加入"中国好老师"公益行动计划。然而也仅止于推荐，而绝非强制命令。与21所基地校的平行沟通，达到信息的传递、方向的认同和情感的接纳，是育英下一步的工作。唯如此才能组建一支同志愿的学校共同体，并在今后的践行中彰显出强大的生命力。

介绍公益内涵—征询对方意见—提出我方建议—听取对方反馈、双方求同存异，每一次与兄弟学校的沟通中，我们都遵循了上述民主的流程，因为我们知道，21所基地学校都是常德共同体的主人，未来都将积极奋进，为组织活动出谋划策，为实现公益目标并肩努力。

沟通中出现分歧，很正常！计划的推行，不是说服，不是迁就，而是立德树人的心声交流！稍有遗憾的是，真诚地沟通后，仍有一所学校，由于践行意向的不同，没能加入"中国好老师"公益行动计划常德共同体。

尊重并祝福！转过身来，育英与另20所基地校愉快地开启了"向心、凝聚"的公益行动计划征程！

二、常态，长效，从教研开始

2017年9月，"中国好老师"公益行动计划湖南省常德市启动仪式暨育人论坛在育英小学隆重举行。来自北京的中国好老师公益行动计划办公室专家团队，市区两级人大、政府、教育局的相关领导，全市21所基地学校和项目学校校长及教师代表共两百余人参加了启动会。可以说，此次活动再次集中宣扬了中国好老师精神，使21所学校汇成了一股教育公益的暖流！

（一）共绘蓝图——我们的目的一定能够达到

"我们的事业是正义的……我们有充分的信心，克服一切艰难困苦……我们正在前进……我们的目的一定能够达到"。耳熟能详的毛主席语录鼓舞着此刻的我们。在第一次21校项目负责人会议上，罗玲校长为"共同体成员"明晰了"立德树人，共筑梦想"的光明方向，同时指出"我们航行的规章守则是制度，这是此次会议的首要内容"。会议中，大家遵循"以人为本、开放民主、与时俱进"的制度生成原则，共同拟定了《中国好老师常德21校共同体建设实施意见》《中国好老师常德21校共同体3年活动规划》《2017年秋季"常德共同体大教研"活动计划》。

有人说，制度中必然反映了文化的价值、文化的精神、文化的理念。就让我们来看制度中的这一条"每周的研讨活动，其中1节固定为育英教师执教，其余2节邀请兄弟学校教师参与"。每周1节研讨课，持续6周，行内人就知道，每堂优质课的诞生，好比"浴火重生"，对执教教师、研课团队是巨大的考验。"当好领头雁，争做排头兵"，育英将这样的信念化作了文字，形成了规定，意在以实际行动为各区县、乡镇校展示课改实况，虽不敢说引领，最起码奋勇当先，提供借鉴。

再看这一条"育英承担来校讲座专家讲座及食宿交通费用，以及各校上课教师与一名带队行政活动期间的食宿安排"。先后六次活动，相关费用不可小觑，经费从哪里来？唯有两个字"缩减"！讲一个例子，育英一年级老师提出申请，想买田字格教具，费用仅百元，然而校长回答："今年资金紧，节约点，自己画吧。"两相对比，就会发现，育英在"公益"二字上的气度和虔诚。

当然，"缩减"之外，还有"化缘募款"，这一场教育的善心善行引人注目。上级政府、教育部门，也正伸出援手，予以筹建！

（二）常态长效——坚韧不拔才能坚实前行

搞活动，往往被认为是一阵风，或者一场雨。走过场、形式主义时有发生。项目负责人会议散会时，一位校长感慨："制度生成是基础，制度执行是重点也是难点。一学期连续六次教研活动，要扎实高效，你们的担子太重了，不容易啊！"是的，不容易，需要持之以恒的毅力和锲而不舍的韧劲。

1. 统筹规划，学科课改驶向新航程

解放思想，与时俱进，是育英课改的一贯追求。初步方案出炉后，六个学科教研组开始以积极、能动、进取的姿态去研究学科新情况，最终确立了各学科研讨的新主题：

语文——绘本悦读　奇妙旅程

数学——财商养成　财智一生

英语——想说就会说　社交无障碍

体育——体育游戏化　学生爱上它

音乐、美术——电影音画　光照童年

有了主题，还只是开拓的初始，研课却是一种艰苦的创造性活动。

2. 妥帖安排，活动现场呈现有序开放

连续六周，每周一次专场活动，涉及主题、布局、装饰、主持、技术要求、住宿、餐饮、宣传、接待等诸多方面的事务，每一次活动都要全面构思、谋划、开会、布置、落实。说实话，要做好它，必须得要一套专职人员运作才行。可是，落实这一系列工作的人员，就是项目负责人和教科室主任等几名教师，她们都有一个班的学科教学任务，而且兼任着学校的各项行管工作。可以说本就千头万绪，这一下，更是自加压力。

怎么做？

一是建立同心圆。同心圆分成五层，从内至外依次是项目负责人、教科室主任、后勤校长、执行校长、宣传负责人。项目负责人是主要责任人，对每周的专场活动牵头组织设计，对活动安排的每一个环节实行审查和协调；教科室主任负责拟写活动方案，并将各项工作通知到人；后勤校长负责物力和财力保障，以及来宾的接待；执行校长负责布置会场，调度当天活动各项事宜；宣传负责人负责前期宣传、活动拍摄及后续报道。这个同心圆的中心人物是项目负责人，从内至外传达任务，层层落实。可是，大家常常笑称这是一个爱的同心圆，就像"小虎队"在歌曲《爱》中唱的："把你的心、我的心串一串，串一株幸运草，串一个同心圆……"这样想来，这个同心圆的核心是——爱！

二是实施流水线。诸多的工作要放在一天去落实是不现实的，一来每个人手头的事务诸多，二来各项工作不一定能连续完成，有时候需要间断实施。所以，大家效仿工业上的生产方式——流水线，在每一个时间段专注处理一个片段的工作。如项目负责人已经习惯按照时间的推移来落实自己的安排：周一，定方案、分工作；周二，查设施、看现场；周三，听研讨、督宣传；周四，落实细节、迎接来宾；周五，全天跟进，抓紧后续报道……写来简单，付诸日常，就是日日持续的服务和努力，而努力换来的自然是活动的有序开放。

每周五的学科专场活动，有序开展着：数学、语文、音乐、英语、体育、美术，各个专场均聚焦主题、深化研讨：课堂展示—现场点评—专家讲座，从课堂实践到集体追寻，可谓入脑入心，深学细研！

3. 长效思考，绘制一条生动的发展线

教育的发展是动态的，它必须随着时间、条件的变化不断丰富、完善，所以，这条公益之路的前方究竟是什么模样，我们不得而知。然而，在现有的条件下，思考、预设长效发展机制，对于永葆公益信念，提高教改能力，完成共同体使命具有重要意义。

因此，共同体理事会俯下身来，深入观察、梳理一线教育中的真实问题；抬起头来，仰望前路，研察着教育前沿的最新动态。两相结合，拟定了推进思路：学科教学创新之路，找准学科教改新方向，为学科教师搭设深钻细研、展示自我的平台；探索班级管理的奥秘，提升班主任智慧和能力，引导儿童健康和谐发展；试行"学科融合的聚变"，打破学科壁垒，推行学科融合的全景课堂。每一年的探索,均实行十二次主题研讨活动,通过持续的过程,自然而然形成有系列、有结构的教学实践经验和智慧。

2020年,在新冠病毒影响下,教育面临着新挑战。全国育人论坛作为"公益行动"年度主题活动,积极迅速地以实际行动做出回应,努力探索教育新变革下的育人新路径,帮助全国中小学教师以积极、正确、有效的方法,搭建一个致力于提升教师育人水平的对话与分享、交流与碰撞的平台。作为公益行动的基地校,育英小学无疑是受益者之一。宅在家的日子里,老师们利用公益行动线上平台学习危机下师生心理调适的专业知识……学校由此构建的线上学习系列课程"翰墨志·网上课程"帮助学生在"停课不停学"的特殊时间里,收获了身心的成长。得益于公益计划,一场危机化解为师生成长的契机。

2021年是党的百年华诞,是"十四五"开局之年。北京师范大学深入贯彻落实党中央、国务院以及教育部相关文件精神和要求,从"五育并举"到"双减"政策,为进一步助力教育脱贫攻坚成果的巩固和拓展,有效衔接乡村振兴战略,以"强师计划"助力乡村教育振兴,以"公益行动"助教师育人水平提升;进而促进亿万儿童青少年健康成长。育英小学积极将家长纳入学习对象,常态推荐学习资源,帮助家长主动理解支持"双减",和学校一起交出"双减"政策下家校共育的满意答卷。

三、共享、共赢,从公益开始

不失实地讲,过去,学校与学校之间,很多时候相处在"比"的尴尬中,每所学校都希望创出自己的特色,都希望自己成为教育领域的佼佼者。赛课、赛活动、晒新闻……在"比"的世界中,有的获得了满足、快乐和幸福,有的则产生了自卑、失衡和不振。"比"的意味浓烈,则失去了更多"共享、共赢"的可能!

(一)营造共同体最大利益

公益是公共利益事业的简称,也是为大众服务的一种通俗讲法。实施"中国好老师"公益行动计划,组建学校共同体,除了能帮助弱势学校快速成长之外,还有一项显著的特征,即"我"是公益的受益者。所以在计划推行伊始,在提高教师对公益的认同感和理解力时,我们就提出"共享、共赢,从公益开始"的思考维度,鼓励共同体学校去除传统的输赢观念,树立"我为人人,人人为我"的精神文化认同,以"中国好老师"公益行动计划获得共同体利益最大化作为首要目标,打造共同利益最大化的转化器、激发器和推进器,向更高的精神品位迈进。

(二) 倡导正确的执行模式

在接下去招募大教研活动的执教教师及研课团队时,共同体理事会提出了"想、敢、会、实"的四字方针。"想"成为这场公益事业的先锋;"敢"于创新不怕辛劳;"会"寻觅出路追求成长;"实"践能力强,能把学到的东西运用到实际工作中。参照四字方针,由教师提出上课、研课申请,学校进行遴选,最后敲定人员。

当然,对执行中涌现的先进典型,各学校会极力表彰,鼓励广大教师向他们学习(如育英小学每周例会开设"身边的好榜样"宣讲活动)这样的宣讲,既能激励先进典型进一步创优争先,也对其他师生产生了示范、引导作用,有效实现了立德树人的价值影响。

(三) 确保活动的高质量运转

如何确保活动的高质量运转?研课是关键。"挖掘主题亮点,指导专题教育"是研课的宗旨;"个人自学先行、学科组协助同行、专家阶段性辅导"是研课的形态。要着重提出感谢的是强大的专家辅导团队,他们是湖南省教育科学研究院小语教研员吴亚西、音乐教研员薛晖,湖南文理学院美术学院教授黄琴,以及常德市教育学科研究院、武陵区教育科学研究室的众多教研员,因为有了专家对教学设计的把关和听课后的有效点评,才保证了课的优质诞生。

(四) 实现热辐射的持久和广度

教研的追求是加快前进的速度,提升达到的高度,公益追求的则是如何将"热辐射"传播得更持久,抵达到更广泛。鉴于此,在第一场教研活动——数学专场——开始之前,育英就与长沙宏浦科技有限公司签订合约,购买了网络直播平台。此后,每一次专场活动都以预约形式,提前发出宣传海报,让共同体内外有心观摩的教师,无需亲临现场,就可实时收看,与众共研。

此外,理事会实行预约式送课下乡,只要兄弟学校提出申请,就会如约而至,把活动中的优质课送到任何需要的地方!

承诺公益,像一面精神旗帜激励着我们。一以贯之,把精神因素通过常态、长效的活动转化为物质成果，实现共享，是我们的践行！

合力种树树成林，齐心栽花花生香，"中国好老师"公益行动计划是一条共生同构之路，我们永远在路上！

第二节　爱·同道——名师在线创新高

锚定效应指当人们需要对某个事件做定量估测时，会将某些特定数值作为起始值，起始值像锚一样制约着估测值。

锚定效应让我们相信，与优秀者同行，能助益自己的人生。因此，激发锚定效应，让优秀者不断影响校内外同行者，是一所学校的远见和气度。

一、名师送教：教师间的深情约定

教育需要资源均衡；薄弱学校的教师需要名师的引领；名师需要更多环境，如薄弱学校的历练……切实的"需要"成全了名师送教的动人图景，成就了城乡教育的共赢局面。

每年，育英小学坚持外派教师进行三区支教，区内支教，同时，从未间断过送教下乡的活动。这样的送教给薄弱学校送去了新理念新方法，是及时雨，但对薄弱学校来说常常是无预设，无跟进的，是一场随机落下的雨。

2017年，为进一步助力武陵区均衡教育建设，充分发挥本土名师的示范、引领、辐射作用，也为回应区内薄弱学校需求，以促进全区教育教学相互交流和同步发展的目标，以"立足前沿、实践探索、互助交流，共同发展"为核心，育英小学主动牵手金丹小学、卫门口小学、胜利路小学、芙蓉路小学和工农小学等西片学校，经过周密策划和精心准备，成立西片名师团队，与丹洲乡中心小学、太平小学、泽远小学、坪湖小学等结对，深入开展送教下乡活动。

（一）规范管理，有效运行

西片名师团队自成立以来，得到了各级领导的关心与厚爱。武陵区教育局高度重视送教下乡工作，将该活动纳入年度工作统筹安排。西片名师团队多次专题研究，并向区教育局做了工作汇报。为加强队伍建设，充分发挥团队的示范、引领、辐射作用，保证团队长期有效运行，团队进行了科学规范管理。

一是严格成员遴选。根据常德市武陵区名师团队送教方案及成员遴选要求，学校对团队成员进行认真遴选，最终确定十二名成员，分别来自育英小学、金丹小学、卫门口小学、胜利路小学、芙蓉路小学和工农小学等六个不同的学校。团队成员均为常德市、武陵区学科带头人或骨干教师。为了更好地开展工作，提高团队的活动水平与质量，我们特聘请了特级教师谭国湘作为这支团队的专家指导，为送教下乡活动引领方向。

二是落实条件保障。名师团队成立后，得到了常德市武陵区教育局、成员所在学校及其他兄弟学校的大力支持，特别是育英小学和丹洲乡中心小学在学校条件十分有限的情况下，在人力、物力、活动经费上都给予了最大力度的支持，并通过合理的课程安排，保证团队成员有充足的开展工作的时间，使团队各项教学教研活动得以如期顺利开展。

三是保证规范管理。为了顺利、有效地开展工作，送教团队成立后，全体成员在充分讨论的基础上共同商议制定了送教方案，确定了"让送教学校青年教师成为骨干、让自己更加优秀"的发展方向。团队每位成员制订了个人送教计划和学年度工作计划，明确各自的职责、任务等。每学期结束，成员个人对一学期的工作进行阶段性小结，一学年结束，全体成员对送教工作及取得的成果都进行了回顾总结与反思。

（二）帮带培养，成效显著

名师团队自成立以来，充分发挥送教团队的积极作用。按照学期初制定的计划，每人每期送教三十课时以上，帮带 2~3 名徒弟，通过示范课、研讨课、微讲座等方式，送去先进理念，促进送教学校青年教师快速、健康成长，成效显著。

一是激发了名师主动示范引领。名师团队成员在完成个人教学任务的同时，提前安排好教学时间，按时到场上示范课。结对徒弟听课学习，通过课后提问、发微信、QQ 群聊、撰写听课体会等形式积极参与教学研究。每次示范课结束，团队名师都无私分享个人的教学设计和课件，希望和徒弟们一起研讨，从中得到更多的启示。送教下乡活动是一项没有专门经费的活动，上课的老师也没有任何报酬，而且送教下乡比在本校上课困难得多，学校的硬件设施参差不齐。但送教的名师们为了给学校送去一节好课，从钻研教材、查阅资料、设计教案、制作课件、反复试教直到正式上课，需要花去不少时间和精力，并承受着极大的精神压力，但他们毫无怨言，以不辞劳苦、无私奉献的敬业精神，做到领导放心，教师满意。

二是实现"青蓝结对"可持续化。积极推进"青蓝工程"建设，让团队成员真正成为人才成长的前沿阵地。团队成立之初，每位团队成员就跟丹洲乡中心小学签订了培养责任书；每位成员也至少帮带了两名教师，并签订了"青蓝结对"培养协议书。这样，我们以送教团队为平台，以送教成员为基本队伍，加强成员的辐射力和感染力，通过"青年教师汇报课"等活动，利用课堂诊断、交叉听课、自学研修、课后反思、师傅帮带等形式，结对共助，经常性地通过QQ或实地进行沟通交流，做到有主题、有时间、有记录。团队成员及帮带对象之间也经常沟通，互相听课和评课，在学习交流中共同提高。团队成员每次都会就当天的送教课堂教学进行精要的点评，他们的评课有理有据言简意赅，或赏析课堂教学中的精彩片段，或针对教学中的问题提出自己的思考，既有理性的分析和热情的赞扬，也有客观的指正和真诚的帮助，表扬而不虚美，指瑕也不掩瑜，用欣赏的眼光看待闪光点，从学理的角度分析改进点，为完美的目的提出生长点，让帮带对象教师大呼过瘾，深受启迪。

三是促成讲座辅导紧贴需求。为了全面提高丹洲乡中心小学教师的教学教研能力，送教团队除了为他们送去示范课，和他们共同研究教研课外，还经常紧贴学校、教师所需为学校举行教学讲座。如姚智慧老师就分享了语文阅读教学经验《应收尽收，颗粒归仓》；向英老师就带去了数学课堂教学经验《点滴积累，汇聚江河》；孙慧老师就给他们带去了科学讲座《小学科学新课标解读》；李翔老师就带去了微讲座《儿童国画教学》……每一次交流都应需求而来，得到教师的欢迎和认可。

育英小学牵头的西片名师团队送教下乡活动影响深远。首先，送教活动为西片名师团队提供了锻炼展示的机会和舞台，整个活动有理论学习、方案策划、教学设计、课堂试教、课后研究、教学反思、改进提高等；其次，团队成员参与其中，提升了理论水平，提高了教学素养，同时也明确了自身存在的问题和不足，明确了今后发展的方向和重点；再次，送教下乡的成功开展，为我区名师培养工作加薪添火，搭建了城乡教育有机联系的桥梁，助推了"名教师工程"建设，为促进我区义务教育均衡发展做出了贡献。之后团队名师加入了全区的国培送教项目，到更多乡村学校去送教，辐射面更广了。

西片名师送教下乡活动坚持把前沿的教育理念与先进的教育实践有机结合，经过不懈的努力和探索，形成了淳朴和创新的教育思路，不断激发内在动力，焕发出旺盛的生机和活力，发挥辐射带动和引领示范作用，谱写了新时期教育发展的新篇章，促进城乡教师队伍素质的整体提高，有效地促进了武陵区义务教育阶段的教学改革。

西片区名师送教活动，给予了名师更广阔的成长舞台，给予了薄弱学校教师更有温度的成长示范，给予了城乡教育资源交流更直接的路径，是百年育英燃翰墨之香，勇挑社会担当的又一次扎实实践。

二、工作坊送培——学校间的携手同行

如何让优秀教师体现自己更大的价值，是否还有更系统的方式让优秀教师引领其他教师成长？2019年，武陵区开启国培计划项目，这个问题于是有了一条不错的答案。

2019年，武陵区获批成为国培计划项目县。为贯彻落实乡村教师支持计划，推动武陵区教师培训模式改革，提升教师培训实效，全面提高乡村教师的师德修养和专业素养，常德市教师进修学校承办了武陵区国培计划（2019）送教下乡培训活动，活动组建专家培训团队，成为培训主力军，育英小学六名骨干教师被聘为专家队成员，全程参与骨干教师送课、校本研修、专家引领等活动，充分发挥了育英教师示范引领能力和作用。

2021年，国培计划（2021）武陵区教师工作坊研修整校推进项目启动。让种子教师充分发挥种子的力量，让一部分人的力量带动整个学科教师水平的提升，让一个学科的进步带动全学科的发展，这是国培计划工作坊整校推进的预判和预期。育英小学勇挑重担，承担了语文工作坊的工作任务，经过四个月的研修，全区100名学员圆满完成各项研修任务，在服务教师、服务学校、服务区域上进行了积极的探索。

（一）主题聚焦，目标明确

语文工作坊在项目组的指导下，明确研修主题——小学语文阅读教学中基于目标导向的教学内容设计，并分四个阶段实施，重点在线下探索了三个子主题。有了问题导向，每一次的研修活动观课更聚焦，目标更清晰，

研究更深入，学员的理解更深刻。

（二）三大融合，整校推进

基于工作坊研修整校推进的目标，在确定参训对象时，要求学校以学科教研组整体来报名，同时，明确学校是整校推进的主体，学校要将国培与校培高度融合，将学科教研组的教研活动与国培研修活动合二为一。用一群人带动一个学科，用一个学科带动整个学校。

一是"坊—校"同步。强化学校在培训中的支持作用、参与作用、促进作用。线上以区域工作坊形式分层组建学习小组开展课程学习、问题讨论、资源分享、成果展示；线下学员参加学校教研组的主题研修，聚焦常态教学、常态教研，关注教师培训之后的实践应用与行为改变，将网络研修与校本培训有机融合，将研修氛围、研修任务由网上延伸到校内。

二是"训—用"并举。培训的生命力在于应用，应用必须植根于教师自己的课堂。基于培训目标的达成，我们分阶段制定研修任务，让参训学员明确知道要在培训中做些什么，同时将各项学习任务与教师的常态教学、学校的常态教研结合，让学习任务紧密联系并服务于自己的实践应用。

三是"坊—区"同频。将工作坊研修产出的优质课例、专家讲座等在全区进行共享或是送到乡村学校、薄弱学校，服务乡村教育振兴。语文工作坊的第四次线下联片研修活动既是工作坊的培训总结提升活动，也是全区的教学观摩交流活动，我们把工作坊的优秀课例推向全区、让更多的学校、更多的老师来学习。

（三）全员参与，人人提升

一是在研修中同步开展班级共读活动，阅读专业书籍，每位学员利用腾讯会议等线上平台针对自己的阅读感悟做一次微分享；二是学员人人须认真备课，个个必须上课，参与小组磨课、校本展示等活动，确保了学员课堂展示全覆盖。学员不仅看了、学了，还做了、想了，获得了切身的理解与收获。

（四）任务驱动，动态考核

好的培训就是让你又痛又爱，这个痛就是任务之痛。国培最大的特点就是任务驱动，所以项目组结合研修目标制定了学员考核任务单、学校考核任务单、教研组考核任务单，分类分段进行考核，让参训教师有平台交流、有队友指点，有专家引领，在团队共同的学习中不断成长。

扎实的培训，工作坊圆满完成培训任务，取得了丰硕的成果：一是开发了"三学四层六环"的教师工作坊研修整校推进"洋葱"模型，发挥教师培训者团队蒲公英效应，从改变区域培训生态到改变学校研修生态；二是结合学科主题研修，总结提炼，形成了《知格、入格、出格——小学阅读教学中拓展资源的运用教学指导报告》等重要报告；三是收获了学员的跨越式成长；四是收获了学科专家的再生长；五是收获了丰富的优质培训资源，坊主瞿月亚的教学课例《好的故事》获国家级荣誉。

依托国培计划，开展工作坊培训，除了许多看得见的荣誉，更重要的是隐性的价值：育英小学探索了学校带动学校的培训之路，翰墨之香因此春风化雨，泽披更广阔的教育山水。

第三节 爱·同行——全域培优群飞雁

"在广袤的空间和无限的时间中，能与你共享同一颗行星和同一段时光，是我莫大的荣幸。"卡尔·萨根在《宇宙》中说。

一段育英时光，是生命的哪般荣幸？

回首成长，优秀校长动情发言："曾经的老领导贺大国校长对我说，教育，要捧着一颗心来……"

交流幸福，年轻教师深情讲述："午后的教室里，我们一笔一画地教，孩子一笔一画地学，宁静、美好。"

重游母校，华发初生的校友无限感慨："小学六年，书法六年，横平竖直，堂堂正正，启迪了我一生。"

……

一个个真实的场景，时间、地点、情节各不相同，但在"燃翰墨之香"的考量背景下，我们发现，它们的内在价值竟然高度统一：这些人都在传递育英文化，或者说这些人本身就是育英文化的化身。燃翰墨之香的是谁？一定也只能是育英人！无论现在身处何处，浸润过百年翰墨，他们的思想、举止都潜移默化地拥有了育英基因，不刻意、不自知却处处着其痕迹。

因为一个个可爱的育英人，育英基因如一颗颗蒲公英的种子，随风撒种，落地生根，绽花传香……

最后，让我们一起走近他们的故事。

故事一

儿时的书法组

20世纪80年代的育英小学，是当时常德市风头无两的名校。其"名"之出处，一在其悠久且光辉的历史，二得益于毕业生普遍优异的成绩，三则是贺大国校长全国人大代表的金字招牌。除此三点外，品类繁多的兴趣小组亦是其扬名出彩之处。航模队、书画组、电脑班、小记者站……虽隔着三四十年岁月，至今我依然能如数家珍般一一道来。而作为当年书法组一员的我，也始终珍存着那一段童年记忆。

面恶心慈的黄世安老师

国字脸，立刀眉，小而圆且深邃的目光，一头鲁迅先生般虬立的短发，一副酒瓶底厚薄的眼镜，不笑时端的是不怒自威。这就是当时担任书法组指导老师的黄世安给我的第一印象。初进书法组时，每每见到他，我都会有些惴惴不安，生怕招惹了这位严师；相处久了才发现，他不仅不凶，对我们还挺和蔼。每次讲授完运笔要领，我们开始练习的时候，他总会踱着小步，一个个走到我们身边，纠正我们的握笔姿势，点评习作的优劣，偶尔看到令他满意的佳作时，也会不吝言辞地夸赞一番。黄老师很善于发现我们的优点，并为每个孩子量身定制自己的书法走向。比如我，初学书法时，字写得偏扁，秀气有余，刚力不足。为此他专门找到我的父亲，建议我主攻隶书，偏巧父亲就是个练汉隶的，闻之一拍即合，于是在继续学习颜柳欧赵之余，我开始接触汉隶，然后就渐渐有了一些获奖的作品。

一晃几十年过去了，黄世安老师业已作古多年。除了在他的灵前情真意切地三叩首外，我唯一能慰藉这位慈父般恩师的，就只有至今不变的那一手隶体字了。

难以忘却的师兄弟姐妹

那时的书法班里大概就十来个孩子，每年新旧交替，总量基本维持不变。虽然已时隔日久，但大部分的师兄弟姐妹们，我依然记得清样子，叫得上名字，想得起过往。

同届有个单名攀的男生，平时不怎么说话，但有一件事却让我记到了今天。他比我进书法组晚，刚进来时，黄老师帮他指导习作，指出了四个写得最不好的字。第二天下午一进书法组，这孩子居然拿出了厚厚的一沓毛边纸交给黄老师，他居然把毛边纸认真地裁成十厘米长短的正方形小块，一夜间把那四个字每个都认真地写了一百个。这事被黄老师狠狠地一通表扬，也因此激发了大伙的好胜心。那阵子，几乎每个孩子的家庭习作数量和质量都得到了明显提升。

有一个叫屹的女生，小我半岁，却高我两届，一手漂亮的楷书肯定得了祖父的真传，每每总是被表扬的对象。她喜欢在我面前摆学姐派头，我却总不服气，于是黄老师不在教室时，我们总会嬉戏般打闹。有一次打闹间不慎将毛笔戳到她的右眼，她立时就哭了，于是一群孩子围着她哄，间或着吓唬我，说她眼睛坏了，必须要换眼，而她的眼睛那么大，一般的还换不好，得换牛眼，这一吓，我也哭了。接着是连续两晚的夜不安眠，直到过了几天，看她眼睛实在无恙，这才把心放到了肚里。

当时书法组里年纪最小的孩子叫征，他的主攻方向是行草，那时候个头尚小、一脸调皮的他，写起字来却是一丝不苟，有模有样。他应该属于有天赋的那类孩子，书法上的进步是我拍马难及的，每次有省内外甚至国内外的比赛，他的奖是拿得最勤的，以至于被我暗暗立成了学习的标杆。二十年后，我又见到了他，样子依旧，却完全没有了小时候的调皮劲，老成得让我心生唏嘘。

属于我们的光辉岁月

教得得法，学得认真。在经历了漫长的磨砺期后，我们的书法组终于迎来了光辉岁月。记得到我进入三四年级后，书法组的获奖作品数量爆棚式地增长，在黄老师的指导和组织下，我们不断地参加各种大赛，从市到省，从省到全国，再到后来参加中日少儿书法大赛，我们都大有收获，记得那次中日少儿书法大赛上，光一等奖我们就拿了几个。一次次的比赛，既增强了我们的自信，激发了我们的热情，更让我们的书写能力得到巩固和提高。那时候书法组的孩子们对这个兴趣组有着谜一样的归属感，一放学，大家就赶集似的往组里跑，写字也真正成了我们的兴趣爱好而不是压力和负担。

到我大概读五年级的时候吧，可能是指导老师们说服了学校，决定举办一次面向全市的少儿书法展，定了六个人，三个书法组的，三个美术组的，我有幸入选。这在当时是个非常光荣的任务，当然，也需要付出巨大的努力。学校为每个孩子准备了一间教室作为展室，每间教室的四面墙都是展板，要把作品挂满这四面墙，仅靠已有的获奖作品当然不够，于是那阵子所有的闲暇都成了我们的创作时间。功夫不负有心人，当六间教室全被各种作品填充得满满当当时，我们每个人心里的成就感也是满满当当的。那次展出很成功，来观摩的大人接踵摩肩、纷至沓来，而我们六个人在各自的展室里或写或画，迎接大人们的表扬和鼓励。这个展出，后来成了我们那批书法组、美术组同学们一生难忘的记忆。

时间过得真快，我现在也大约到了黄世安老师当时的年岁。当年的孩子们在变老，我们曾经的母校却仍旧年轻，每每看着朝气蓬勃的孩子们蹦跳着进学校，追赶着出校门，总有别样的滋味涌上心头。变的是时代，不变的是回忆，那些已经尘封在心底的往事，总会不经意间撩动我的心弦，那些年里的那些人、那些事，虽不会时时想起，却总难忘记。就唯愿我的母校能越发辉煌，如今仍在学习书法、美术的孩子们能够学得快乐、多出成绩吧。

张瀚中（张凌）
2022 年 12 月 22 日

［张瀚中（原名张凌）：男，育英小学 89 届 90 班毕业生，现任武陵工业园副主任。（六人书画展学生之一）］

故事二

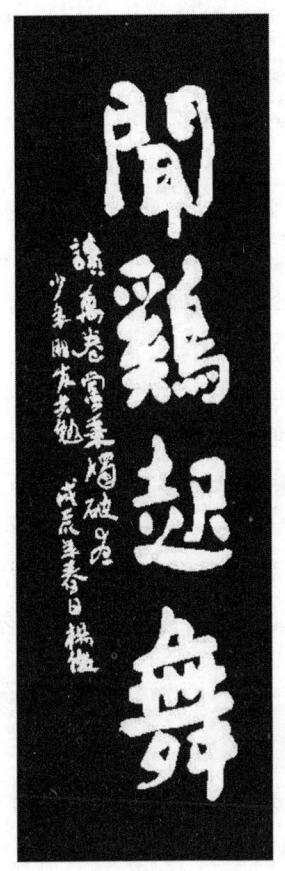

知行合一

初习书法是在五六岁左右,具体也记得不是很清楚了,只是知道那个时候是在父亲的引导下开始的。后来父亲还为我请了专门的师傅学习,那个时候不像现在到处是都是各类的培训班,是真正的拜师学艺,很传统的那种。幼时根本谈不上什么喜欢或者爱好,只是很喜欢这个师傅,亦师亦友。后来在日积月累的浸染中,以及母校对书法的重视,我才喜欢上这门传统的艺术。

原本以为自己会在这条道路上走得很远很久,但自己并没有去考取艺术院校,而是选择了从军。到了部队后发现,这里的首长和战友对书法的喜爱一点也不比地方差,能习得一手相对不错的毛笔字同样深受青睐。现在想来，这种东西其实根植于每个中国人骨子里，书法所涵盖的文化内涵是远远超越一般价值的。转业后，也在练习书法，虽然不是很经常，也没有刻意地去请教什么的，权当是业余爱好，或者说是修身养性更为准确，对于书法的技巧并没有过多学习，反倒是在理解上有了不同看法吧。

　　最近，在《知行合一》这本书上读到这样一段有关于王阳明在龙场悟道的故事。有弟子问王阳明，您的心学应该怎么学会它呢？王阳明给出了四点：第一，立志，就是要打定主意，下定做圣贤的决心；第二，勤学，做圣贤必须勤奋，努力学习知识和提升品德；第三，改过，有错就要改，决不姑息；第四，责善，也就是在朋友之间要以责备的方式劝善。反观自身，启蒙时目标并不明确，只因为父亲的要求；小成时心中欣喜，或许因为那份虚荣；成长后逐渐沉淀，才发现之前的都不能称之为书法，只能叫作练字。但不论如何，书法已经伴随我至今，使我受益匪浅。直到现在还清晰记得，我一直学习颜体，从《多宝塔碑》到《勤礼碑》，再到《麻姑仙坛记》，直到读过颜真卿的生平，才对颜筋柳骨有了一点点的理解。在书法的国度里，毛笔不过是在书写过程中的工具而已，就像读书一样，重点是要掌握书写的法则，得到其精华，最终拥有自己的一方天地。

　　以此共勉！

杨　征
2022 年 12 月 14 日

〔杨征：男，汉族，1984 级学生，1996 年 12 月参军入伍，1998 年 8 月加入中国共产党，在武陵区水利局工作。（六人书画展学生之一）〕

故事三

怒发冲冠，凭栏处、潇潇雨歇。抬望眼，仰天长啸，壮怀激烈。三十功名尘与土，八千里路云和月。莫等闲、白了少年头，空悲切。

靖康耻，犹未雪；臣子恨，何时灭。驾长车，踏破贺兰山缺。壮志饥餐胡虏肉，笑谈渴饮匈奴血。待从头、收拾旧山河，朝天阙。

见山还是山

听闻母校育英小学重建校舍,将书画墙拆除,心中有些怅然。二十年前目睹了书画墙的建成,自己两幅稚嫩的笔迹有幸忝列其中。感恩学校对书法文化的重视,将两幅作品刻成石碑上墙,这对幼时习字的我是极大鼓励。当然,书法给我带来的不止于此。

五岁执笔,书法学习一直伴随着我的求学之路。从颜真卿楷书入门,最初是练习横竖撇捺等基本笔画,横画须纵横有象,竖笔须纵勒有度,撇捺须收缩自如。然后集笔成字,掌握结构。最后集字成句,学习谋篇布局种种。这个过程,写来寥寥几句,但日复一日持续了好几年。练习楷书须遵循法度,一笔不苟,总有枯燥乏味的时候。苏轼说"楷如立、行如走、草如奔"。字体形态各异,虽无高下之分,但被拘束久了,我总想着跑起来。留下《村居》这幅楷书,我便如诗中儿童一样,盼着早早散学,去行草里撒欢。行草变化万千,王羲之的"飘若浮云,矫若惊龙",米芾的"超逸入神、风樯阵马",黄庭坚的"长枪大戟、筋脉舒展",都令我心驰神往。临摹几年,又写下了岳飞《满江红》这幅行书。

习字大多是与自己独处,一次以书法为载体的交流却意外给我带来另一种视角。中学时,日本东近江市的学生来学校交流,老师建议我写一幅字作为礼物。冬雨淅沥,我将宣纸卷起来缩进袖口里,心里忐忑,怕湿了水,又怕日本小朋友不喜欢。对方是个脸圆圆的女孩,当我把纸慢慢摊开,她瞪圆了眼,捂着嘴说非常感谢。是出于真心喜爱还是礼貌客套,已不可知。但第一次面临文化"他者"的目光,我不禁思考书法能否跨越文化,为"他者"欣赏和理解。

大学时期,国际政治专业的学习为我提供了更多跨文化和跨时代视角。在某次中外交流活动中,我以书法的跨文化交流为主题做分享。盛唐时期,书法随遣唐使和僧侣向东传入日本,推动日文发展成熟。后来明朝体在中国印刷宋体的基础上形成,流行至今,成为日文中最重要的字体。一千多年后,文化输出调转方向。日本先一步脱亚入欧,在西方去装饰审美潮流影响下,将无饰线体糅合到日本文字中,创制黑体,继而传入中国。20世纪90年代,日本圆体字再次盛行于国内。两次舶来字体的流行不仅是审美选择,还是国际交往和国力交锋的综合作用。第一次正值甲午中日战争前后，是近代中国效法西方，革新图强的缩影。第二次正值改革开放热潮，日本经济文化的强力输入推动了圆体字的流行。直至今日，我们可以发现政府公文、严肃出版物仍沿用贴近古典楷书审美的宋体，而电子传媒多采用更具西方现代审美的黑体及其他无饰线字体。进入数字时代，人多感叹提笔忘字、书法式微。但有创新者，采用机器学习方法，掌握汉字笔画组合比例规律，以数理思维洞察书法艺术，不失为书法现代化的大胆尝试。

从以书法见书法到以他者、以历史发展见书法，似是从"见山是山"到"见山不是山"的阶段。近日，有好友跟我分享说："采购了纸笔，打算静心写字。"我会心一笑，曾是走南闯北的，如今开始觉察静坐书斋的乐趣。世界动荡，楼起楼落，求诸于外不免患得患失。不稳定的外部环境让我们反观自省，到底什么能给予自己处乱不惊，跨越周期的勇气。也许只是片刻沉浸于书法而忘我的纯粹快乐，就足以支撑我们走过艰难的时刻。这种纯粹，是否近乎"见山还是山"的境界呢？才至而立之年，我不敢妄下定论。谨以此文告诫自己，不辍笔墨，保持学习。

高楚怡
2022 年 11 月 30 日

（高楚怡：女，1999 级学生，本科就读于复旦大学，加州大学圣地亚哥分校硕士研究生毕业，现任职中国电建集团城市规划设计研究院）

故事四

何处望神州，满眼风光北
固楼，千古兴亡多少事，悠
悠，不尽长江滚滚流。年少万兜
鍪，坐断东南战未休。天下
英雄谁敌手，曹刘，生子当
如孙仲谋。

南乡子 登京口北固亭有怀
癸未年夏日 中日文□

书法伴我一生

从我小学接触毛笔的那一刻起，书法就一直陪伴着我。即使手机电脑代替了书写，但我依然怀恋那一方砚台、一支笔、一张纸，怀恋我手写我心，表达属于自己的精神追求和内在情感。书法就是我生命中的一部分，陪我享受寂寞，帮我磨炼己身，带我找寻乐趣。

书法陪我享受寂寞。练字的过程，是一个人的寂寞，陪伴你的只有一纸、一笔、一墨。我幼时习字，要么心猿意马，杂念烦扰；要么下笔反复，犹豫不定。待岁月渐长，习字有些年头，能摒弃杂扰，落笔坚定，行笔胸有成竹。幼时学习书法，让我在往后的学习和工作中，内心更沉静，更有力，处世更平和，耐得住寂寞，静得下心来，守得来花开。

书法帮我磨炼己身。练字的过程就是一个人与一幅幅字的战斗过程。铺纸、研磨是战前的动员；泼墨、挥毫是与一个个字一笔一画的较量；落款、按印是一场战争的收尾，也是一幅字的完成。我的每一笔每一画都是与字的磨合，也是与自己内心的对话。习字的整个过程里我都在向内积蓄能量，不觉孤独，颇有些趣味。学习书法，让我往后遇到种种难事，都在磨炼自己，沉淀自己，不断累积，养精蓄锐，蓄势而发，堪担重任。

书法带我找寻乐趣。我从学习颜体入门，间杂欧体、柳体，后学行书，浅试草书，书法就像一条线，串出了我的新爱好。从习字，到摹帖，我体会到书体的演变"晋尚韵、唐尚法、宋尚意"，让我喜欢上从文字中感受历史的变迁。从习字，到临帖，从我作品中的"生子当如孙仲谋"，使我感受到了辛弃疾的潜台词，让我喜欢上语言文字中流露出的感情。从习字，到挥翰，挥毫落纸如云烟，使我感受到点画质地美、线条姿态美、章法布局美，让我能够有独特的视野，欣赏我国独有的文化之美。

书法不仅是黑白之道，更是一种修身养性的方法。书法成为影响我一生的爱好，它不但使我不断地自我反省，鞭策自己，而且使我们更懂得"静而行"的含义。但愿有一天能"矮纸斜行闲作草，晴窗细乳戏分茶"，纵然喜欢，也是一种享受，细细品味，受用终身。

申自文

2022年12月13日

（申自文：男，汉族，中共党员，大学本科学历，湖南常德人，1997级学生，现任常德市人民政府国有资产监督管理委员会办公室副主任、三级主任科员）

故事五

笃行致远
——书法和我的求学之路

高考后填报志愿,无疑是人生的重大抉择。回想当时同学们的百般纠结,我却是泰然处之,只填报了一个学校、一个专业。老师们都以为我弄错了,却不知这志愿仿佛在我的小学一年级就定了下来。

小时候,我跟着爷爷、奶奶生活在老家常德。他们是教师,我们就住在我的启蒙学校——育英小学的院子里。像所有长辈一样,他们希望我学有所长,家里早早买了钢琴,还给我报了绘画、舞蹈等兴趣班。等我上了小学，他们发现我的兴趣在绘画上，就带我去找育英小学教师黄世安学书法。黄爷爷字写得好，教学也很有一套，使得我进步很快。七岁时，我写了"凌云"两个大字，被刻成石板，嵌挂在了学校书画墙上，这是我人生的第一个高光时刻。

后来，我跟着父母去了长沙，又去了深圳。书法和绘画一直是我的课余爱好，陪伴了整个中学时代。我参加了很多美术活动，得了不少奖，还在湖大附中和深圳中学办了展览。有意思的是，我并没有因为在这方面花费了大量时间而影响学习，各科成绩一直保持在年级前列。

再后来，就有了文章开头的那一幕，我的高考志愿只有一个：中央美术学院美术学专业。我如愿以偿，从此进入到博大精深的美术世界，发现这不仅仅是画画、写字，而是涵盖社会、政治、历史等各个方面，记录着人类文明的进程，以及普罗大众的情感。在这里，我对书法的热爱拓展至篆刻，我发表的第一篇文章，在《中国书画》杂志上，标题是"从赵之谦早年交游试析其早年篆刻风格的发展和来源"。

2015 至 2018 年三年间，我同时在中央美术学院和美国纽约大学攻读硕士，专业聚焦于中国古代美术史。我就像个时空穿梭者，往来于中西两种文化体系之间，它们的冲突和交融拓展了我的视野，使得我对于祖国的文化有了更深刻的理解和反思。我依然钟情于书法，我的毕业论文题目是"宋明两代书史叙述与鉴藏系统中'怀素'概念的生成和演变"，通过抽丝剥茧地反推，证明怀素是如何被张冠李戴，成为书法史上的一代宗师。

现在，我在美国普林斯顿大学攻读博士，专业还是中国古代美术史。坦率地说，这是一个非常小众的学术范畴，不可能有崭新的发明创造，更不可能发大财。但是，这是我的酷爱，是我选择的人生道路，更是我们精神生活不可或缺的组成部分。看着各地雨后春笋般建设起来的美术馆、博物馆、展览馆，我由衷地为祖国的发展感到骄傲。

希望自己学有所成，不负芳华。

田 谧

2022 年 11 月 17 日

（田谧：女，1999 级学生，本科就读于中央美术学院，现美国普林斯顿大学在读博士）

故事六

书法与我

突然接到母校育英小学校长罗玲的回访，作为育英的学子感到十分的荣幸和开心，多年以后又能和母校取得联系，心中总是充满了暖意和幸福感。育英小学给了我一个快乐的金色童年，一路求学，直至西澳大学研究生毕业，目前暂时留在澳大利亚从事会计工作。生活很简单，也很幸福。

回访源于书法，小学时，因为写得一笔好字，有幸在学校的书法墙上留下了我的作品。因为回访，我的思绪又回到了小学时光。当年是黄世安校长在学校做书法老师。黄校长为人和蔼可亲，现在想来，能够在学校书法石刻墙上展出自己的作品，是黄校长更是学校对我的一份关怀和鼓励。小孩子学习书法很多时候都是小和尚念经，有时候也贪玩不想练字。最辛苦倒不是一天写多少张，学几个新字，而是连着几小时站着写字确实累。等到字写得有点模样后，自己才慢慢地产生了兴趣。学习过程中收获的不只是练字本身，师长的耐心和同伴的互动都会永远留在记忆中。

记得读初中的时候，因为会书法的缘故，做过班级的宣传委员，美术科代表，负责班级的黑板报。后来也参加过学校的书法比赛。也是在黄校长的指导下，递交了一幅"红军不怕远征难"的作品，后来被选在校窗展出。高中时期也负责过班级黑板报。考上大学后，我加入了自己学院的学生会，被分配到了编辑部做干事。宣传部和编辑部两个部门的部长关系比较好，而宣传部碰巧又缺会书法的干事。于是我经常被借调到宣传部负责写通知或者板报。结果在学生会当干事的时候有一半的时间都泡在宣传部了。后来异国他乡，每当心浮气躁的时候，我就会练练字用以静心。说起来，书法的确陪伴了我一路的风景。

书法算是一项才艺。为人多才多艺总是好的。当然，黄校长不只是写得一手好字，更是会国画，小提琴，二胡，可以说是才华横溢。我只学了书法，并没有学全他的本领。虽然做不到黄校长那样琴棋书画样样精通，但是在这样的人身边长大，总会沾染些文艺气息和人文情怀。学习书法会潜移默化地培养人对文艺和传统文化的兴趣与喜爱。这一点对于长大以后接触其他传统文化的内容时，会有悟性上的帮助。书法作为一个爱好，为生活增添了一分色彩。

"笔架城下沅水旁，育英校园书声琅琅。"这是当年的校歌，至今还在传唱。作为育英的学生，也祝福同样在这里长大的弟弟妹妹们在学习和成长的过程中收获一段快乐的时光，多一项才艺，培养一份情怀，然后去远航。

邓喆戎
2022 年 11 月 22 日

（邓喆戎：男，1998 级学生，本科就读于黑龙江大学经管学院国际经济与贸易专业，2017—2019 年在澳大利亚西澳大学商学院读会计专业研究生毕业，目前在西澳珀斯工作）

故事七

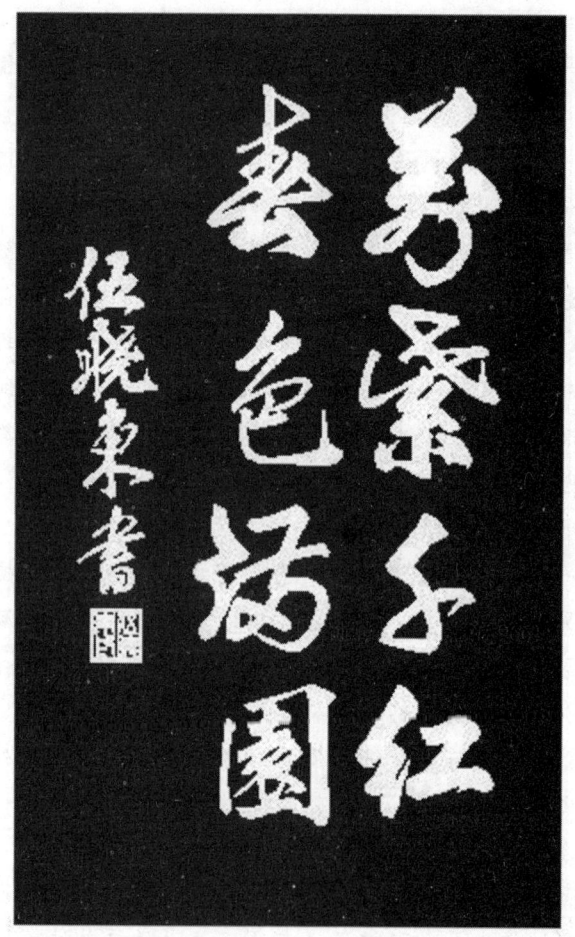

人生如梦，岁月如歌！刚刚放下母校罗校长亲切问候的电话，我的思绪再次被拉回了那段启蒙学习的岁月。依依柳城，沅水河旁，回望二十五年前求学梦之起航港湾，翻开那段笔架城下成长的记忆，只有在母校育英校园里，方能找回久违的纯真欢笑与师生感动……与小学一年级稚气学语同步的便是我第一次拿起毛笔学习书法，整整六年的书法练习时光贯穿了我整个小学求学岁月。

还记得那是一个深秋，父母带我拜柳城名师姚子彦老先生（已仙逝）学习书法，姚老先生的颜筋柳骨自成流派，在全国书法界也颇负盛名。在姚老先生的严格教导下，从临摹柳公权的《玄秘塔碑》开始，走上了书法启蒙之路，于是孩提时代的美好年华与挥毫泼墨结下了不解之缘，在我幼小的心中顿生许多感触和领悟，既陶冶了情操，又熏陶了传统文化经典，还屡屡斩获全国比赛金奖、银奖，取得了一些成绩和进步。

作为一名书法学习者，在整个书法学习时光中我深深地为书法丰富的艺术魅力和深厚的文化底蕴所倾倒和叹服。都说书法练习者的心里常怀一方净土，是啊，书法是一个充满魅力的领域，这里有楷、行、草、隶、篆五种形态的传神笔法，更有各大书法家、诗人、文豪泰斗藏于历史、传于人世、叹为观止的不朽著作。都说书法练习者心中有信仰、胸中有丘壑，是啊，书法练习的钻劲和坚持让练习者心中必须洒满着阳光，信念中浸润着温馨，信仰里生长着希望，胸怀中向往着未来，让书法承载着传统文化生生不息、薪火相传。都说书法的课堂里跳动着一个个幸福的音符，为练习者打开了一扇扇求知的门，品尝着古人盛典临摹中的求学五味，接受着笔锋笔力大开大合的洗礼，感受着奋斗成长的幸福。书法练习的精髓正在于书法本身流着人类对世界最纯粹的认知与理想，读万卷书，下笔千篇文，书法练习是需要学子的奋斗怀抱着热血一步步踏出传承精髓的精彩。书而成文，言出为论，落笔千钧，笔走龙蛇，书法者以文字为剑，以字体为锋，"翩若惊鸿，婉若游龙"，为成功者鼓掌，为失败者扼腕，为奋进者歌唱，为坚持者祝福，这段书法学习的岁月，永远绽放在练习者漫漫人生路最精彩的启蒙诗篇中，念念不忘，荡气回肠。与大家共勉之！

137 班　伍晓东
2022 年 12 月 31 日

（伍晓东：男，1996 级学生，现就职于长沙银行）

故事八

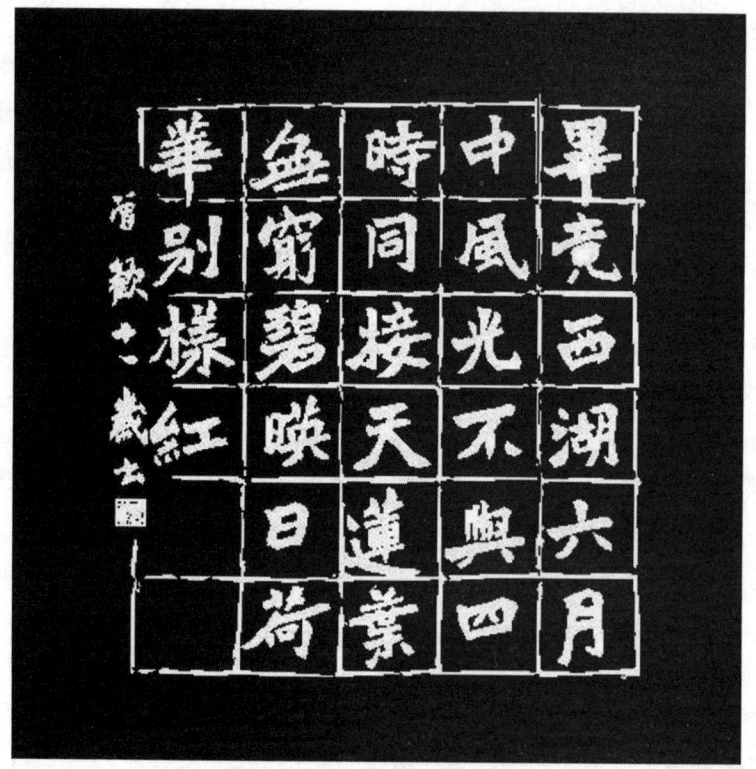

徜徉于四海、寄情于笔墨

记得,我是从学前班开始学习书法的,那时我生活在银行大院,父母的同事孩子们都开始学习兴趣班,书法培训班是最热门的选项之一,同时,我父亲酷爱书法,但因小时候没条件学书法,转而练硬笔书法,一直以来对书法都怀着一种情怀。就这样,我踏上了书法学习之路。

从常德到澳门,从澳门到英国,从英国到深圳,二十八年来,书法对我的影响甚深,它是我逢年过节给家人亲戚朋友写春联时的温馨、是我第一次离家后想家时的寄托、是我在异国塑造文化自信的底气、是我工作上遇到挫折与困难时的缓冲,书法不仅仅是一门爱好和技能,更多的是一种精神上的寄托,对我潜移默化的帮助与影响,可能已经超过我的认知。

总结起来,我觉得书法在三个方面对我的影响帮助比较大:

一是对塑造价值观影响较大。最初学书法的时候,老师要求必须写在九宫格，横竖撇捺如何着笔、如何行笔，都要按字帖的式样精准地写出来，这教给了我无规矩不成方圆，想要成功的第一步，是虚怀若谷、学习优秀、总结经验。而当书法学习到一定程度，开始练习行草、行楷时，单纯的模仿已经达不到这个阶段的要求，当基本功足够扎实的时候，如何去寻找自己的感觉、寻找自己的书写节奏是练好的关键。这教给了我，要善于思考，单纯的循规蹈矩走得稳，但走不远，要学会找到自己的道路，这点对我离开家乡、外地求学之路上的帮助很大，有些道路是自己选择的，纵然孤独、纵然荆棘遍布，但只要是自己想要的，就值得坚持。

二是对性格心态上的影响较大。书法要求书写者能静下心，善于观察、善于思考，做到心手合一，书法能帮我们陶冶心灵，通过定期的练习书法，能让我们身体舒适、心情愉快，久而久之，在同事朋友面前的气质是显著不同的，展现出的是风轻云淡、荣辱不惊的淡然气质。针对复杂问题反而能以更平静、冷静的方式去处理。

三是对个人自信心的培养影响甚深。古话说得好，字如其人，能写手好字的人，通常大多才华出众，能被人夸为"才子才女"等，而这样的才气，通过书法很容易实现。纵然现在是电子设备的时代，但在众多工作场合，一手好字精彩亮相，能让我们与领导同事相处更从容，收获更多关注与自信。反之，一手歪歪扭扭的字，更多让人感觉这个人肚子里"墨水少"。因此，练习书法，能由外而内塑造起个人的精神财富，塑造起更自信饱满的性格。

世人都说，书法艺术的最高境界是神韵，所谓神韵，实际上就是展现了书法者个人心情、际遇、经历与寄托的一种综合体现。个人理解，书法不仅能寄托心情，也能通过行笔，反向激发我们成为自己想做的那个人，我觉得这是书法对我最大的启示。

曾 欢
2022年12月24日

（曾欢：男，1996级学生，本科就读于澳门科技大学财务管理专业，2013年11月英国赫瑞瓦特大学金融与管理专业研究生毕业，目前就职于中国工商银行深圳市分行）

故事九

"书法",我一生的导师

文化自信现已站在前所未有的高度,习近平总书记提到"没有高度的文化自信,没有文化的繁荣兴盛,就没有中华民族伟大复兴",书法是中国传统文化的重要组成部分,汉字是五千多年中华文明传承发展过程中最重要的人文标识,我为从小学习书法,写得一手过得去的字而感到自豪。

初识书法,我变得与人为善。依稀记得我小时候就是个"假小子",异常淘气,经常与人打闹,父母很是头疼。5岁那年我被送去习字,从横竖撇捺开始练习,我清楚记得那时候的枯燥不安,也正是老师的严格要求让我坐得住、静下心,上万次的横竖撇捺让我知道讲规矩、懂规矩,也让我懂得了万丈高楼平地起,没有任何事情是可以一蹴而就的。后来,我开始抄写《道德经》,那时年少无法习得其中真谛,但是日复一日的抄写也让我把"上善若水,水利万物而不争"这句话刻在了心里,我一改往日的调皮任性，开始学会了忍让与不争，学会了与人为善，也正是在书法中悟得的道理让我结交了很多于我人生有益的良师益友。

再用书法，我变得自立自强。慢慢长大，我虽不以书法谋生，但书法依旧是我生命中重要的组成，我在澳门科技大学就读时，因为勤工俭学，我选择去做家教赚取自己的生活费，雇主家中在得知我会书法时，看了我写的字觉得还不错，就给他的儿子加了一堂书法课由我来教，我也就获得了一份额外的收入。那一刻，我发现儿时所有付出的辛苦与艰险都是有意义的，只是经常未遇到合适的时机展现出来，但是没有儿时的付出就没有这一技之长。人慢慢长大，都要变得自立自强，都要面对生活的艰辛与苦楚，我虽不以特长养家糊口、赖以生存，但是书法也成了我丰富生活的一种工具，高中可以以书法比赛交友、大学加入书法协会研修学分、工作后在书法论坛以笔会友等等，这些都为我获得如今的稳定工作生活添砖加瓦。

常练书法，我变得心胸博大。我现在已为人妻、为人母，家里房子虽不大，但我精心收拾出了一个5平方的地方用于练习书法，这就是我的自留地。佛教有言，人有"生、老、病、死、求不得、怨憎会、爱别离、五阴盛"八大苦，人生来就是苦多乐少，唯有博大的胸怀才能勇毅前行。记得初生女儿之时，丈夫因工作远离长沙，一边是工作、一边是照顾家庭，所有的压力集于一身让我变得疲惫，每每心情烦躁不安，我就来到我的自留地抄上一篇《般若波罗蜜多心经》，随之心情就变得平静舒缓，正是这一篇篇经书的抄写化解了很多矛盾，"修身齐家治国平天下"，常练书法让我做到了"修身齐家"，此生我已无怨无悔。

陈秋宏
2022年12月4日

（陈秋宏：女，1996级学生，澳门科技大学硕士研究生，现就职于人保寿险湖南省公司）

故事十

从第一次拿起毛笔写字到现在，也有二十几年了。随着这些年与书法的接触，很多感触和领悟在心中。

作为一名书法爱好者，我认为从小学习书法可以让自己掌握一门爱好的同时，对于锻炼自身专注力和心性也非常有帮助。启蒙的早与晚并不是最主要的，但从学习之初就要认识到练习书法并不是一朝一夕的事，只有长久地坚持才能慢慢体会到书法的内涵，技艺水平才能一步一个台阶，不断精进。当然书法老师的选择也很重要，师傅领进门，修行靠个人。

书法的学习可以是一辈子的功课，也可以是一辈子的爱好。虽然我现在的工作与书法没有太多联系，但我并不认为从小的书法学习就毫无用处。如果要先一条一条明确它能带来的优与利，我认为这也不应是开始学习书法的初衷。请相信爱书法的人也会被书法爱。

梅 竹

2022 年 12 月 1 日

（梅竹：女，1996 级学生，曾就读于长怡实验中学，常德市第一中学，湖南中医药大学。现供职于常德市鼎城区人社局）

故事十一

写字、写人生

古人云：字如其人。字，是人内心、情感的外化，和语言一样，反映了一个人的性格和涵养。

初次接触书法是七岁的夏天。小时候的我调皮贪玩，板凳上就像长了钉子一样，老是坐不住。为了培养我的耐心，奶奶把我送到了育英小学黄世安老师的书法班。一进去，教室里那翰墨飘香的味道、古朴典雅的环境立刻吸引了我。在黄老师的指导下，我迫不及待地开始练习。小小年纪的我耐不住性子，觉得学写笔画枯燥乏味，想直接跳到自由创作的阶段。黄老师语重心长地说："练字是一个循序渐进的过程，只有把简单的笔画练好，才能写出好看的字。就像我们要先学会走路，以后才能跑得好，跑得远。"

然而不停地临摹笔画，让年少的我再一次失去了耐心，匆匆胡乱写了很多张，却没有一张满意的作品。黄老师静静地看着我练字、急躁，"万事开头难。想要做好一件事，坚持很重要。临摹字帖必须集中精神，认真琢磨，用心体会。"听了黄老师的话，我静下心来，认真地练习起来。谁知，日复一日，年复一年，这一坚持就是六年。我跟随黄老师一路从楷书—行楷—行书—再到硬笔，从颜真卿的颜体，再到王羲之的行书，每一次书法字体的变更都能真切地感受到自己书法水平的一次蜕变。这些与书法相伴的日子，使我收获了做事认真细致，坚持到底的好习惯。

长大之后，书法于我不再是单单的练字，实为"炼心"。在这个喧嚣繁华的时代，电子网络冲击着我们的生活。在时代的影响下，许多人过着快节奏的生活，步履匆匆不停歇。而走进书法的世界，犹如关上了与世俗联系的大门，可以将所有的压力和烦恼都忘掉，让心灵重新变得宁静、愉悦。我会在明亮的房间内，仔细地铺好毡子，摆好墨盒，然后小心地铺开宣纸，拿起毛笔，蘸好墨汁，静静地书写。此时此刻，我让自己全身心地投入，陶醉于心灵与书法的交融之中。即使只临摹几行字帖，都会有一种淋漓畅快之感。

笔墨线条也会随着我的情绪而有变化，书法成了我的一种表达，一种释放。当我心平气和注意力集中时，我的字会灵动又不失规矩，"随心所欲不逾矩"；当我愤慨之情涌上心头时，我的字又急又喘，笔法虽流畅但章法全无；当我一不小心走神时，写出的字又别是一番风味。我开始学着去悦纳这个真实的自我，去接受我的自然之态。但同时我也不会就此固化思维，也许多年以后，关于书法我又会有新的思考产生。

书法绝不仅仅是给我带来了一笔好字，而是我自身品格修养的全面提高，对我未来的人生发展也有潜移默化的影响。

写字是一件小事，写好，却是人生一大优势！感谢书法，愿更多的人能够学习书法，亲身感受书法的魅力。

陈清楚
2022 年 12 月 23 日

（陈清楚：男，1998 级学生，本科就读于唐山师范学院，武汉科技大学研究生毕业后赴日本国立千叶大学读博，目前在清华大学攻读博士后）

从一代代育英娃，坚定向未来的成长中，见智、见德、见勇……这意味着早期发展中植入的翰墨文化元素，已然成了他们强有力的内在源流与动能。这一群群多元自由的人，孵化于确定性知识（学科课程）与不确定性知识（公民课程）两相辉映的育英教育！

育英人的目标很明确：为孩子们营造一个特殊的教养园地，给他强根的滋养，助他自修过一生，无愧于"有民族文化根基的现代小公民"的称号！

参考文献

[1] 张小青. 财商启蒙课程建设理路——新时代小学生财商启蒙教育新样例 [J]. 中小学德育, 2022 (1): 27-30.

[2] 张翠萍. 互联网经济趋势下看青少年财商教育 [J]. 经济师, 2016 (7): 211-213.

[3] 周雅莉. 互联网背景下的中学生财商实践活动探索——以开展线上模拟商品交易为例 [J]. 教育信息技术, 2020 (10): 77-80.

[4] 张男星, 王春春, 张运红, 楚晓琳, 谭俊英. 中国财经素养教育的目标建构及阐释——基于"学生为本, 国家为重"的教育本然 [J]. 大学（研究版）, 2019 (3): 14-25.

[5] 洪明. 国内外儿童理财教育研究梳要 [J]. 少年儿童研究, 2010 (14): 12-19.

[6] 李淑蓉, 朱玉茹. 以电影课程践行全人教育理念 [J]. 电影评介, 2012 (16): 71-72.

[7] 文岚. 影"享"童年——小学电影课程的开发与实施 [J]. 湖南教育（A版）, 2021 (2): 40-41.

[8] 叶琳. 基于核心素养的小学电影课程开发与实施 [J]. 天津教育, 2021 (8): 67-68.

[9] 王立平. 十年坚守, 铸造影视教育品牌学校——北京市海淀区前进小学影视教育实践之路 [J]. 中国教师, 2019 (4): 90-95.

[10] 杨晴, 芮爱萍. 童心共光影 仁善自天成 [J]. 江苏教育, 2020 (23): 22-24.

[11] 成剑. 把全世界最美的影片献给孩子——现代艺术资源在小学校本课

程开发中的运用[J].江苏教育,2017(90):41-43.

[12] 刘军,陈圆圆.中小学电影教育课程体系建设原则的思考[J].电影评介,2018(1):1-5.

[13] 谷敏.家庭课程电影:协同育人的实践探索[J].江苏教育,2019(47):70-72.

[14] 张亚萍.现代动漫电影对青少年美育的影响及培育的路径探索[J].北方文学,2018(6):249-251.

[15] 许一琳.绘彩旖旎晨曦之梦——构建四维电影课程[J].名师在线,2018(7):82-83.

[16] 周燕来.对校本课程开发与实施的思考[J].教育实践与研究(A),2014(1):22-23+34.

[17] 高红樱.电影课程的研讨理念与实践教学[J].艺术教育,2016(1):134-135.

[18] 黄述琼.关于中国电影欣赏课程的教学[J].文学教育(下),2015(11):84.

[19] 严爱慈.中国电影欣赏课程的教学探索[J].文学教育(上),2013(10):142-144.

[20] 曹峰,陈兵安.利用优秀电影资源 建设特色校本课程[J].当代教育理论与实践,2014,6(8):1-3.

[21] 张勤.关于国学教育的三点建议[J].团结,2020(6):54-55.

[22] 徐健顺."化零为整"——在中小学进行国学教育的基本构想[J].北京教育(普教版),2016(2):34-35.

[23] 兰彩旗.基于蜀文化的成都市小学国学教育地方课程开发研究[D].重庆:西南大学,2021.

[24] 许凤英.用科学方式解读小学国学教育[J].生活教育,2015(20):123-125.

[25] 朱秋伊.小学阶段中华经典诵写讲教育的传承[J].文教资料,2018(18):58-59.

[26] 赵龙.在小学开展中华经典诵写讲行动的有效途径[J].青海教育,2019(10):39.

后 记

  书稿初成，有一种梦想照进现实的感觉。

  1989 年，怀揣着教育梦想的我走进了常德市百年老校——育英小学。时光匆匆，34 年光阴转瞬即逝，从一名普普通通的音乐教师、语文教师、班主任、教导主任、校长助理、副校长，成长为今天的这所学校的领路人，无论身份如何变换，我对教育的敬畏与梦想从未改变。

  2016 年，身为校长的我开始思考，在一校一品的大环境下，我们以书法为特色的学校文化的核心词是什么？这样的定位下，学校发展目标、学生发展目标、教师发展目标分别是什么？学校文化如何构建成为一个完整的教育体系，如何让学校各方面的工作都能紧密围绕学校文化来展开？在新一届班子成员的共同研究下，我们觉得文化要在传承的基础上去创新，我们仍保留书法特色，明确以翰墨为核心，并将其外延扩大，汇入中华优秀传统文化。我的教育梦啊，那一刻有了样子，在我心底的画卷上丹青涌动。

  经过六年的实践，翰墨文化在育英沃土上生根、发芽、开花。鼓舞人心的是，党的二十大胜利召开，全面开启了建设社会主义现代化强国的新征程。习近平总书记在报告中发出"全面贯彻党的教育方针，落实立德树人根本任务，培养德智体美劳全面发展的社会主义建设者和接班人"的伟大号召，而育英的翰墨文化体系正响亮地回答了习近平总书记提出的"为谁培养人""培养什么人""怎样培养人"三个根本问题。于是，随着翰墨文化体系日渐成熟，我们开始着手梳理，形成文字，将之出版，希望更多的人通过此书了解百年育英，也为教育同仁给予一些参考借鉴的意义，更希望它成为一笺墨香请柬，邀无数知音在新征程上一路同行。

文字落纸不易。本书的出版，也是学校的湖南省"十三五"规划课题"构建与实施国学教育系列活动的实践研究""小学数学教学中财商培养的实践研究"、湖南省"十四五"规划课题"以哲学绘本为载体的小学生心智教育对话模式研究"、湖南省语言文字应用研究专项课题"核心素养背景下的'中华经典诵写讲行动'的实践研究"、常德市规划课题"校本课程中电影课程开发与实施研究"的成果，在此向课题组成员表示感谢。也借此机会，向给予我们灵性点拨的中国少年培育学校联盟，特别是为本书题序的刘铁芳教授表示感谢！向对学校 PBL 项目课程给予极大支持与帮助的苔花未来（原名新奇天美学）表示感谢！向与我一起编写本书的瞿月亚、姚智慧、孙慧、汪洋、袁柏杨表示感谢。

　　书即成，梦未止。我相信，有翰墨文化基石，学校的发展一定欣欣向荣，一如毗邻的沅江水，源远流长，奔腾不息。

　　谨以唐直秋先生为学校新填的校歌作为书的结尾，愿它的音韵镌刻岁月，温润四方——

　　城垛子，四四方，筑牢城墙守家乡。
　　城墙外，是沅江，汤汤江水入大洋。
　　桂树下，翰墨香，百年育英文运昌。好儿郎……

　　我们是新时代少年，以梦为马，沐浴雨露，拥抱朝霞。
　　我们种下初心的种子，每一个梦想都会开花，每一颗希望都会发芽。

　　我们是新时代少年，意气风发，天地之间，身姿挺拔，
　　我们接过如椽巨笔，写好人生一撇一捺，投身伟业振兴中华。

　　奔跑吧，少年！现在出发！
　　奔跑吧，少年！不负芳华！

罗　玲
2022 年 12 月 31 日于常德市育英小学